Félix Guattari et Liane Mozère, Lignes de fuite: Pour un autre monde de possibles

人はなぜ記号に従属するのか

新たな世界の可能性を求めて

フェリックス・ガタリ

杉村昌昭＝訳

青土社

人はなぜ記号に従属するのか　目次

人はなぜ記号に従属するのか　新たな世界の可能性を求めて

序

——リアンヌ・モゼール

　ジル・ドゥルーズとフェリックス・ガタリは『千のプラトー』（一九八〇年）のなかに次のように書いている。「小学校の教師は生徒に質問するとき、その生徒から情報を得ようとするわけではない。文法や計算の規則を教えるときも同様で、情報を与えようとするわけではない。教師はただ〝教える〟のであり、命令を下し、指図するだけである」[*1]。こうした概念化は学校の教師を〝糾弾する〟ためではなく、ドゥルーズとガタリが『アンチ・オイディプス』（一九七二年）以来主張しているシニフィアンの専制がどのような仕方で行なわれているかということを考えさせるためである。ひとつの言語はあらゆる可能な組み合わせのなかから恣意的に選びだされたある音の集まりをひとつのものに結びつける。そして言語のおのおのの話し手は、自らの存在が世界とのかかわりにおいて展開される社会秩序を特徴づけるこの特殊な専制を学ばなくてはならない。そのため、幼年期や別の文化のなかにあるかもしれない別の可能性をさぐる試みは抑止され、支配的文化の単なるヴァリエーションすら抑制されることになる。

ここに初めて紹介するテクスト[*2]は、フェリックス・ガタリがジル・ドゥルーズと二人三脚で行なっていた『千のプラトー』の執筆と平行しながら、ＣＥＲＦＩ〔制度論的学習・研究・教育センター〕で行なっていた研究作業のなかで執筆したものである。ガタリはここで、このような支配的な意味作用や統制が、経済的・社会的・文化的な次元で、たいていわれわれの気づかないままにどのように〈機能しているか〉を探索するミクロ政治学的な分析を展開している。したがってそれはガタリにとって、「資本主義的な社会領野を安定化するために、ある型式の言語がどうしても必要である」のはどうしてなのかを問い、その作動の仕方を明るみに出すひとつの方法であった。支配的な権威的専門知識による評価基準は、ガタリにとって、こうした言語による支配を補強するためのもうひとつの局面をなすものである。

一九五三年にジャン・ウリとともに創設したラボルド精神病院の模範的経験に早くから参加した[*3]政治活動家、精神分析家フェリックス・ガタリは、ついでスキゾ分析家となるが、なによりもそれまで分離されていた諸世界を結びつける橋渡し役であり、一九五〇年代の初めからつねに次のことを主張していた。すなわち、リビドー的な心的エネルギーの投入は、経済的、社会的、文化的、物質的、動物的、植物的、宇宙的な、あらゆる領野で展開されるということである。フランソワ・フルケはガタリは「話し家」であると言っている[*4]が、私はこの表現のもうひとつの様相を強調して、フェリックスは「透視者」であると[*5]言いたい。

彼の提起する中心的問題は、統合された世界資本主義のなかで可能性の新世界を到来させるためにどのように行動すべきかということである。ガタリはフーコーについで[*6]、この資本主義形態のなかで権力はミニチュア化することを予感していた。新たな権力は、政治的・経済的・財政的・文化的・社会的な諸制度にエネルギーを注ぐだけでは満足せず、人間の主観性そのものに影響を与え、そこに権力の規範や分類、慣習、予定表などを押しつけようとする。『アンチ・オイディプス』は〈シニフィアンの専制〉を告発したが、ガタリはそのメカニズムを剔抉しようとするとき、あらゆる記号化の様式が言語という唯一のレジスターに従属することに着目する。つまり、記号というマチエールを物質的な原材料と同様にあつかって、ある超越的・普遍的な分類モデルに依拠したある知識状態の産物とみなすことができるのではないだろうかというわけである。[*7] 別の言い方をするなら、「エクリチュール機械への積載」によって強固にコード化されたパラダイム的な基軸を中心に統合された支配的言語は、「他のあらゆる表現様式にとって必要な〝ア・プリオリ〟な枠組み」を構成するということである。ガタリが一般記号学の原理を認めないのは、単にそれが記号化の集合的手段を搾取するからだけではなくて、規範化された言語の優越性があらゆる特殊な記号論（芸術的、模倣的、身体的、生物学的、音楽的、等々）へのアクセスを禁じるからである。ガタリは〈ものの秩序〉を規範的記号としての〈記号の秩序〉に関係づける。言語は建物や制度と同じような集合的装備ではないが、自己をまっすぐに立たせ、網の中の居場所を指定し、レールに正しく乗せて維持し、思考に基軸を与えるといった骨格としての集合的装備である。すなわち、それは後見人なのだ。

ガタリが提案するスキゾ分析的方法は、この「言語の記号学と支配的権力のシニフィアンへの全面的従属」がどのようにして産出されているかを、可能なかぎり精緻かつ鋭利な仕方で明確化しようとするものである。もっと正確に言うなら、この従属化作用の産出様態を「単に主観的な表象の次元だけでなく、現実の次元においても」位置づけるということである。なぜなら、〈もうひとつの世界は可能である〉ことを明証しなくてはならないからである。これこそが今日もなおガタリの福音が機能する可能性を示している。そしてここにこそ、ジル・ドゥルーズとの共同作業によって豊富化されたガタリの概念化のアクチュアリティが存するのである。自閉的にプログラム化された究極目標にもっとも従属的な装備、制度、集団[*8]であっても、欲望の経済への「実践的な開口部」を備えている。そうした開口部をキャッチするには、「歴史の小さな側面」、ディテールをつねに謙虚に監視し、照らし出し、透視するという感性を持たねばならない。〈自宅で〉、つまり身近で起きていること、型通りの発想から逸脱したものに注意の目を向けなければならない。そのために適切に機能する道具を把握し、発明し、手作りし、それを発動させる方法や過程を構築するために、ガタリが提起するのは、必ずしも効果が保証されていない道筋である。なぜならその道筋は、つねに、〝ア・プリオリ〟には決められない状況に左右されるものだからである。その道筋を把握するには、ひとりひとりが自らの方法で実験するにこしたことはない。ひとりひとりがそれぞれに特殊なコンテクストのなかで、何がそこで作動しているのかを見定めるということである。外部から何か異質のものが侵入し見るうちに肥大して、既成の絵図の構成要素を打ち沈めるにいたることがある。『千のプラトー』に例をとると、それはアラン・ドロンの演じる映画『ムッシュー・クライン』の同名の主人公の鼻である。ムッシュー・クラインはこの鼻によって別の光を当てられて、突然〈ユダヤ人への生成〉のなかに投げ込まれる。スキゾ分析的方法を獲得し使用することは、規律的機械や監視的システムのなかで作動している〈ミクロ政治学的なウイルス〉をキャッチし、間道や迂回路を通って、未踏ではあるがわれわれのすぐ近くにある——われわれの不明によってそれまでわからなかった——土地に向かって逃走することである。何か隠されているもののヴェールを剥ぎとって、それを解釈するということではなくて、身をもって体験するということである。『千のプラトー』はそう読むべきなのだ。

こうした断絶の方法論は、抑圧的な構成要素に抵抗することができる筏を建造する集合的な欲望の動的編成を前提とする。そしてカオスを乗り越えながら航行し、土地を奪取し、〈雪だるま式〉に大きくなっていくことをめざす。この言表行為の動的編成によって、われわれは、われわれのアイデンティティ、われわれの機能、われわれの役割といったものに改めてめざめ、欲望が展開しうる時空間を切り開くことができるようになる。言い換えるなら、新しい機械を想像し、決定の中心を増やし、欲望を担う漏出線の伝播・伝染・増殖を促進することができるようになるのだ。一九六八年の学生反乱がどのようにして発動したかを想起してみよう。そして現在、アラブ世界、中国、イスラエル、マレーシア、スペイン、ギリシャなどで革命の波が高揚するさまをながめてみよう。それはひとりのチュニジアの若者が孤立した状況のなかで自殺したことに始まるのだ。伝染作用によって、そこから離れた多くの地下水脈が活動し始め、互いに応答しあうリゾームを形成してわれわれをダンスに加わるようにうながしたのである。あるいは、彼らの命と同じ次元にわれわれの身を置くように誘ったのである。こうした多極的な外部の存在を通して、そして自由を求める男や女によって、歴史的な好機がわれわれが苦労することなくもたらされたのである。あの破壊的な福島の原発事故もまた、われわれがこれまでとは別の仕方で集合的な動的編成を行なうことを要請するものであり、別の世界を実践的に展望する必要性を示すものである。まだ何も獲得されてはいないが、しかしすべてはまだ可能であるということだ。

ジル・ドゥルーズは、『アベセデール』〔クレール・パルネによるビデオ・インタビュー＝未邦訳〕の「革命」（R＝Révolution）の項目で、次のように述べている。「革命はおしなべて挫折するんですよ。これは誰もが知っていることです。しかし人はそのことを再発見したようなふりをする。それには、ちょっとお馬鹿さんにならなくちゃあね。そうなると、みんながのめり込む。これがいま流行りの修正主義なんですね。フランス革命はそんなにいいもんじゃあなかったことを発見したフュレ〔フランソワ・フュレ〕がいますよね。たいへんけっこう。同意しますよ。フランス革命も挫折したんだから。フランス革命はナポレオンを生み出したんだとね（フュレは別に感動的でも目新しくもない発見をしたわけです）。イギリス革命はクロムウェルを生み出した。アメリカ革命は何を生み出したのかな？　もっと悪いものじゃないかな？　アメリカ革命が何を生み出したか私は知らないね。レーガンかな。（…）革命が挫折しようが悪い方向に向かおうが、それでもって人々が革命的になることが妨げられることはないんですよ。これは二つのまったく異なったことを混同しているんですね（…）。歴史家はひとつの革命がその先どうなったか、あるいはさまざまな革命がその先どうなったかについて語ります。しかし問題はそこにはない。革命は（…）その先が悪かったとしても、悪いものはすでに最初からそこにあったということをつねに証明するのです。具体的に考えるべき問題は、なぜ、どのようにして、人々は革命的になるのかということです（…）。圧制や抑圧といった状況のもとにおいては、人々は当然のごとく革命的になる。ほかにやりようがないからです。そのことと、そのあとになって、〝ああ、革命はまったくよくない方向に向かっている〟と言うことは、同じことではないんですね。これは二つのまるで違う言語を話しているようなものです。歴史の先にあることと、いま現在人々が何かになることとは、同じことではないんですよ」。[*9]

こうした立場は危険であり、厄介な結果を招きかねないけれども、一連の思わざる反応や交差、〈もっとも〝反自然的〟な〉思いがけない結びつきなどを生み出すかもしれないのであり、唯一の可能性でもあるだろう。というのは、この立場だけが、[*10]「構成要素の変動、記号の屈折、脱領土化の結節点」、要するに表現のマチエールの地図を制作することを可能にするからである。ひとつの動的編成から別の動的編成へと、ひとつのリトルネロから別のリトルネロへと、そしてひとつの言語や方言から別の言語や方言へと移行することを可能にする、ガタリが「横断的要素」と呼ぶものがここにある。上に引用したドゥルーズの発言はこのように敷衍すべきものである。言い換えれば、〝どこで横断性が機能不全を起こしているか〟、あるいは逆に〝どうして横断性がうまく機能しているか〟、その要所、その時空間を突き止め、それを作動させるためにスキゾ分析的な仕方で地図制作をするということである。これはディテールの錯綜したレースのなかで、きわめて細心精密な作業を必要とする。神は細部に宿るのである。[*11] 鳥たちの誇示行為、プルーストの描くヴァントゥイユの小ソナタ（『失われた時を求めて』のエピソード）、ワーグナー的な砕ける波のような音楽から脱却するフォーレ、ドビュッシー、ベルク、ストラヴィンスキーの発明、[*12] 子どもたちの閃光的な創作、「夢のようであっても実際に生を変える大きな決定、世界を変える見者の大いなる発明」、こういったすべてのものが、人々が「規則に合わせて投票し、調査し、デモをするといったことを賞賛する」ように導く条件づけの装置に抵抗することを可能にする。三百万人の人が年金制度の改革に反対して街頭に出たことを想起しよう。それでも、この反対運動は袋小路に陥ったのだ。つまり、われわれは新たな政治的形態を発案しなければならないのである。協同的形態がヨーロッパのエコロジー運動のなかから出現したら、おそらくそれはそうした可能性のひとつと言えるだろう。抑圧的なさまざまな審級（超自我、神経症、内的制止といった不可視の法廷）が、われわれをいたるところから束縛し、幼稚化し、われわれに罪悪感を抱かせる。ガタリが言う「選択しだいで」いかなる地点からでもいかなる地点とも、予測不可能な仕方で接続することができるという形態、すなわちリゾームをつくりださねばならない。アイリスはリゾームであり、その広がり方は一見偶発的でアナーキーであるが、それは逆に新しい道をつけ、横断的通路を切り開き、その道行きが地図として形成される。そこに出現するのは、つねに特異的な欲望のミクロ政治学がつくりだす新たな連結にほかならない。

ガタリは、一九七九年に次のように書いたとき、現在われわれの眼前で起きていることを予感していた。「新たな闘争形態や組織形態が発案されると、それは視聴覚装置の速度で伝播する」（これは一九六八年におけるラジオやランジスターであり、現在のSMS〔携帯電話メール〕やツイートのことだ）。ジャン・ウリがいみじくも〈正常病〉と命名した状態に陥らないためには、人は自らの存在のなかに固執し続け、スピノザが助言するように行動の潜勢力を増大させることが不可欠である。つまり「身体に働きかけるような社会的・審美的な革命」を到来させなければならない。これは「もっとも奥深い代謝機能、世界の知覚の仕方、間主体性の成立の定式」を変化させることであり、「未来を先取りする」ということである。ガタリはスワン〔本書で論じられる『失われた時を求めて』の登場人物〕について語りながら、興味深いのは結果ではなくて、〈創造的機械〉であると書いている。

社会的組織の現実を構成する集合的な欲望の動的編成は、従属化をうながす諸制度を阻むことができるだろう。人間の行動が、非社会的、狂気的、幼児的、非行的である——つまり超越的な法や法の代理表現を〈装備〉していない——とみなされるとき、そここそが「社会体のなかで生き生きとし続けているすべてのものが避難する場所」であり、そこからこそ「もうひとつの別の世界を建設するためにすべてが再出発することができるのである」とガタリは言う。そしてそれを実験するのはわれわれの仕事なのである。

パリ、二〇一一年七月十日

緒言

この研究は次の三つの事柄にかかわる問題を検討するものである。
（1）権力構成体とくに集合的装備によって発動される記号化の様式。
（2）（1）の領域における研究の発展を抑止している現在の記号概念の批判。
（3）（2）の補足。〈分子的〉パラメーターとしての顔貌性という〈個人の基層をなす〉記号的要素の探索。制度論的分析が社会的領野における無意識の機能にアプローチするには、この探索が重要である。

この三つの部分の叙述の順番はとくに厳密なものではない。たとえば、第一部で提起される概念を位置づけるために、第二部で展開される記号論への参照が行なわれたりする。逆に、第二部で行なわれる記号論批判は、たとえば第一部で描かれる集合的装備の現場検証とかかわる記号論の隘路と密接不可分である。第三部は体系性にこだわらずにさまざまな理論的な提起をまとめたものだが、今後正真正銘の研究基盤となりうると思われる現在進行中の研究の多様な方向性を指示するものであり、それ以上の意図はない。

こうした各部の〈リゾーム〉的な配置（〈リゾーム〉とは、この研究のなかでわれわれが樹木状の構造に対置する表現である）は、テクスト自体の内部にも見出されるであろう。というのも、われわれは読者に対して、完全に限定された主題についてしかるべくコード化された方法論にしたがって体系的な答えを提供することができるという思想に信任を与えるような詐術的論述を放棄したからである。われわれの意図は専門家に理論的な命題の資料体を伝達することではなく、この研究にかかわりを持つ人々や集団に本来のダイナミズムをもたらすことができるような分析的手続きを導き出すことである。そして、こうした研究の領域において、言表行為の集合的な動的編成——われわれがこの研究で語り続け、われわれの関心の正真正銘の中心をなすもの——をいくらかでも引き起こすことである。

第一部　記号的従属と集合的装備

（1）無意識は言語のように構造化されていない

無意識の機械

現在行なわれている無意識の定義――とくに無意識を言語秩序の象徴的な節合に還元しようとする構造主義による定義――では、個人的欲望と、社会的、経済的、工業的、科学的、芸術的、等々の構造に干渉するあらゆる種類の記号的生産との通路を把握することができない。われわれは、あらゆる領域におけるリビドー的過程の研究が、無意識は「〝ひとつの〟言語のように構造化されている」と主張する構造主義の公準とまったく相容れないことを証明することを試みる。無意識に関してどうしても構造を持ち出さねばならないなら――あとで述べるように、それは自明のことではない――、われわれとしては、無意識は〝多様な〟記号化の様式として構造化されていると言いたい。そしてその場合、おそらく言語的言表行為がもっとも重要な位置を占めるわけではない。こうした条件の下でこそ、無意識と欲望を、主観的、意識的、個人現象的な個体化の拘束衣のなかに閉じ込められた状態から解き放つことができるだろう。他方、〈集合的無意識〉についての考察は、たいてい欲動の類推的あるいは昇華的な〈宿命〉の形而上学的構築に帰着する。しかし無意識は個人的なものでも集合的なものでもない。無意識は記号の作用が現実にかかわるところならどこにでも存在し、世界の〈像〉を構成する。ロジェ・シャンボンはこれを世界の「出現」と呼んでいるが、彼によるとこれは単なる表象と区別すべきで、「生産的知覚」として理解しなくてはならない。*13

簡単な事例、というよりも理解しやすいようにわれわれが単純化した事例から出発することにしよう。精神分析家がお金をどう解釈しているかという事例である。これはいたるところに流布しているので、事細かに述べる必要はないだろう。精神分析家によるお金の解釈で、もっとも広く伝播しているのは、ある個人とお金の関係は、その個人の幼年期における糞便との関係を象徴的に表わしている、というものである。この方法は、特殊な欲望の対象の布置を人生の一時期に対応させ、ある時期における欲望の対象の主観化の様式を別の時期のそれに対応させるものである。しかし、われわれがここで提起しようとするのは、これとはまったく異なる方法である。この場合、われわれは、この種の移転、この種の解釈、この種の象徴主義に見合う〈マチエール〉は、いかなるかたちにおいても存在しないと考える。というのは、貨幣の〝貨幣としての〟働きは、記号的諸要素と脱領土化の動きを発動させるものであり、そうした諸要素や動きは、たとえば身体やイメージや言語といった登記簿のなかに存在している諸要素や動きとは、最初から非常に異なったものだからである。したがって、われわれにとって、たとえば糞便への〈固着化〉とお金への執着とのあいだに必然的な通路は存在しない。いわゆる〈肛門期〉（触覚、嗅覚、周囲に対する遊戯的挑発、等々）に対応する記号化の様式は、〝ある条件の下においては〟、貨幣的交換の記号的構成要素や、夢によって発動する〈図像的〉あるいは知覚的な構成要素と接続するかもしれない。あるいは精神分析的な解釈や精神分析の特殊なメタ言語が包含する構成要素と結びつくかもしれない。しかし、このような結合が、発達心理学の原型的段階やシニフィアンの連鎖、あるいは〈無意識のマテーム〉などを起点にしてプログラム化されると考えるのは馬鹿げている。この場合、われわれは、対象や〈段階〉や心理的審級など、シンタックスのように構造化された無意識の〈不変的要素〉をなすものがかかわっているると考えるのではなく、逆に、特殊な型の〈記号的構成要素の動的編成〉を起点にして考えることを提案したい。この動的編成は、〝一定の条件の下で、あるとき突然〟、無意識の真の構造、われわれが無意識の機械と呼ぶものを開示する。この生きた機械は、既成のコード化や幼児期の記憶への固着化を絶えず排除する傾向性を特徴としている。無意識は未来に身を向けて作動するものであり、現実の状況に対して身近から働きかける。たとえ現実の状況が、一見、反復や神経症的な行きづまりにしか通じないときにでも、そうなのである。たとえば、精神分析家が糞便＝お金というマスターキー的な等式を適用して夢の解釈を行なうとき、[*14]彼はさまざまな言表行為の動的編成の実践的な構成要素を好き勝手に混同しているのである。この実践的な構成要素は、われわれがすでに喚起した例を参照すると、次の三つの集合体にしたがって区別することができる。

（a）自分の糞便と戯れる子どもの活動——これは家族のあり方や、子どもを取り巻くものや諸関係からなる世界全体と密接不可分である——に対応する欲望の動的編成。

（b）患者が精神分析家に夢を語る（そこで糞便そして／あるいはお金が話題になる）という事態に対応する動的編成。この事態は談話的な言表と図像的な表象を解釈する技術と密接不可分であるが、この技術は次の二つのものに依存している。（1）覚醒時における患者を対象とした解釈格子。（2）精神分析の制度的機関によってつくられた解釈格子。

（c）お金の現実的な操作に対応する無意識的な動的編成。この操作はもちろん一定の社会における経済的・社会的な従属化の様式をともなった特殊な諸関係を維持するものであるが、おそらくそこでは多様な動的編成が機能していて、〈お金との関係〉は、たとえば精神分析家とその患者とのあいだ、あるいは母親とその子どもとのあいだ、食料品屋と子どもとのあいだでは、まるで異なっているだろう。

シニフィアンの専制

精神分析家は自らの混合主義によって、自らが直面している多様なタイプの言表行為の動的編成を破砕し、自らが作動させる記号的諸要素をごちゃまぜにすることになる。彼らは〈象徴界〉にいるのだと主張し、現実の状況、つまり社会的地層化ならびに表現と生産の様式の物質性に基づいて〈差異をなす〉すべてのものを彼らの領分とは本質的に無関係であるとみなす。彼らは、事実上、彼らの〈対象〉が巻き込まれている政治的かつミクロ政治的な争点をあっさりと脇に退け、いかなる普遍的解釈よっても手に入れることができない権力にかかわるコンテクスト・力関係・特殊なテクノロジーの現実的な複合性から目をそらすのである。子どもの遊びから夢や経済的関係に移行する精神分析的解釈のスリップは、こうした状況のひとつひとつの基盤にある無意識的な記号的領域をつかみ損なう。この〈シニフィアンの専制〉による諸次元の混同、全面的な記号的崩壊と逆の立場をとろうとする欲望のミクロ政治学は、当然のごとく、無意識に〝ひとつの〟構造、ある同質的な構造的一貫性を与えるという無意識概念と断絶することになる。このことはいくら繰り返してもいいだろう。すなわち、われわれは絶対に〝唯一無二の無意識〟とかかわっているのではなく、つねに〝無限に多様な無意識〟とかかわっているのである。無意識は諸個人を互いに結びつける記号的構成要素の性質からして無限に変化する。そこには身体的・知覚的な機能をはじめ、制度、空間、装備、機械、等々が包含されている。

この言語と無意識の関係の問題について、フロイトはフランス精神分析の構造主義的潮流よりも慎重な立場をとっていた。彼は、ものの表象（ザッハフォルシュテルング）――今でいう図像的秩序――と、言葉の表象（ヴォルトシュテルング）――言語的秩序――とを場所論的に区別しようとしていた。しかし、だからといって彼は、イメージに対する言葉の優越性を小さく見積もっていたわけではない。というのは、無意識的な一次過程はものの表象から決して完全に脱却することはできないが（たとえば夢や分裂症においては言葉をものとしてあつかう）、前意識－意識状態のシステムだけがこの二つのタイプの表象を結びつけることができると考えていたからである。[*15] たしかに、こうした優越性が存在することは疑いないだろう。しかしそれはある種のケースにかぎられる。たとえば特殊な権力構成体を背景とした世界、白人の文明的で男性優位的で学校化され階層化された普通の昼間の世界、われわれがおおまかに資本主義的と形容する世界でのみ通用するのである。ここで資本主義というのは、一種の流れの脱コード化の拡張をもとにして機能する社会システムの総体のことである。

この資本主義的形成体の特徴のひとつは、他のすべての記号的構成要素を超コード化するある特殊なタイプの記号的機械に依拠するということである。この記号的機械が、社会的領野や個人の次元のみならず生産の次元においても、あらゆる流れを操作し方向づけるのである。この機械によって機能する脱領土化された鎖は、それ自体としては有意的ではないが（たとえば言語の連辞的な鎖や、科学的、テクノロジー的、経済的、等々の記号機械の鎖の場合、非‐有意的とも言える）、有意的な中身と特殊な関係を維持する。それらの鎖は、有意的な中身を序列化し、基本的に権力構成体（たとえば学校機械、軍事機械、法的機械、等々）のために働く従属化機械として機能する単一的な記号の格子をもとにしてその中身を整序し、それにともなって有意的な表現様式として作用する。逆説的にも、構造主義者が有意的なものとみなしシニフィアンと形容するのは、この資本主義的構成体によって作動する非‐有意的な鎖にほかならない。彼らはこれを一種の普遍的な構造の構成要素とするのである。構造主義者によると、構造があるところにはどこにでも、このタイプのシニフィアンの素材を見いだすことができ、言語や無意識の次元、コード化の鎖の発生的次元、原始的社会における親族の基本的諸関係の次元、レトリックの次元、文体論や詩法の次元、消費社会の機能様式の次元、科学的言説の次元、等々のすべての次元にわたって同一の節合システムが見られるというのである。今日、シニフィアンとか象徴的次元というカテゴリーでわれわれに示され、多くの研究者にとって基本的概念、自明の出発点となっている感のあるこの凝固体を解体することが緊急に必要なことであるとわれわれには思われる。というのは、おのおのの動的編成は、〈互いに根源的に異なった〉記号の鎖の連結を行なうのであり、それは初めから一定のシニフィアンの言説として機能するのではなくて、初めはさまざまな非‐シニフィアン的記号機械[*16]として機能するものだからである。これこそが生産的過程や社会総体のなかでわれわれがかかわっているものであり、したがってわれわれはつねにさまざまな記号化の過程や記号の体制に組み込まれているのだから、これを普遍的に通用する鍵に仕立て上げようとするのは馬鹿げているのである。人は決して〈シニフィアン〉一般なるものに出会うのではなくて、つねに〈現場で〉さまざまなジャンルの入り混じった記号的構成要素に直面するのである。言い換えるなら、構造という観点からは測定不可能な可能的事態に開かれた混合的な布置を前にしているのであり、これをわれわれは機械状の創造性と呼ぶのである。シニフィアンの帝国主義は、一種の記号的崩壊を引き起こして表現の構成要素の多声性を失わせ、あらゆる生産様式や社会構成体を権力の記号体系へと誘導する。かくして、われわれの問題は単に理論的なものではなくて、実践的でもなくてはならない。すなわち、シニフィアンは単に言語学者や構造主義的精神分析家の誤りではなくて、どこかに普遍的な基準が存在し、世界や社会や個人とそれらを統御する法則がある必然的な秩序にしたがって構造化されていて、そこには深い意味があるといった確信にわれわれを従属させる何かが日常生活のなかにうごめいているということを示しているのである。シニフィアンはそのようにして権力構成体の現実的な機能様式を隠蔽する基本的な方式なのである。

図像、ダイヤグラム、あるいは身ぶりをはじめとする身体を使った表現など前-言語的と称されるその他のあらゆる表現手段は、シニフィアンの言語に依存する従属物とみなされている。それらの表現手段には何かが〈欠けている〉というのである。それはあたかもそれらの表現手段が言語学的なシニフィアンの鎖に取り込まれて、統制され、解釈され、通行禁止や脱線の幅の許容度などの機能の仕方を規制されるのを待つことを宿命づけられているかのようである。しかしながら、われわれには、人類学や歴史学などによって、こうした記号的な従属化なしですませてきた諸社会の機能に関する幾多の証拠が提供されているのだ。そうした社会においても、表現システムは一律的記号化社会よりも貧しかったわけではない。それどころか、逆に、発話とその他の記号化の様式（儀礼、身ぶり、音楽、神話、経済、等々を介した）との相互作用の様式は、欲望の集合的表現やある種の社会的なホメオスタシス（平衡性維持的生体機能）にはるかに適合的であったように思われる。こうした諸社会は、人類が踏み越えた過ぎ去った段階なのだろうか、それとも〈新しい文化〉、エコロジー、消費者運動などに関連したさまざまな運動潮流が考えているように、つねに今日的な意味を担ったミクロ政治的な選択の問題を体現しているのであろうか？

　われわれにとっては、この太古的社会の前‐シニフィアン的記号体系への〈固着化〉は、社会の起源にかかわる事態、あるいは自然発生的な表現への生得的な嗜好というよりも、ある種の権力の出現に対抗する一連の装置という色調を帯びた〝自衛態勢〟であると思われる。いわば、労働の社会的分業のあらゆる様式が、搾取するカーストや階級の利益のために作動することを〝国家〟的規模で課すような権力に対抗する装置である。こうしたパースペクティブの下では、〈原始的社会〉における文字の不在は、欠如や欠乏あるいは未発達を表わすのではなくて、ある種の脱領土化された機械性に対抗する集団的な抵抗とみなすことができる（たとえば近代的アフリカ国家で、現在、土着的言語が資本主義的装備の増大によって文字通り〈包囲された〉生活様式の隠れ家としての役割を果たすことがあることを想起したらい い）。[*17] しかし、部分的にであれ文字的シニフィアンの〈専制〉を脱却することができる記号化の様式は、われわれの現代社会においても、幼年期、狂気、創造といったもののなかに延命している。さらに、高度に〈文明化〉された部門においても、欲望の集合的構成体に新たな光をあててみれば、そこ

に多数の〈代償的〉実践や空間があり、支配的記号体制から距離をとるための隠された秘密の地帯や、アーサー・ケストラーの言葉を借りれば〈息がつける小島〉を見いだすことができる。それは夫婦生活、序列的諸関係、官僚主義、予め組織された余暇といったシステムが一般的に行き着くさまざまな種類の社会的神経症に対する抵抗の砦と言えるだろう。こうした分析にとって格好の対象として、HLM〔低家賃住宅〕の地下室の若者の集団、ブルジョワ的なフリーセックスの〈密かな悦楽〉、バレ・ローズ〔老人の倒錯的性欲を満たすために若い娘たちを集めたパーティー〕、あるいはもっと単純な例としてビストロでの民族混交的交流や同性愛者の〈密会〉などの機能の仕方をあげることができるだろう。それはマージナルな活動の残滓か、いかなる社会的組織化にもつきものの不可避的な代償にすぎない、と言う者もいるだろう。しかし、欲動の馴致やシニフィアンによる性愛の規律化の必要性を正当化しうるものはなにもない！　現行の経済的・社会的従属化のさまざまな様式は、それが支配的な意味作用と統制の〈専制〉に組み込まれなくなったら、急速に機能不全をきたすだろう。この〈専制〉はあらゆる記号化の根源にその規範を押しつけ、精神や身体の真ん中に禁忌の感覚を植えつけ、罪責感を生産する強力な機械を発動させて、ついには諸個人のリビドー的エネルギーの大部分を動員しようとする。したがって、ある種の言語や罪責感を与える個人化された記号化の様式は、資本主義的な社会的領野を安定化するために必要不可欠のものとして立ち現れる。それらは、とくに、支配的システムの法則や価値を媒介する国家語による権力奪取をもたらし、方言や特殊な言語、幼児的な表現様式あるいは〈病理的な〉表現様式を周辺的な位置に押し込めたり、あっさり抹殺したりする。そうした支配的な言語や記号化の様式のなかには、たしかに異議を唱えにくい与件もあるが、問題は構造主義者がそれを当然の与件にしようとすることである。具体的状況のなかで作動している記号的構成要素のミクロ政治学的分析をしてみると、こうした多様な記号的構成要素の〈構造化〉は、当然の事態として本来的に生じたものではなくて、言語学的な普遍的概念主義によってもたらされたもの、あるいは人間的諸関係に象徴主義的構造化を適用した結果であることがわかるであろう。[*18] つまり、そうした〈構造化〉によって多様な記号的構成要素はつねに変化することなく同じ状態にとどまりながら、支配的権力構成体の統辞論や記号論や語用論の法廷の前で説明をし〝翻訳され〟なくてはならないものになる。しかもこの権力構成体自体が民族国家言語学の枠内において〝翻訳可能〟なものでなくてはならないというわけである。したがって、こうした〈構造化〉は、単にピエール・クラストルの言う〈国家なき〉社会[*19]や太古的社会、あるいは病理的状況や周辺化された状況においてだけでなく、たたかいの対象となり打ち負かすことができるものであると言わねばならない。

非還元主義的な分析的実践

現行の言語学的・記号学的理論のなかで何がシニフィアンの還元主義的解釈を〈許している〉のかを検討し、その解釈が言語学や精神分析に帰せられるのか日常生活に帰せられるのかを明らかにしなければならない。言語学や記号学は長い間〝音韻論的分析〟に依拠して生き延びてきたが、チョムスキー的流れが登場してから〝統辞論〟ついで〝意味論〟のモデルに力点が置かれるようになった。さ

らに最近では、〝言表行為〟の理論化のくわだてが行なわれ始めた。こうした軌道は、われわれから見ると、社会的領野における欲望のミクロ政治学的探索を可能にする正真正銘の〝実践的分析〟が構成されてこそ、その全体像が明瞭になるものである。しかしそれは、構造主義的偏見が一掃されないかぎり不可能であろう。言語学や記号学の分野における構造主義的偏見は、精神分析における構造主義的偏見と非常に近いものがある。

この研究の第二部において、われわれはさまざまな記号的構成要素の生来的な差異を重視する分類を提起するであろう。われわれは非還元主義的な実践的分析がたどるであろう道程の大筋を素描するつもりである。集合的装備はコード化の構成要素や記号的構成要素を幅広く作動させるものとして、社会的領野における欲望の経済の実践的アプローチにとって特権的な支柱になる、とわれわれは考えている。精神分析は当初からひとえに個人研究をもとにして発展してきた。われわれの提唱する新たなタイプの無意識の分析は、これとは根源的に異なった角度、方法、概念を使って、言表行為の動的編成の下で無意識の分析を行なわなければならない。それは〈診察室〉に閉じ込もった精神分析とも大学式の社会学ともまったく異なったものである。それはまた、〈コンプレックス〉から出発するものでもなければ、普遍的な構造やコンプレックスを構成する単純なファクターから出発するものでもない——後者は、たとえばカート・レヴィンが心理社会学を構成しようとするときや、グレゴリー・ベイトソンを中心にしたパロアルト・グループが家族内のコミュニケーションを情報理論に基づいて取り扱おうとするときに用いる手法である。[*20] 分析的実践は、集合的装備のような複雑な制度的対象（その内部で、国家にかかわる経済的、政治的、行政的、法的な分野、さまざまな次元の公的・私的な諸制度にかかわる経済的、都市計画的、テクノロジー的、科学的な分野、個人や個人の基盤としての器官や機能や行動などにかかわる身体的、知覚的、情動的、想像的な分野などの、あらゆる種類の記号的構成要素が相互に作用しあう）に結びついているかぎり、それらの記号的要素によって具体化されるおのおのの現実的布置の特殊な集合的動的編成の様式から絶対に切り離されてはならない。そしてこの分析的実践は、それ自体が〈分析装置〉として構成され、分析的な〈主体－集団〉とならなければならない。*21

（2）集合的装備はどこから始まり、どこで終わるのか

集合的装備の一般的機能

いかに〈原始的〉な社会であっても、一連の〈集合的装備〉と無関係に組織されるような人間集団はありえないだろう。最初に登場する集合的装備は、それぞれの民族あるいはそれに相当する近代的な集団の特殊化された能力に見合ったものであろう。それはさまざまな〈記号機械〉を使った認識や表現の能力であり、その集団の宇宙的・社会的輪郭、集団内部の諸関係の形態あるいは〈外部とのやりとり〉などを示し、われわれがこの研究で記号化の集合的様式として提示したあらゆるものを包含

記号的従属に抵抗するにはこの動的編成の方向を変えるしかないのである。しかし、学者的思考も世俗的思考も人間的諸価値――それは現実にはあるタイプの社会のあるタイプの価値観にほかならない――を守護しようとして、個人がいかなる操作の対象になっていようとも、個人が自らの運命を自らの手の中に回復する飛躍的瞬間を個人から期待することができるという思想の背後に閉じ込もり続けている。そうすると、社会の混乱、科学や技術の悪用などを個人の〈悪い面〉――あいかわらず良い欲動と悪い欲動があるという善悪二元論――に帰することになる。そして個人の〈良い面〉、個人の〈良い本質〉をあてにして、状況の回復を期待することになる。いささか戯画的に描いてみたが、こうした個人の役割の概念は、われわれから見ると、単にブルジョワ的思考の持ち主の〝実践的態度〟だけでなく、多くのマルクス主義活動家にもあてはまるように思われる。たとえば〈歴史のなかで個人の果たす役割〉の性質や射程について議論する前に、個人という概念そのものを再審に付さなければならないのではなかろうか。実際、社会が機能するかどうかは、決して通常考えられている個人の問題ではないのである。社会の機能は、個人の寄せ集めや人間のイデオロギー、あるいは個人的な意志と責任の併合には絶対に還元不可能な複雑な動的編成の領分に属するのである。

個人の最終的な現実を人間主義的に規定しようとすると、自然から切り離された自律的で不変的なものとして個人を位置づけることによって人間的なものの歴史の不確かな実態に思考が届かなくなる。こうした規定の仕方は、もっともおぞましいファシズムをも含むおよそあらゆる社会体制を正当化するために使われ、マルクス主義理論家によって告発されたものではあるが、実際には、現代の共産主義運動によって引き継がれているものでもある。たとえば共産主義運動は自らを普遍的な人間モデルの保持者であるとみなし、社会的領野に影響を及ぼす欲望の変化や革命を正しく認識しない。そして、組織の力や集合的な誘導によって、行動にかかわる〈重要な〉次元と二義的な諸次元とのあいだに緊急性や優先性の順番をつける。二義的な次元はあくまでも〈補助的〉なものとされるか、〈あとまわし〉にされる。あるいは〈大衆に理解されないであろう〉とか、〈逸脱〉(たとえば女性の欲望、子どもの欲望、同性愛の欲望、等々の解放)に通じるという理由で無視されたりする。

しかし、資本主義社会の設置した集合的従属の方法の技術的・科学的システムの有効性の増大——官僚主義的社会主義さえもいまや〈資本主義の最終段階〉になりつつある——によって、もはや集合性の操作や装備を免れるものはなにひとつなくなるであろう、という考えにわれわれは導かれようとしている。個人のもっとも奥深いところにあって近寄りがたいと思われる構成要素すら、そのシステムに巻き込まれているのである。個人の知覚、欲望、そして意識も〈集合的装備〉の一環になりつつあるのだ。かくして人は、社会的、性的、民族的、等々の条件によって位置を決められた意識を装備することになる。人は自分にあてがわれた〈部署〉に応じて異なる知覚、動機、思考、想像力、記憶力といったもののモデルで装備されるのである。そしてわれわれに定められたカースト、階級、環境といったものへの帰属に見合ったかたちで機能することになる。こうした組み立ては、今日、自家用車と同じように〈個人化〉されている。肉体労働者と官僚はそれぞれ異なったタイプの知覚様式で装備され、主婦と経営者はそれぞれ異なった欲望の規格化で装備される。しかし、そこで使用されるあらゆる基礎的要素は、同一の種類の加工、同じ集合的装備に由来するのである。そこに多様性(機能性や能動性における)が発生するのは、ひとえにそれぞれの装備の構成の相違に由来するのであり、その多様性は資本主義的な社会組織の必要性やそれに対応する労働の分業に見合ったものにほかならない。（こうした〈個人の製造〉にともなう適応能力が、基礎的要素の絶えざる極小化——われわれが脱領土化と呼ぶもの——をもたらすということについては、あとで触れることにする）。

（3）資本主義革命

政治ならびにミクロ政治にかかわる基本的な争点は、この集合的装備の機能を通して〈展開される〉。それは集合的装備が資本主義的な集合的労働力の形成において支配的な位置を占めているからである。しかし〈多形的〉な欲望を脱領土化された労働や交換、有益な活動へと変換することは自動的にはいかない。資本主義はこれを実現することができなかったので、リビドーを特殊な歴史的条件のなかにおいてしか自らのために役立てることができなかった。

十一世紀の〈ブラックホール〉以後。〈神の平和〉としての宗教機械

資本主義的に搾取可能な労働の誕生は、おそらく十一世紀に新たなタイプの戦争機械や新たなタイ

プの宗教機械、そして新たなタイプの社会的・言語的な分節システムなどが出現したのと同時的な現象である。ジョルジュ・デュビーは、ローマ帝国とカロリング帝国から引き継がれた旧来の中央権力や領土の政治的・経済的・記号的崩壊のあと、分節的な新秩序に則った施設や軍事集団による略奪権の〈正当化〉において、宗教機械が果たした役割をとくに強調する。外部目標の固定化——野蛮人の侵入の撃退、キリスト教の普及といった——が、この新たな戦争カーストの誕生を促進する。[*23] 農民を蹴散らして根絶するのではなく、農民を乱暴な仕方で活用して、城や道路を建設し、手工業や商業を再装備して都市化をすすめる諸条件をつくりだす蓄積過程を発動するのである。キリスト教的宗教機械は、こうして新たなゲームの規則を確立しながら、旧来の帝国的権力に取って代わる。そしてその権力は、より〈精神的〉なもの、より脱領土化したものではあったが、かつて以上に有効に作用する。そして、おそらくこの点にこそ、資本主義的流れによる権力奪取の最初の大きなミステリーが存在する。〈神の平和〉という抽象機械がおのれの法則を確立し、社会的分節を定着させるのである。

各地方から「公会議が大司教の呼びかけに応じて参集する。大領主とその配下の戦士たちも参加する。この総会が暴力を規律化し、武器を持った者に対して行動規則を課す」[*24]。この〈神の平和〉の延長線上で、別の掟によってその他の社会領域の支配体制も確定される。「もはや戦うこともお金を操ることも、性的行為に身を委ねることも、非常に限られた場合を除いて適法ではなくなる。武器を用いた行動が邪悪なものとして、あるいは神の意志や世界の秩序に背くものとして告発される領域が明確に確定される」。貨幣経済の漸進的再出現にともなって、領主たちが賦役のシステムによって農民の労働力を先取りすることはもはやできなくなるが、彼らは脱領土化された交換のシステムに適応することになる。「領主たちは農民が生み出す財の大半を奪取することをやめなかった。彼らは別の仕方で、つまり貨幣の流通がどんどん増大するような仕方で楽々と財を横領した」[*25]。かくして奴隷制の君臨は近代的な経済的搾取の前でしだいに姿を消していく。しかしこの貨幣による最初の脱領土化は、なお強く領土化された封建的な諸関係を中心にした社会システムのなかでは〈完遂〉されることはできず、それはブルジョワジー(ブルジョワ王国)によって統制された経済システムのなかで、ようやく実現されるのである。貴族はお金によって直接的な奴隷制的関係から引き離されて自ずから脱領土化し、新たに登場した資本主義的秩序の特殊な記号化の様式によりよく適応するブルジョワ的な社会構成体によってその内実を骨抜きにされる。したがって、資本主義の出現ではなく資本主義的流れのヘゲモニーの出現は、われわれの見るところ、疫病の小休止や野蛮人の侵入——ノマド的な軍事機械の動向——、あるいは内部の人口の増大、封建的秩序の相対的安定化、経済的・商業的・貨幣的な〈離陸〉——商人や旅行者の増大——などと不可分の関係にあるだけでなく、キリスト教会による異端派や不信者に対する大作戦の〈発動〉とも密接な関係にある。この作戦は武力を持った貴族階級の関心を脱領土化された目標——〈聖なる土地〉とか〈聖骸布〉といったようなもの——に誘導することを可能にした。十二世紀における教会、大聖堂、僧院の増殖は、まさしく資本主義的な脱領土化の最初の支柱とみなすことができる。それはいわば新たなタイプの集合的装備の最初の〈離陸〉をなすものである。その主要な使命は次のように分解することができるだろう。すなわち、その集合的装備は、一方で、歴史上もっとも脱領土化された神のひとつを〈生産する〉とともに、他方で、古典古代に比して〈退行的〉な分節的社会秩序として——〈太古的〉な民族的つながりと組織からなるシステムに依拠しているという点で――再領土化を行なう。この新たに登場した〈アジア的〉な神は、ギリシャやローマの市民の〈理性的〉な神々とは異なって、その情念的〝かつ〟普遍的な――ここにパラドックスがある――諸価値を、野蛮な貴族階級の〈心臓〉に据え付ける。

騎士道的精神と自由なくわだて

ひとつの都市やひとつの帝国に属しているという感覚は決定的に失われて、脱領土化されたノマド的感覚が騎士道的精神に取り付き、艤装業者や商人、勃興するブルジョワジーの資本主義者の冒険精神や〈自由なくわだて〉への道を間接的に準備し、同時に社会の分節化や封建的アナーキーが地方や王国の諸権力のまわりに定着するところとなる。というのは、すべてがブルジョワ領主たちを分離するように作用するが、封建主義の宗教的理念が彼らの利害関係を近似的なものにするからである。たとえば、十字軍の行動は彼らがそれぞれ引き出すことができる無数の〈二次的利益〉――略奪戦争、商業ネットワークの開拓、等々――と密接不可分に結びついている。結局のところ、教会の集合的装備は誰のために〈機能している〉のだろうか？　この問いに答えるのは不可能ではないにしても困難である。われわれは、あとで、教会、貴族階級、ブルジョワジーの三者の関係の曖昧さの問題に立ち返ることにする。いまのところは、集合的装備は単なる〈上部構造〉ではなくて、カーストや階級への分化の記号的諸条件を生産するものであり、したがって集合的装備が〈何に帰属するか〉という問題は一筋縄ではいかないことだけを指摘しておこう。

宗教機械は同時代の社会的分化を〈もたらす〉だけでなく、さらに来たるべき社会の分化をも準備する――これはニュートンの重力理論がアインシュタインの相対性理論を準備したのと同じである。たとえば、サンドニの僧院がシュジェール（一一二二年にサンドニ僧院の院長となり大規模な改修を行なった人物）によって〈ブルジョワ王国〉の最初の大規模な宗教的装備として構想されたことを想起すればよい。この僧院の機能はもはやローマ時代の僧院と同じではない。ローマ時代の僧院は「地下埋葬室、殉教者の墓、地下の閉ざされた薄暗い空間であり、巡礼者が数珠つなぎになって恐れ戦きながら薄明りのなかを下りていって、ろうそくの光のゆらめきの向こうに聖なる身体を垣間見るといった、いわば単なる上部構造」[*26]であった……それに対してサンドニの僧院は、集合的な記号化であり、神と人間の関係、神と王国の関係を（その照明、豪華な装飾、宝石類、ステンドグラスのイコノグラフィー、典礼、等々によって）体現する一種の化身である。ここで〈化身〉は異端派の〈二元論の誘惑〉に対立するものだが、それだけでなく貴族階級のアナーキーにも対立する。ブルジョワジーの神の位置は地上にある。〈神の平和〉は、労働、商業、都市生活、中央権力を保証しなくてはならない。中世の宗教的な集合的装備はそれ相応の仕方で資本主義の発展のために〈貢献し〉、支配階層の記号化と主体化の様式（貴族階級の新たな感性、名誉の掟、通過儀礼、等々）に一定の脱領土化をもたらす。これが流布させた人間モデルは古代のモデルよりも合理的ではなかったが、より普遍的でより資本主義的なものであった。したがってこのモデルは、公会議の決めた制限内においてであるが、民族的・国家的な構成要素の総体によりよく適合的に移し替えることができるものとして立ち現れることになる。このモデルが新たな加入者に課すものは、たとえばローマ帝国への〈集結〉にともなって課されたものよりも拘束力が弱かった。しかし、その精神的制約、要求される主体性の変化は、時代を経るにしたがって、しだいに圧政的なものになっていった。

われわれの見るところ、近代資本主義の精神を〈出発させた〉のはこの新たなモデルの形成であり、マックス・ウェーバーが唱えたようなルター主義やカルヴァン主義によるもっとあとの改革ではないと思われる。[*27] 宗教改革はずっと以前から始まっていた動きを強化しただけなのである。その独創性はさらに脱領土化した宗教的装備のネットワークを設置した点にあるだろう。つまりその装備の機能は、もはや資本主義的な流れの道を大きく切り開くことではなく、すでに堅固に定着した他の経済的・社会的装備のネットワークに適合し、聖職的装置を微小化しながらそのネットワークの内部に邪魔にならない程度に控え目に定着し、宗教的感情の内面化と個人化を強化することであった。ルネ・グルッセは次のように考えていた。すなわち、十四〜十五世紀に、フランドル地方はすでに「輸出業者が生産された製品を受け取りにくるのを待っている工場」として機能し、ドイツのハンザ同盟は「運送会社、商品が一時的に保管されるだけの商社」として機能し、フィレンツェは製造工場、銀行、経営者組合として機能し、さらにヴェネツィアやジェノバは、資本主義を「ピンからキリまで、海や陸の帝国主義にまで、そして植民地主義にまで」推し進める実験を行なって、十九世紀のイギリスを予示していた。[*28]

したがって、資本主義的な流れに優先的に依拠した経済の〈離陸〉と両立しうる新しいタイプの労働と交換の形成を可能にする諸条件をつくりだすためには、多数の脱領土化のファクターの相互作用が必要であった。全部ではないが、そのいくつかを挙げておこう。
（a）末期ローマ帝国から引き継いだ国家的・都市的システムの崩壊。
（b）脱領土化された普遍的目標に向かう宗教機械の出現。この機械は中央〈指導部〉と〈国際的〉言語、局地的・地域的な集合的装備——教会、大聖堂、ベネディクト会の修道院といったような——、財務や世俗的な政治的重要性を持つ集合的装備を備えていた。
（c）脱領土化された目標に接続した〈対外政策〉（十字軍）の決定。
（d）脱領土化された貨幣流通の再出現と国際的な貿易の流れの発展。
（e）新たな社会秩序の分化。基本的には貴族階級と教会の分化（ずっとあとに登場する第三身分という概念は同列に論じるわけにはいかない。なぜなら、これは社会学的にも政治的にももっとはるかに異質混交的な現実を包含したものだからである）。
（f）新たな貴族的生活スタイルの出現——宗主権、騎士叙任式、宮廷風恋愛、等々。*29
（g）ロマンス諸語の自立化、等々。

ブルジョワジーと封建制

末期ローマ帝国とカロリング帝国から引き継いだ社会システムの崩壊後、比較的〈一貫性〉のある社会組織は、都市化の進行とあらゆる領域における技術の発展と同時進行したと言っていいだろう。

したがって、ブルジョワジーとその集合的装備（行政的、財政的、同業組合的、宗教的、商業的、等々の）は、まさに封建性と〝時を同じくして〟生まれたのである。[*30] そしてこの同時性を踏まえれば、封建貴族の記号的存立の基本的テクノロジーと新たなブルジョワジーの存立のテクノロジーとのあいだの構造的相互作用が生じたという仮説を立てることができる。この現象の起源を遡っていくと（たとえば、十一世紀に騎士が世襲的で神聖的なカーストとして内閉したときにまで）、この二つの〈種族〉は異なってはいるが相互依存的関係にあったということが明らかになる。したがってそれは、古代において市民という〈種族〉とその他の残りの人々を分離していたような単純な対立ではないであろう。ここでは、市民性は脱領土化され、ノマディスムや野蛮な戦争機械から何かを吸収し、したがって二つの権力構成体に分割された。すなわち、貴族の尊大でこれみよがしの権力と、実入りは少ないが最終的に勝利するブルジョワジーの権力である。[*31] 封建制の誕生つまり〈近代〉の誕生の当初から存在する、この二つの社会的地層のあいだの非対称と相互依存は、新たなタイプの封建的主従関係が生まれ、旧来の衰弱した政治的秩序を乗り越える社会的分節化が出現したというような単純な図式を超えるものである。そこに見られるのは、なによりも、新たな流れの経済のシステムの出現であり、新たなタイプの社会、世界を新たな仕方で感じ、生き、思考する社会の出現である。解体しつつある社会――〈普通は〉野蛮人の侵入によって消滅したと考えられている社会――の網の目のなかに埋め込まれた〈ブラック・ホール〉を通して、あらゆる種類の分節機械が、自らのために増殖し作動し始めたのである。

この動乱から抜け出ることになるブルジョワジーの装備――それは貴族や教会の勢力に大なり小なり従属してはいたが――は、自らの記号化や生産の蓄積を再構成し続ける。それは、第二次世界大戦後のドイツのように、すべてがほとんどゼロからの再出発であった。この場合、脱領土化は文字通りの意味で理解されねばならない。実際、このときの西欧の経済的・都市的な崩壊はほぼ全面的であったことを忘れてはならない（それがどの程度の規模だったかを推し量るために、イヴ・バレルは以下のようなことを喚起している。すなわち、十世紀には、パリの人口が五千人前後であったのに対して、おそらく西欧最大の都市であったローマは、二万五千人ほどの住民しかいなかった）。しかし〈奇跡〉が起きたのは、なによりも基本的な記号的装備――とくに〈僧院工場〉のなかで蓄積され加工された――が惨憺たる事態をかいくぐることができたからである。旧来のテクノロジー的・記号的な形態の極小化、脱領土化が行なわれた。職人や書記は野蛮人の軍隊に従い、商人は大物から与えられた通行許可証だけをたずさえ危険を冒して街道をさ迷った。僧侶は写本を聖遺物のように守り伝え、僧院機械は金属製の道具を宝物のように保存し、農業技術の改良を行ない始める……。

こうした記号的な脱領土化によって、農民は自らすすんで、あるいは強いられて、ダイヤグラムのようにブルジョワジーにつき従うようになる。しかし農民を他の〈諸階級〉と同じ次元に置かないことが肝要でもあろう。農民は生産的な社会組織の基盤をなすものだからである。

農民は経済的にはすべてであるが、政治的には無である。したがって、この段階における本質的な変化は、〝都市階級〟を中心にして結晶化した新たなタイプの権力の誕生に求めなければならない。それは新しい性格の〝集合的装備の近くに〟身を置いた人間たちの動的編成の周りに結晶化した権力である。この場合、教会的装備の蝶番的な位置どりや、ずっとのちに第三身分と呼ばれることになる人々と教会の僧侶との曖昧な関係をとくに強調しておかねばならない。宗教的特権階級と貴族的特権階級はもちろん密接不可分に結びついている。しかし、この下からの装備の再起動という観点、新たな都市化の過程の誕生という観点から見ると、教会の僧侶と教会に集う大衆は、ブルジョワジーと同じ社会集団に属するとみなすことができる。都市が新たにつくられたり新たな発展を遂げたりするのは、最小限の凝集力を保持している僧院的装備を中心にするか、職人の集まりや法的装備を中心にしてである。こうして貴族階級は、知識やテクノロジーを蓄積した社会的階層にしだいに依存していくようになる。城の建設や軍事的装備の製造は、都市の職業的共同組合の最低限の安定化をもたらす。貴族や教会貴族は、彼らの〈出費〉――ジョルジュ・バタイユがこの語に与えた意味における[*32]――をそれ相応のしかるべき水準に維持するために商業ブルジョワジーに依存するようになる。都市化の過程を引き起こした、貴族的な〈出費〉の価値とは一線を画した新たなタイプの権力構成体は、議会、同業組合とその幹部会議、ギルド、同業者信心会などによって維持された――貴族階級による搾取や統制にもかかわらず――集合的装備のネットワークの構築によって出現し始めたのである。ただし、ブルジョワジーの一部はこの権力構成体に依存しながら間接的に豪奢な生活を行なったことは指摘しておこう。さまざまな権力の系譜（魔術的、聖的、カリスマ的、等々）の過剰に領土化された概念と断絶し、本質的にはるかに抽象的な資本の権力と資本主義的な流れに対する諸個人の現実的な立場に依拠したシステムのために作動する――同業組合主義と政治的・宗教的権威への依存に特徴づけられてはいるが――比較的柔軟で効果的な制度化の過程と〈枠組み〉のモデルを生産するブルジョワジーの率先的能力は、当時の脱領土化のさまざまな流れの線（技術的、科学的、芸術的、商業的、等々の）と結びつきながら確立された。そしてその過程で、ブルジョワジーはキリスト教会の使命よりも潜在的に大きな普遍性を持った世俗的適性を獲得するのである。

(4) ブルジョワジーと資本主義的流れ

ブルジョワ機械

ここで貴族階級の見かけの〝権力〟とブルジョワジーの実質的な〝力〟を区別しなくてはならない。脱領土化の実質的な力は、分子的レベルにおいて、モル的権力から漏出していく。暗黙の均衡、相互依存のネットワークは、都市ブルジョワジーの脱領土化された記号的発芽によって、絶えず加工され再審に付されていく。この観点からすると、教会的な〈三つの等級〉の理論（聖的次元にしたがって、社会を労働者と戦士と聖職者の三つに分割するのは幻想であり、それはイデオロギー的な再領土化のくわだての表現である）は、既存の宗教的カテゴリー化ではまったく把握しきれない社会体の総体を貫く脱領土的な力の上昇を否定しようと試みる。実際には、互いに類似的かつ対立的に存在する同質的な等級や階級が問題なのではない。十九世紀のブルジョワ歴史家のみならず社会主義理論家も、アンシャン・レジームにおける等級や身分のこうした切り分け方を踏襲して、その社会的〝表象〟をブルジョワ議会主義にそのまま投影することによって、別の種類の社会的な動的編成の存在をないがしろにし、その結果、今日あらゆる種類の少数派の闘争とともに再生している政治的課題を回避してきた。社会体は〈一貫した〉政治的・経済的な集合体として結晶化し、大なり小なり普遍的なカテゴリー化の様式（宗教的起源であろうとなかろうと）をもとに把握することができるようになる前に、性的、民族的、社会的、ミクロ政治的、ミクロ経済的、等々の無意識的な流れの経済にしたがって差異化されるのである。中世の軍事的・貴族的・宗教的な機械は、中世においては階級でも等級でもなく基本的な生産機械として社会全体をなしていた農民と同列に置くことはできない。機械として機能していたのは、〈当初から〉いわばおのれに固有の記号的慣性の法則にしたがってブラウン運動を行ない逸脱的な軌跡を描く残余的システムであった。機械的作動の要となるもの、あらゆる脱領土化の線の連携を遂行するオペレーターは、カーストでも大衆でもなく、ましてや階級でもなく、権力、技術的権威、制度、装備、貨幣の流れ、知識の流れ、商品の流れなどが絡まりあって展開される都市のリゾーム的機能と結びついた、輪郭を描くのがむずかしい社会的構成体である……そうしたすべてが成り立ち、すべてが持ちこたえるようにするのはブルジョワジーである。政治的・軍事的・宗教的観点から見たらマイナーであり、ただ〈機械装置〉と脱領土化された記号体系を備えているだけのブルジョワジーが、資本主義的無意識の変化を〈掌握する〉ことになるのだが、その起点となるのはブルジョワジーの集合的な動的編成とその装備である。それらの装備はこの段階ではまだほとんど分節化されていないが、やがて社会の新たな力の諸線によって記号化され展開されていくのである。

したがってブルジョワジーは、ひとつの階級である前に、ある種の分子的な集合的装備なのである。

そしてそのあと、ブルジョワジョーは、工業コンビナートやメガロポリス、世界市場などと結びついた巨大な記号的サイクロトロンとしての姿を現わすのである。しかしその〈可視的〉な歴史的段階は、つねに脱領土化のシステムとしての断絶と深化をともない、さらにしばらくの間旧来の体制の記号的崩壊を乗り越えようとする再領土化の掌握の試みがそれに続く。こうして〈既得権益〉が絶えず危機にさらされるという事態が生じてくる。したがって資本主義的結合関係は、その基本的ユニットが脱領土化され、ロゴ遊びのように、あるいは物理化学の領域において分子や原子の分析と綜合から原子核の構成へと移行するように、ミニチュア化するにしたがって豊富化していくのである。脱領土化の資本主義的公式の潜在力は、最初、微視的空間の分子的次元において〈全面的に組み立てられたもの〉として姿を現わす。それは、領土をなす前に、たとえばウイルスが増殖するのに好都合な条件が出現するまで何年も待つのと同じように、長い間局地的な状態にとどまる。すでに見たように、こうした仕方で中世初期からピサやジェノバ、ヴェネツィアなどで資本主義が〈根付き〉始めたのであり、都市ブルジョワジーと地主貴族との融合もこうして始まったのである。これをイヴ・バレルは「脱領土化された都市公国」と名付けている。種々の職業と艤装業者に依拠した資本主義貴族は、「貴族共和国」と称されるシステムを背景に、都市の発展や、経済、政治権力の統制権を掌握するに至る。しかし、これはきわめて特殊な条件がかさなりあって生じた例外中の例外、〈奇跡〉であることを強調しておかねばならない。つまりこれは、あらゆる脱領土化のファクターが〈偶発的〉につながりあって生じた特例なのである（多様な世界の結合、海への開放、商業的流れの掌握に好都合な条件。ヴェネツィアの場合は、フランク族の影響によるラグーナ（潟）の特殊な状況、等々）。実際には、イタリアの多くの資本主義都市も、ブルジョワ王国のさまざまな首都も、旧貴族階級と上昇ブルジョワジーのエリートたちが融合するといった、るつぼ的な経験はしなかった。領土化されすぎた封建的分節は、新たな分節を無化するか、逆に脱領土化しすぎた新たな分節が元の分節のようになってしまうかのどちらかで、貴族的装備の都市への統合はきわめて相対的・部分的なものでしかなかった。王国の権力機能や資本主義に直接結びついた貴族階級の分派のブルジョワ化は、局地的に一種の貴族ブルジョワジーの構成に行き着くが、これはまだ機能主体の相対的な融合にすぎない。たとえば、ダニエル・デセールとジャン＝ルイ・ジュルネが〈コルベール・ロビー〉と呼ぶものは、四分の三以上が貴族（生まれつきの者、職務によって貴族に叙された者の両方を含む）によって構成されていたが、デセールとジュルネによると、これはある財務家グループに結びついていた。そしてこのグループの職務と機能は、十三世紀以来、「密かに権力者の効果的な支援を得て、支配的な貨幣的・経済的なシステムのなかで国家の生命線の中心部に身を置いて特権的な役割を演じる」ことであった。つまりこれは地主貴族と断絶しながらも、ブルジョワジーに属しているとまでは言えない、ある資本主義的な社会構成体にほかならない。[*33] したがって、ブルジョワジーと資本主義の同一視を性急に行なってはならないということである。この二つは強く結びついてはいるが、そこには二つの異なったタイプの現実があった。すなわち、ブルジョワジーは既得権益を守ろうとする保守的地層化に由来するが、資本主義は、逆に、意に反してであっても、社会的領野を脱地層化しようとする機械状の構成要素の連携に由来するのである。そしてこのズレはしだいに大きくなり、西側でも東側でも国家資本主義の発展にともなってますます露になっている。テクノクラート的・資本主義的なカーストの同一のリゾームが、旧来のブルジョワジーと旧来の国家官僚の頭越しに、おのれの内部から政治–経済的戦略を押し出しながら世界を所有しようとするのである。

一般的に言って、大規模な資本主義的国家装備や都市化の過程は、多くの古代都市に見られたような権力構成体の凝固したモデルのコード化や制度化には行き着かない。おそらくそれがブルジョワ都市の力の根源であり、要するにブルジョワ都市はなんでもおかまいなしにやるのである。[*34]

しかしあえて言うなら、それはモル的な付帯現象であり、一方、ブルジョワ的・同業組合的な装備は、正真正銘の都市化の分子的過程と生産諸力の飛躍的発展を体現するものである。[*35] 領主や伯爵や司教や王などの権力が都市の軍事的・政治的・税務的な統制の掌握を競い合っていたとき、資本主義的な分子的革命が社会体全体を密かに統制していたのである。その社会体のなかには貴族や教会も含まれていたが、彼らを統制する手段は生産的・商業的な集合的装備、増殖し続ける捉えどころのない記号的機械であり、この記号的機械が、精神のあり方、感情、宗教、世界についての諸概念、書記（エクリチュール）、音楽、絵画、建築、諸学、等々を変えていくのである。貴族や聖職者の自主独立はブルジョワジーの相対的普遍主義にわが身を適合させることによってしか維持することはできなくなる。同時に、ブルジョワジーは自らの利害関係に応じて、貴族や聖職者を補完するかたちで記号的分化を遂げていく。

こうした資本主義的な脱領土化過程の発展と結合を通して、これまでとは別の人間の概念、とくに子どもの概念が現れ始める。騎士道的な愛の感情——奥方の理想化——が脱領土化されるにつれて、伝統的な貴族的諸価値の体系が一貫性を失っていく。ドン・キホーテやコルネイユ的英雄が同じような退却戦の特徴を帯びる一方、ラシーヌ的人物のある種の幼児性がブルジョワ的感性の優位を予告する。実際、騎士道小説や騎士道恋愛物語のなかで奥方が上昇したあと、十八世紀から舞台の前面に出てくるのは子どもである。奥方の顔貌性が貴族世界の脱領土化の焦点となったとしたら、ブルジョワジーの脱領土化に浸透したのは子どもの顔貌性であり、それは今日まで続いている。[*36] しかしそのことは子どもの運命の改善をもたらすものではまったくなくて、ブルジョワの子どもの運命すら改善するものではなかった。ことは二つの重層的次元で進行する。

（a）一方で、家族の私物化、家族の子どもへの自閉化、母‐子の関係への関心の増大（それは夫‐妻の関係や恋人同士の関係などへ転移する）が生じる。

（b）他方で、記号的な枠付けが強化され、ますます早くからの、ときには信じがたいほど厳格な統制が一般化する。たとえば修道士学校はイグナティウス＝デ＝ロヨラが修道院の規律のために定めた教えを子どもに適用した（富、自然、人間的会話、精神の充足の剥奪、自らの意思や自らの判断の放棄、人間の動物化する感覚の快楽の断罪、共同体の規則と実践への忠誠、等々）。[*37]

手工業的・工業的な生産様式が行なう人間の労働の脱領土化は、農村住民の都市への流入や都市の過密化と結びついた生活空間の脱領土化をもたらすだけでなく、労働との新たな関係の出現による〈感情〉の脱領土化——これによってやがて〈職業への愛〉が消滅する——や新しいタイプのリーダーの登場をもたらす。資本主義において権力を持つ人間は、もはや伝統的な貴族的諸価値で装備されてはいない。騎士道神話によって伝達されてきた勇敢、忠誠、寛容、慇懃などの理念に取って代わって、逆説的にも感情の幼稚化と結びついた効率とシニシズムの理念が登場する。そしてこうした感情はロマン主義の芸術や文学によって〈大量に〉製造されることになる。そこでは、二つのタイプの記号的加工が対立する。

（a）領土化された基本的要素（家系、血統、土地、紋章などの役割）[*38]をもとにした貴族的構成体。これはたとえば王の宮廷や、比較的同質的な生活様式に行き着く。

（b）最初から相対的に脱領土化された基本的ユニットをもとにした資本主義的構成体。これは子どもを早くから〈生まれた土地〉から引き離すという記号的〈処理〉を行なって、子どもを抽象的コードに折り込む。そして分化された〈組み立て〉を実施して、どこでも通用する人間、過剰に〈記号的結晶化〉をほどこされもったいぶった貴族よりも機能的な適応力のある人間を生産する。

資本主義的生産諸関係の進化に適合した新たな依存、新たな序列、新たな官僚制の構成体は、貴族的な通過儀礼を二重に脱領土化することを前提として成り立つ。

（a）一方で、通時的な脱領土化が行なわれるが、それは伝統的な諸価値や諸技芸と結びついた記号的構成要素（自己や世界との関係の持ち方、名誉、親子関係、個人的帰属などの感覚、馬術や戦闘技術や行儀作法などを通した一定の振舞や行動の習得、等々）の衰退や消滅として現れる。

（b）他方で、共時的な脱領土化が行なわれるが、それは貴族の世界——〈宮廷に配置された〉貴族[*39]——を、記号的（かつ経済的）により明確にブルジョワ社会に依存した位置に置く。

貴族階級の衰退

十八世紀の終わりにおける貴族権力とブルジョワジーの革命的断絶は、おそらくブルジョワジーの明瞭な意思に由来するというよりも、〈大西洋世界〉に影響を与える〝脱領土化の構成要素の深化〟とそれにともなう状況的危機——十世紀に起きた歴史的〈ブラックホール〉の新たなかたち——に由来するものだろう。この場合、野蛮人の流入は、逆方向に、つまりナポレオンの軍隊と資本主義的流れの拡張として展開され、その進むところあらゆる旧来の領土を荒廃させるところとなる。資本と金融を握る大ブルジョワジーはこれによって生じた〈持続的変化〉から多大の利益を得る条件下にあった。しかし、貴族の〈浪費〉とそれが幾世紀にもわたって民衆を巻き込んだ憎悪しながらも従属せざるをえない呪縛劇は、ここにいたってブルジョワジーの不利に働いたことは認めなければならない。なにはともあれ農民世界を〈維持〉し続けてきた地主貴族の残滓を粉砕して、なにかいいことがあるだろうか、というわけである。フランス革命の間に田舎で起きた動きが、封建貴族と都市ブルジョワジーの双方を標的としたことを忘れないようにしよう。貴族もブルジョワジーも、それぞれ異なった手段を用いてではあれ、ともに農民を搾取し続けたのである[*40]。さらに付け加えるなら、すでに見たように、もっと上位のレベルで、ブルジョワ貴族と貴族の〈資本家〉フラクションとの融合がすでに広く進行していた。したがってフランス革命を〈つくった〉のは、階級としてのブルジョワジーではなくて、ブルジョワジーが備えていた脱領土化の資本主義的構成要素なのである。そしてまた、出来事的観点から言うなら、主要には、こうした資本主義的構成要素に対抗する都市大衆の再領土化的反動であろう。それは、とりわけ、旧来の規制や旧来の同業組合を覆して、お金を操り、〈自由〉経済による社会的分化を促進しようとする新たな支配層の動きに対する反動であった。かくして、資本主義革命という観点に立つなら、職人や商人のサンキュロットの蜂起の日々は、いわば〈プジャード主義的〉な〈反革命〉であったと言えるだろう。啓蒙の世紀のブルジョワジーは、確固たる政治的基盤なしに〈革命の進行を掌握〉し続けようとしたのであり、そのため進行方向はあちこちに揺れ動き、ジャック・ゴドショの表現を借りれば、[*41]〈大西洋の大革命〉の方向に向かったり、パリ地区や地方連合の脱中央集権的・自律主義的な独自の政治主義の方向に向かったりした。

したがって、われわれの見るところ、ブルジョワジーの装備の増殖は、貴族的・王権的権力の網目のなかから現れたのである。その機能は、この権力が農民や職人の労働から搾り出した原初的剰余価値を支配的カースト全体の利益のために資本主義的労働力に変換することであった。しかしそのことは、それと引き換えに、茸のようにその支柱の腐敗を早めることになった。ブルジョワジーが、男爵領、伯爵領、公爵領、王家領などに分割された土地を支配する家系と連合の〈ロジック〉にしたがってではなく、経済的規範にしたがって構成された領土的実体におのれの事実上の権力を及ぼし定着するにつれて、この装備はミニチュア化するとともに重合化し、近代国家の政治的・経済的・テクノロジー的な要請に対応するマクロな装備を生み出すようになる。[*42] かくして、ミクロな装備のアナーキーな増殖は、その内部に中央集権的権力を胚胎することになる（その制度的公理はボナパルティズムによって体系化された。たとえば、大省庁、大学校などの創設）。二つの頭部——ひとつはいたるところに浸透する記号的な自動誘導弾頭、もうひとつは全体を掌握する国家的なマクロな弾頭——を持つ集合的装備のネットワークは、しだいに社会的領野のすみずみまで囲い込むようになる。この現象の漸進的性格は、当初から、つまりマクロな装備の結晶化以前から、国家権力の問題はブルジョワジーの権力の問題と結びついていることを示している。

この点に関連して、貴族の記号的構成に関係する装備に戻ろう。その装備は一見特殊で、基本的に貴族にしかかかわりがなく、王の宮廷に結びついた大商人やブルジョワ芸術家は二義的な位置しか占めていないように見える。しかしヴェルサイユが五百年も経ってからサンドニの僧院に取って代わり、すでに顕著に精彩をなくしていた貴族階級を新たな〈神の平和〉——バロックとロココの——に従属させたことからして、ヴェルサイユが近代の最初の超‐集合的装備であったとみなすことができる。これは一種の縮減的再結集の陣営の結成であり、本質的に、ブルジョワジーの議員、法律家、テクノクラート、銀行家への実質的権力の移行を早める装置であった。実際、封建貴族は記号的に最初からブルジョワジーの装備によって体制に組み入れられた。逆に言うなら、ブルジョワジーは当初からいわば新たな貴族階級の記号的機械だったのである。この場合、重要なのは、議員、書記、詩人、教師、司祭などといった人間だけではなく、統辞であり論理であり機械状のものであり、新しい感性全体である。

貴族階級と他の社会的階層とのあいだに無意識的な共謀が存在するかぎり、そして貴族と高位聖職者が〈浪費〉において特殊な位置にあるカーストとみなされるかぎり、また彼らの奢侈や生活様式がその影響を受ける人々から嫌悪されていても、〈ゲームの規則〉として受容され人々の一種の〈非合理的〉な集合的欲望を表現しているかぎり、ブルジョワジーと貴族の共生は、二つの顔を持つ二重権力のシステムにしたがった搾取を表わすとともにその〈有用性〉をも維持し続ける。貴族は、勃興する資本主義的搾取のアリバイ、衝立、気晴らしの的として機能する。しかし、貴族が大衆にとって単なるよそ者的集団としてしか感じられなくなり、その魅惑的な奇妙性、その聖なるアウラを喪失すると、貴族はもはや孤立した特殊な空間——ヴェルサイユなどの——に囲い込まれ、国境の外に〈追放〉すべき存在でしかなくなる（それはたしかに一時的現象でしかなかったが、〈王政復古〉期にも彼らの以前の特権は完全には復活しなかった）。貴族がブルジョワジーに最後の貢献をするのはスケープゴートとしてである。ブルジョワ革命は彼らの首を切り落とすことによって問題を集合的想像世界のなかにすり替える。それはいってみれば次のような手法と同じである。「誤りの責任は、異端派、貴族、国際ユダヤ人組織、第五列、トロツキストのスパイ、ベリア一派、リンピョウの陰謀集団、にあるのだ」。この種のやり口によって、社会体全体の〈責任〉を巻き込むだけでなく、社会のリビドーともかかわる〈危機〉の本当のありかを遠ざけ、特殊な顔貌の布置のなかに領土化し、悪魔払いのごとく振り払おうとするのである。

かくして、貴族と聖職者の階級は、その多様な領土化の様式——ここでわれわれが念頭に置いているのは、彼らの贅沢な装備、お金や労働との関係、生活様式、〈レッテル〉、生活態度といったもの

――が、ブルジョワジーのもっとも脱領土化された分派の記号的・リビドー的・制度的な装備に養分を提供することをやめたときに、失墜することになる。封建制の政治的歴史を文献的に遡ってみると、貴族と貴族の二重の政治的作用に相関するブルジョワジーとのあいだのリビドー的労働分業の起源に到達する。貴族がその尊大さを抱えたまま運命のように凋落するのに対して、ブルジョワはその不可避的勝利を陰険に準備するという構図が成り立つ。ブルジョワは自らの耐え難い顔貌の特徴を強欲なロンバルト人やユダヤ人のイメージに投影して追い払うのである。イヴ・バレルは、十一世紀以降、ブルジョワジーは封建的分節性と地方や王家の中央集権的権力の双方に交互に依拠してきたことを指摘している。そこでは、伯爵領、都市、貴族が、三つ巴になって結びつく（二対一という対抗関係の連環）という複雑な駆け引きが演じられた（「ゲームの規則は同じであったが、同盟関係は一時的であれ変化をもたらすものとして有効であった」）。かくして、ブルジョワジーの脱領土的機械が領土として機能し始めることによって、旧来の権力構成体はしだいに実質的に空洞化し、のみならずそれに取って代わる一連の代替モデルがつくられて、抑圧的な社会的囲い込みが維持されることになる。

しかしながら貴族階級は、残された領土に依拠しながら、フランス革命後も長い間新たな名士たちのカーストのなかで無視すべからざる位置を占め続ける。そして逆説的にも、彼らは古い形態をとどめながら脱領土化されたかたちで現代史を生き延び、今日でも、いわゆる〈俗受けを狙う〉大衆扇動的ジャーナリズムに操られた民衆の想像世界（王族の結婚式など）のなかで重要な役割を果たし続けている。他方、旧貴族の別の部分は、〈近代の〉いくつかの経済的・軍事的・政治的分野のなかに入り込んだ――たとえば、現在でも外務省は彼らの縄張りのひとつであることが知られている。しかしそれでも、そこで行なわれていることの要点は、領土化された権力を追い求めることではなくて、貴族が混じった新たなリーダーの原型へのリビドー的転換、価値観の変化のための実験である。歴史的現象をその大規模な政治的・社会的様相の下においてのみならず、分子的なリビドー的新陳代謝の次元においても考察することを受け入れた瞬間から、必ずしもブルジョワジーの記号体系が貴族階級の記号体系を純然たるかたちで無効化したとみなすことはできなくなる。これと同様に、ロシアのプロレタリアが〈赤い十月〉のあと、クラーク（富農）やブルジョワジーの記号体系や、古くからの〈東洋的専制〉の記号体系の崩壊をもたらしたとは考えられなくなる（そうであるがゆえにスターリニズムはこの〈専制〉をごく自然に〈再発見〉したのではないか！）。[*43] 集合的装備機械、資本主義的記号機械は、貴族階級の古臭い記号体系や労働運動の進歩主義的な記号体系と完全に共存することができるのである。近代国家の政治は、すべてを一緒に鷲掴みにするところに成り立つ。公共サービス、社会福祉、計画経済等々といった概念、圧力団体、ロビー活動、マフィア、歴史的系譜につらなっているという感情を活気づけるミクロ・ファシズム的な価値システム――デュ・ゲスラン〔十四世紀の有名なブルトン人の貴族戦士〕やジャンヌ・ダルクのフランス、チュートン族の伝統をひくドイツ、ツァーリのロシア、シオニストの約束された土地、といったような――などのすべてをである。こうした欲望の集合的構成の領域では、歴史は必ずしも先行する〈段階〉を単純に乗り越えて進むわけではない。そこでは歴史は過去のブロックを〝乗り越える〟ことなしにこれを伝達し、未来を開くと同時に閉ざす。つまりそのとき、歴史は崩壊するゾーンと再領土化の活動によっておのれ自身に働きかけるのである。そしてすべては、最悪のものも最良のものも、可能なものも不可能なものも含めて、その場にとどまる。歴史はその進行途上ですべてを混乱させると同時に、すべてを不可逆的に変形し、なにひとつ変えることもなく、さまざまな地層を重ね合わせるのである。

ブルジョワ的再領土化

資本主義革命は旧来の権力構成体とは異なった新たな支配階級と新たな官僚主義を解き放った。フランス革命から始まった資本主義の制度的増殖は、アンシャン・レジームのブルジョワジーを生み出した制度とは異なった新たな性格を帯びる。それは都市空間やコード化された経済的領野にかかわるだけでなく、また都市や〈生活条件〉や収入や住居を差異化したり教会のあり方に関与するだけでなく、もっと根本的に記号的・リビドー的メカニズムに関係している。旧ブルジョワジーは目に見える社会的・経済的分野に力を及ぼしていた。それに対して、新たなブルジョワジーはすべてに浸透する。人間があまねくブルジョワになるのである。旧来の複合性――生活条件の絶対的な距離、貴族と民衆の想像上の共生といったような――は一掃される。そして生活条件の形式的統合（〈自由、平等、友愛〉）が、旧来の個人現象的・感情的な諸価値の消滅とともに発生する。

貴族と従僕、親方と見習いといったコード化された個人現象的諸関係は、労働、賃金、〈資格〉、利潤、等々にかかわる抽象的な量化システムに立脚した〈人間一般〉の諸関係の調整の前に姿を消していく。最後の審級としての社会体は、もはや〈個人〉にかかわるのではなく、脱コード化された流れの問題になる。資本主義革命は旧来のすべての領土を標的として、村落、地方、同業組合などの共同体を解体し、伝統的な祝祭、信仰、音楽、イコンなどを脱領土化し、旧貴族階級だけでなく社会のあらゆる周辺的・ノマド的な階層を〈植民地化〉する。しかし、その社会全体の脱領土化のシステマティックなくわだてには、それ自体の機能性とその権力の維持に適合した代替的な領土の生産が随伴する。*44 そしてこの再領土化は二つの様式で実行される。ひとつは〈乗り越えられた〉領土の残滓との恒常的な交渉と共謀という様式、もうひとつは新たな領土の〈発進〉、つまり欲望が〈何かに密着〉し続けることを可能にするようなタイプの社会体の装備。前者は安定した公的制度（政治的、法的、宗教的、等々の）の役割に帰せられ、後者は集合的装備のネットワークの増殖に帰せられる。そして実際には、複雑な相互作用と連携によって、この二つのタイプの構成要素が絶えず入り組むことになる。しかし図式的には、諸要素をミニチュア化して機能させていくある同一の脱領土化と再領土化の過程が適用される二つの領域を区別することができる。すなわち、資本主義的な装備の領域と、古風な社会的地層や社会的制度の領域である。まず前者の領域に関わる例を挙げよう。いわゆる〈神の平和〉の政治を優位に立たせることができた中世のブルジョワ－宗教的な装備の原型は、十八世紀に内面化されるとともに普遍化されて、〈法の精神〉あるいはカント的道徳という〝ミニチュア化可能な装備〟に達する。次に後者の領域の例。全体として宗教的魔術性を帯びながら領土化されていた大きな社会的実体——王権、教会、貴族、村落共同体、同業組合、等々——が〈内部から〉加工され、別の諸機能にしたがって模様替えされる。つまりリビドーが、家庭内の空間、家族の感情、ある種の子ども崇拝、官僚、警官、医者、教師などの顔貌的特徴といったような〝過去から持ち越された領土〟に優先

	アンシャン・レジーム	ブルジョワ的・官僚主義的レジーム
資本主義的装備	〈神の平和〉が互いに根本的に異なる社会秩序をコード化する。王権は、貴族、都市、同業組合などの領土に対して調停者の立場に立つ。	〈法の精神〉と意識化されたモラルが普遍的個人を《内側から》統制する。国家資本主義が増殖する脱領土化のネットワークを起点にして社会のあらゆる機構を掌握する。
残存した制度的・リビドー的地層	村落共同体と封建的分化の相対的安定。 王や職業などに結びついた魔術的宗教性。	経済的・政治的な分化を利する古い領土の没収（自由企業、急進社会主義的な共和国、逸脱、グラーグ、等々の発生）。家族感情や子ども崇拝の発展（官僚、警官、医者、教師、超自我などの顔貌的特徴の保存）。

装備の機能の二つの適用領域と装備ならびに残存した地層の脱領土化–再領土化–ミニチュア化の過程を要約した図表

的に——旧来のシステムと大なり小なり共鳴しながらであるが——固着化するということである。精神分析家がなぜだかわからないが〝母性的〟と形容する無意識的な超自我もこの範疇に入ることも忘れないでおこう。

しかしこの新たな資本主義的装備は、それぞれの装備がしっかり社会的範囲を限定された実体として機能して社会を結晶化させ、うまくコード化された機能を社会に課しながらも、それだけで社会を安定させるには至らない。そうした装備の制度的諸関係の〈背後〉で、動的編成、不可視の漏出線などが現れて、一種の刷新的膨張をしてその装備を内側から脅かしたり、あるいは逆に、その装備を自閉させるメカニズムを発動したりする。かくして、この装備の二つの機能領域（文字通り資本主義的な装備の領域と、その装備が切り分けた地層の残りやその装備によって生産された人工的領土の領域）は、集合的な動的編成の機能によって改めて再審に付されることになる。この動的編成は、あるまったく異なった様式に基づいて、個人としての人ではなく個人現象の基底をなす記号と器官の機械状の集合体を結晶化させ、同時にそれ自体が、モル的な大きな集合体や社会体の微視的な切片に影響を及ぼす。この動的編成の機能は、あとでわれわれが見るように、装備の機能を加速化する――たとえばその抑圧的能力を強化することによって[*45]――か、資本主義的脱領土化をその内的限界を越えて推し進め、革命的欲望の集合的な動的編成によって可能なかぎりあらゆる装備をわが身に引き受ける条件をつくりだすことによって装備の機能に抗するかたちで作動するかの、いずれかの道をたどる。

(5) 記号的選択素材〔記号論という選択分野〕

リビドー的備給の記号化

われわれは予備的仮説として、集合的装備という概念で総称される集合体の境界は流れによって左右されると述べた。それはそこから記号的メカニズムを〈抽出する〉ためである。このメカニズムは近代国家の権力の機能と欲望の集合的構成体を備えたさまざまな社会階級のあいだの利害闘争とを結びつける。これは現在に至るまで〈大きな〉歴史や〈大きな〉政治の歴史家たちによってほとんど無視されてきたことである。このような集合的装備の内在性と遍在性において、われわれの関心を引きつけるのは、そうした装備の有用性の変化やその造形、あるいはその現在における分化といったものよりも、資本主義的な欲望の経済においてそうした装備が果たす特殊な機能である。このような装備は、〈近代的〉な都市化の過程の根底において権力の転移を増殖させ、それは都市の境界を越えて社会的領野の総体にまで伝染し、古いカーストや新しい階級を横断しながら、性、年齢、嗜好、知覚といったものを造形していく。これらの流れ（物質的流れ、労働の流れ、あらゆる種類の記号的流れ）の脱領土化機械は、どのようにして多様な要素を相互に結びつけ、ある一定のタイプの個人や社会体を発現させる役目を果たすのだろうか？　いかなるタイプの機械や装備が決まりきった行動や紋切り型の関係や知覚を産出するのだろうか？　いかなる種類の記号的構成要素が、財の生産のみならずさまざまなタイプの主観性の生産のなかで相互作用を行なうのだろうか？　集合的装備はどのようにしてこれらの構成要素を互いに〈摂取しうる〉ようにするのだろうか？　これらの構成要素のなかには、支配権力の言語の記号学やシニフィアンに対する全面的な従属をもたらすために特殊な役割を果たすものがあるだろうか？　集合的装備の機能は、集合的な動的編成の解放的機能の方向に向かうのか、それともその本性によって解放的機能に根本的に対立するものだろうか？　これらのすべての問いは、われわれの見るところ、もっと根本的な問いに収斂するものだと思われる。すなわち、この種の〈選択的素材〉、この種の基本的な政治的選択に〈先だって〉生じるもの、記号や空間のなか、あるいは集団、制度、装備などのあり方のなかに現れるすべてのものをどう考えたらいいか、ということである。言い換えるなら、経済的・社会的・政治的なすべての次元において、集団的発話か、あるいは欲望の疎外的装備やその整備への委任か、という二者択一的な問いが立てられるのは正当かどうかということである。

諸個人をそのもっとも奥深いところまで掌握する集合的装備は、諸個人の〈本来的〉領土――まだ資本主義的流れに従属していない領土――から欲望を吸い上げ、諸個人に取って代わって話し、新たな目標を定め、労働に向かわせ、階層序列や交換システムに適応させること――そしてこれらすべてを特殊な記号的テクノロジーによって行なうこと――を使命としているのだろうか？　こういう方向の探究を深めるには、集合的装備をその普通の意味において把握し直し、具体的な例をもとにして、この選択的機械がその公正と称される建築的・制度的な外面の背後で、どのように生産され動員されているかを細部にわたって示さなくてはならない。根源的な選択をもたらすリビドー的備給がいかなる記号的な準備態勢の特殊技術で集合体の名の下に行なわれるのか、そして一見開放的な状況がいかなるやり方で予め設定されるのかを問い、しかしそれでも、システムから逃れたいと望む人々にとって選択にかかわる現実的な余白が存続し続けることを明らかにしなくてはならない。装備が囲い込まれ区分されることを前提としたうえで、いかなる集合的な動的編成の政治を構想することができるだろうか？　どの端から始めることができるだろうか？　もちろん、集団的に構築された専門的個別研究だけが、こうした問いに適正にアプローチすることができるだろう。したがってわれわれとしては、この研究において、新しい分析的方法を生みだすためのしかるべき〝諸条件〟を把握することを主眼とする。その任務は、外部からの検討や〈専門的〉な検証に限定されるのではなく、一定のミクロ政治的な領野のなかにこうした集団的な研究を引き込むことを容易にすることである。

繰り返し言っておこう。この新たな分析的実践の諸条件の探索は、普遍的な〈基盤〉の探究と同義ではない。この探索がいかに理論的〈上昇〉をめざすものではあっても、それはおのれの限界を最初から受け入れる。この探索はわれわれが〈政治的選択の公理〉と呼ぶ真偽の決定が不可能な公理を出発点としてもいる。経済的あるいは社会的な集合体を分節化していくと、その分節化されたものをもとにして、その集合体をいたるところで貫いている新たなミクロ政治的な集合体を形成することができるだろう。集合的装備の現在起きている増殖が欲望の経済の不可逆的な疎外に行き着くことは〈当然〉のように思われる。すると、経済的秩序のなかにおける宿命や必然性の理論や記載済みの進歩の構造についての理論、あるいは象徴的秩序のなかにおける欲望の理論といったものに〈根拠がある〉ことになる。しかし同時に、集合的装備の動的編成という、これとはまったく反対の明証性も想定することができる。つまり、他のあらゆる経済的、社会的、〈物質的〉な分野よりも繊細な動的編成という選択分野が、装備の機能の抑圧的性格を解体することができるかもしれないのである。いくつかのノマド的社会は集合的装備を権力構成体の領土とすることをシステマティックに拒否した。また別のノマド的社会はこうした領土化のあらゆる発現を徹底的に破壊した（たとえばチンギス・ハンの軍隊は、侵入した都市を徹底的に破壊しただけでなく、溝や運河を埋め、堤防を壊し、彼らが通ったあとは、大地がもとの自然状態に戻っていた）。[*46] しかし、そうした社会もそれなりの仕方で、文明の全体的発展と呼ぶべきものに貢献したと言えなくもあるまい。それはそうとして、もちろんわれわれはこれをモデルとして提案しようとは思わない。なぜなら、われわれの第二の最終的公理は、超越的・普遍的なモデルやシステムを基準とすることをいっさい拒否するところに成り立っているからである。

リゾーム状の記号的探究

われわれは、記号論者は（映画のクリスチアン・メッツような少数の例外を除いて）自らが直面しているはずのコード化の技法やさまざまな記号化の様式の特徴を明らかにしようとはしてこなかったという事実を指摘したが、それに続けてそれは彼らだけではないということを付け加えなくてはならない。というのは、人文科学や社会科学の大半の研究者は、エクリチュール機械に組み込まれて堅固にコード化されたパラダイム的基軸に依拠して強固に統辞化された言語が、他のすべての表現様式やコード化の様式の必然的な枠組みを〝ア・プリオリ〟に構成するという考えを暗黙のうちに受け入れているように思われるからである。現代のすべての記号学的探究は、唯一の問題関心に囚われているように思われる。すなわち、一般記号学の創設である。しかしながら、そのような〈科学〉が構築されうる、あるいは構築されねばならないなどということは自明のことではない。われわれは逆に、近代的な記号化の様式の特徴は、おそらく科学的、技術的、社会的な多様なシステムの総体に対応するものであり、絶対にひとつのシステムのなかに基盤を見いだすことはできないものだということを証明したいと思う。ともあれ、記号学のこうした作風は〝ア・プリオリ〟に疑わしく、不健全な方法に由来し、これは小児的な病であり、構成された病であるとすら言えるだろう。自然科学あるいは厳密科学の領域においてすら、一般地理学、一般物理学、一般化学、さらには一般数学といったような構成を通した排他的手法のなかでは、生き生きとしたいかなる研究も発展してこなかった。実際、科学的研究の〈枝分かれ〉は、つねに、当初はそれぞれに異質な諸方向へと向かい、やがて樹木の枝のようにではなくてリゾーム状に互いに結びついていくという傾向性を持ってきた。諸科学の分類システムは哲学者（あるいは哲学的思考をする科学者）の仕事であった。科学的研究活動においては、長期にわたる作業の蓄積を基盤として、もっとも一般的な次元で綜合化が行なわれてきた。この綜合化の作業はもちろん暫定的なもので、つねに事実に照らして再審に付されるべきものであった。ところが、記号学的研究が人間の振舞や空間の知覚、広告、モード、音楽などを対象としたとき、それはつねに単なる事例研究としてであった。つまり、そうした記号学はその研究対象を〈事例状態に還元する〉のである。そうした記号学はその研究対象の包含する豊かさ、それが発動する表現の特徴、いわば言表行為の集合的な動的編成を本当には考慮しない。つまりヘゲモニーを持つ理論であろうとするのである。そして今日、記号学はそうしてつくりあげたモデルを手付かずの領域に輸出して受容させせようとする。たとえば、都市空間についての記号学的研究は、こうした手法の不毛な結果を滑稽なまでに示している。

これとは別のタイプの記号学的研究は、身ぶり的表現一般や集合的装備一般を対象とするのではなく、特定の装備や特殊な制度的布置に焦点を当てた記号化の公式を明らかにしなければならないだろう。つまり、絶対に対象の特殊性を切りちぢめないようにしながら、事例主義的方法を乗り越えるということである。実際、ここで問いに付すべきなのは、研究対象の一般的性格を必然的なものとみなす認識論的な先入観であり、それは結果として、研究や研究者のあり方をも問いに付すものになるだろう。欲望の対象の研究はその研究過程で言表行為の様式の特異性を取り逃がさないようにしなくてはならない。そうした条件下では、研究の言表行為自体が、研究の〈対象〉の言表行為から切り離されて存在するわけにはいかなくなる。社会科学における研究が、今日自らそう望むように分析的・政治的に中立的であっては、欲望の集合的経済のもっとも重要な原動力を捉えそこなうことになるだろう。したがって、ある種の〝言表行為の転移〟の必然性を強調しすぎてはならない。研究の生産主体は、あくまでもその研究の関与する主体の言表行為の様式に〈接続〉していなくてはならない。認識する主体と認識されるべき主体とのあいだの言表行為の動的編成が欠如すると、研究は自ずから不毛化し、最悪の場合は、権力の抑圧的システムに組み込まれてしまう。しかし、科学的対象の一般的性格、そしてその事例的機能を断念することは、いっさいの科学的探究の方法を放棄することではまったくない。つまり、欲望の特異性、歴史的変化、〈外からもたらされる〉出来事、新たな機械状の分化、われわれが〈具象機械〉と呼ぶものの出現などが、ラカンのあとを受けて、われわれが〈推測科学〉として位置づけようとするものを特徴づけるのである。

今日、われわれにとって、認めさせるのが難しいけれどもきわめて重要だと思われることは、なんらかのシステムの構成要素を支配的言語や意味作用の生産の支配的様式への従属関係から切り離して考察することは、必ずしも自然的諸価値への回帰、過去への固着、古いものの崇拝といったパースペクティブの同義語ではないということである。こうした構成要素のなかから、われわれは次のようなものを引用した。すなわち、ダンス、身体による身ぶり表現、空間の知覚など、総じてそのなかで生物学的なコード化が行なわれる記号的な構成的諸要素……しかし、それにとどまらず、非－シニフィアン的あるいは〈近代的〉なポスト－シニフィアン的な記号的構成要素を付け加えねばなるまい。そうした構成的諸要素は、たとえば、お金、証券の〈書類〉、音楽の楽譜、科学的・情報的な形式化のシステムなどに見られるように、脱領土された記号の蓄電池を作動させる。たしかに、これらの構成的諸要素もまた、なんらかの仕方で大なり小なり意味の記号論に従属するのだが、しかし〈その内在的機能の次元〉においては、われわれの日常性をつくる冗長性を免れているのである。一般的に言って、われわれは、こうしたすべての〈自然的〉コード化の構成要素（遺伝的、ホルモン的、体液的、知覚的、姿勢的、等々の）、あるいは前－シニフィアン的な構成要素（イコン的、身ぶり的、等々の）、さらにはポスト－シニフィアン的な構成要素（デジタル的コード、経済的記号、数学、等々の）[*47]が意味の記号論と遭遇する（あるいはそれを構成する）とみなすことができるが、しかしその場合、必ずそれらの構成的諸要素は〈無力化される〉ことを忘れてはならない。したがって、われわれが言語の枠に収まらない記号体系を強調するのは、コミュニケーションの自然発生的・瞬間的な様式を称揚し、ジャン＝ジャック・ルソーが提起したようなタイプのコミュニケーション様式の起源への回帰を利する論点の先取りとして理解されてはならない。そうではなくて、ひたすら言語的な枠組みのなかで記号的システムの研究を行なうことは、社会集団の現実的生活のみならず、宇宙、科学的創造、芸術的創造、革命的行動といったものに関連する記号化の多様な様式への実践的な入り口を把握しそこねることになるという確認として理解されなくてはならないのだ。

言い換えるなら、それは非常に広い意味の〝欲望の経済〟全体のなかで、諸個人のあいだの諸関係を横断して、個人にとって〈世界〉を構成する事物と機械的作用の連携の総体を編成する流れのシステムとして理解されなくてはならないのである。世界はますます人工的で疎外的になっている、といたるところから聞こえてくる。しかしこの二つのものは必ずしも両立しない。今日、人工性〝と〟脱領土化は、おそらく解放的欲望のもっとも確かな二つの価値であろう。自然を参照し、顔貌や風景の自明性を基準とすることは、おそらく支配的意味作用のシステムのもっとも陰険な連合を構成するものだろう。なぜならそれは、失われた過去や袋小路に行き着くしかない想像上の領土化にしか通じないからである。実際のところ、記号、事物、社会体のあいだに存在する正真正銘の生産的諸関係は、われわれの生活における〈日々の意味作用〉を生み出す諸関係、権力の自明化のくわだてとその代表者の尊大さの基盤としての諸関係と同じタイプの審級を経るのではない。科学や芸術の記号も、身体の記号も、なんらかの仕方で支配の冗長性のシステムを回避することによって、はじめて実践的な効能を発揮するに至るのである。われわれが明らかにしたいと思うのは、単に主観的な表象の機能の次元ではなくて現実に働きかける作用の次元で、こうした記号の諸機械がどのようにして個人的、家族的、国家的等々の領土に関係した権力の諸価値を脱臼させうるかという、その機能の仕方である。そうした機械は、地層化された構造によってではなく、一定量の人間の基底的な節合や潜勢力のシステムによって構成された一種の分子的な記号的エネルギーを発動させる。われわれがこれからダイヤグラムという概念を使って輪郭を明らかにしようとするのはこのような機械状の作用の過程である。

おそらくわれわれは、いたるところに記号を持ち込むだけで、研究対象を明確に限定していないとして非難されるかもしれない。しかしわれわれは、いまのところこうした危険に身をさらす道を選びたい。さもないと、集合的装備という領域における研究が一般に陥るように、社会領域における欲望の経済から見た集合的装備の機能を捉えそこない、さらにはその疎外的機能を明白に正当化することにもなってしまうだろうからである。われわれがここで基盤固めをしようとする実践的アプローチは、この特殊な領域において、記号論の再組織化が緊急に必要であることを明示することになるだろう。集合的装備によって実際に発動される記号化とコード化の構成要素の多様性を前にした瞬間から、その連鎖を支配するシステムの性質やそれらの要素が互いに行き交う通路について自問せざるをえなくなる。ある条件下においてそれらの要素のひとつが他の諸要素に対して支配的な位置を占めるという〈因果律〉のシステムについての問いが、もはや思索としてではなくて、実践的現場において恒常的に課されるようになる。学校や監獄、県庁、銀行などにおいて作動する記号的加工を非疎外的方向に導くことを可能にするような規定力を持った下部構造や特殊な実践は存在するのだろうか？　たとえば、身体や〈精神〉にかかわるなんらの徴候を客観的な生物科学に依拠して捉えるか、あるいは解釈学的、象徴主義的等々のシステムに依拠して捉えるかといった従来型の医学的記号学を導く単純な分類的対立から脱却しなくてはならないという必要性を、多くの専門分野において痛感する。なぜなら、こういった類の〈良識〉的な二分法は、つねに、結局のところ、抽象的な再編成や、すべてを一緒くたにあつかうという道に行き着くからである。コード化の様式の多様性の背後に、同一の生成的公式の万能力が生命体にも魂にも同様に〈住み着いている〉とみなしたり、あるいは逆に、そういう公式が外部の科学的図式（しかも多くの場合、時代後れの！）からコピーされたメカニズムにしたがって精神を機能させているとみなす形式的な組織原理が隠されている。研究対象がこういう仕方で限定され地層化されると考えれば、研究そのものが非歴史的な空間化された表象のなかに自ずから閉じ込もっていることは驚くにあたらない。こうしたタイプの二分法的還元を行なうたびに、研究対象の機能の持つ統合性や、創造的潜在能力の根源的動きを捉えそこなうことになる。精神医学は、徴候や症候群を閉ざされた図式のなかに切り分けて封じ込めることによって、自らを無力化した。付言するなら、このやり方は、流派の分類法を絶えず変えることによって、精神医学の熟練の実践家が新参の同僚にとって〈模範になる〉機会を与える。しかし実際には、彼らにとって、ヒステリーはパラノイアの特徴をも示し、分裂症は抑欝症と両立不可能ではない等々、といった〝境界例（ボーダーライン）〟だけが対象なのである。一般的に言うと、〈単純〉かつ〈論理的〉な二者択一は、ほとんど不可避的に現実に対する強権発動を行なっているのである。

リゾーム状の研究例──幼年期の記号的加工

学校の規律的構成は、〝ただ単に〟言語や習字や計算の習得、子どもにとって〈有益〉あるいは社会が利用可能な知識の伝達といった、最終的に情報理論として括ることのできるものすべてのもののためにある、と言うことはできないだろう。またそれは、もっぱら競争や相互監視などに依拠した態度を身につけるためのしつけ、あるいは支配的諸価値への従属儀式の習得である、と言うこともできないだろう。この場合、学校という可視的な集合的装備（壁があり、都市に組み込まれている、といったような）を、それが置かれている社会的な力の磁場や、それが依存している国家権力、あるいは家族との相互作用やその他の輪郭がより描きにくい多様な社会的様式（年齢階層、職業的・文化的・スポーツ的等々の利害関係）と切り離して考えることはできない。しかしここで、発生論的な連鎖の論理や、マクロ社会／ミクロ社会の接合の論理、あるいはまた下部構造と上部構造の段状の論理などに拘束されないことが重要である。

子どものモデル化を先導することができるようないかなる発生論的あるいは構造的なプログラミングも存在しない。たとえば、家族の行動は学校の動き〈に先んじて〉行なわれるものではない。アンヌ・ケリアンが指摘したように、そこでは正真正銘の相互作用システムが作動しているのである。学校は家族をモデル化するうえで重要な役割を果たす。学校は大人に対して〈生徒の良き両親〉になるために採用すべき行動を教え込む。他方、家族の権威は教員や学校の機能様式に対してあらゆる仕方で行使され続ける。学校と国家の相互作用も一方通行的なものではない。国家は教育省や役人や通達などを使って学校を統制するが、逆に教員団体も国家に広く〈浸透〉している。これに関しては、第三共和制の〈急進社会党〉の統治下において教員が果たした役割の重要性や、教員組合やフリーメイソンのような組織を通して彼らが現在も力を持っていることを喚起するだけで十分だろう。他方、学校は言葉や態度を操るだけであって、イデオロギー的な上部構造に属し、〈最終的に〉経済的下部構造に依存する国家のイデオロギー装置にすぎない、とみなすことができるだろうか。そうではなくて、学校が行なう労働力の記号的加工は、資本主義社会のなかにおいて、生産諸関係のみならず生産諸力そのものに関しても根源的な機構を構成するものではないだろうか。

石炭、鋼鉄、電気よりも前の、いちばん最初の原素材は、学校や大学の装備によって生産される記号的素材ではないだろうか？　命令を読解し、計画を解読し、複雑な操作を節合するさいの、労働者、技術者、企業幹部の能力がこの記号的素材に依存するというだけでなく、工房や事務所の規律への適応、序列の受容――可能なかぎり〈能動的〉な受容――といったものも、これに依存するのである。資本主義的労働力の基盤としての記号的構成要素がつくられ、労働の分業、カーストや階級の分割、性的、民族的等々の差別化といったものの基本的図式が構成されるのは、家族－保育園－テレビ－学校の複合体のなかにおいてである。ジル・ドゥルーズと私が〈官僚主義的エロス〉[*48]という概念を使って明確にしようとしたものを生産するのは、この複合体にほかならない。〈官僚主義的エロス〉とは、資本主義社会が旧来の修道院機械から継承したと思われる禁欲的な享楽であり、一八一七年に基礎教育の改善のために〈学校視察官の指針[*49]〉として構築された〈信仰宣言〉のようなものである。この種の文書は二つの読み方が可能である。

(Ⅰ) これを子どもの囲い込みと軍隊化のための世俗的な抑圧マニュアルとみなす読み方。

(Ⅱ) それにくわえて、これを一種の行政的詩学に刻印された奇妙な官僚主義的宗教として解釈する読み方。

このような文献的研究は、おそらくいずれこの種の文書を歴史的に集成し、それが〈崇高な〉文学とどのようにむすびついているかを明らかにすることができるかもしれない。われわれは、そこに秘匿されているミクロ・ファシズム的な誘いを過小評価するのではなく、逆に、それが〈ユーザー〉に何をもたらすのか、ユーザーはそこからいかなる密かな快楽を引き出すかということを明らかにしなくてはならない[*50]。これはラカン派の言う主人に収斂された享楽であろう。しかし、それはいかなる主人で、いかなる条件において生じるのだろうか？　精神分析的抽象化は、それが適用されるどんな領域においても、権力が実際に作動する領野の回避にしか通じないだろう。たとえば学校のリビドー的機能の探究は、それとは逆に、そこで作動する備給の総体がいかなる性質を持っているのかという問題に取り組まなければならない。手始めは子ども同士のあいだに存在するリビドーの備給のあり方であり、そのときおそらく、原始社会において子どもたちをさまざまな年齢階級に導入するさいの通過儀礼として制度化されているものの自然発生的な代用品を見いだすことになるだろう。

したがって学校におけるリビドーの制度論的分析は、教育学者よりも民族学者に呼びかける方がよほど効果的であろう。というのは、太古的社会の方が、学校におけるリビドー的構成要素を保存する社会体の結晶化の様式について、われわれにより多くのことを教えてくれるであろうからである。とりわけ大人と子どものあいだで展開される非常に特殊な性的活動についてそう言えるだろう。誘惑、権威、暗示といった現象にかかわる〈大人世界〉の記号化と〈子ども世界〉の記号化との不可解な十字路を解明するには、教育学者よりも民族学者などの手を借りねばならないのである。[*51]そうすることによって、子どもの性的エネルギーをキャッチする集合的装備の特殊な原基的機能を明らかにすることができるだろう。子どもの性的エネルギーというのは、最初は身体やウィニコットが〈移行的対象〉[*52]と呼ぶもの、あるいは動物や玩具や遊戯への生成変化、[*53]さらにはフェルナン・ドゥリニーが〈親密空間〉[*54]と呼ぶものなどのなかに領土化されるエネルギーであり、集合的装備はこれを脱領土化したり、精神分析学者的に言うなら〈昇華〉させたりするのである。しかしそれは実際には、このエネルギーを無力化して、権力による記号的解体のゾーンに引き込むことである。このことをわれわれはこの研究の第三部において〈ブラックホール〉と呼ぶことになるのだが、要するにこの子どもの始原的エネルギーは、こうして資本主義的な記号的従属システム（家族的、官僚主義的、文化産業的、等々のシステム）に奉仕するように仕向けられるのである。非還元主義的な学校分析は、結局のところ、学校の壁の向こうで加工されている〈原素材〉は、おそらく教育や情報や権力にかかわる事柄であるというよりも、集合的な労働力を構成するリビドー的素材であり、職業的役割や階層序列的機能に〈超自我的〉備給をもたらすものであるということを明らかにするだろう。カップルや抑圧的な政治的取り込みのなかにおける、性化された身体に対する男根支配的な性的行動のモデル化の基盤にあるのは、大部分がこのリビドー的加工にほかならない。学校という機械的装置のなかでは、すべてがこうした全体的従属化のために協力する。ミシェル・フーコーが〈一望監視機械〉のミニチュア化として描写した空間の組織化やそれと関連するシステム、時間割のシステム、労働のリズム、発話のさいに課される制約、空間のなかで動くときの束縛、さらには、身体的、音楽的、造形的、等々の記号的構成要素によるいっさいの表現の純然たる禁止までもが、そこには含まれる。そしてもうひとつ忘れてならないのは、いっさいの経済的給付システムの不在であり、これは結果として、子どもや教員が行政や家族などに対して受け身的に依存する態度を取るように仕向ける。

(6) 権力の装備と政治的外見

制定された政治の制度的シミュラークル(擬制)

今日、集合的装備の全般的危機に気づき始めている人々がいる。〈六八年五月の出来事〉の延長線上で、さまざまな強度のさまざまな種類の震動が制度的基盤を脆弱化し続けてきた。しかし政治家階級は、時間を経るにしたがってこの現象の〈深刻さ〉と重要性を多少なりとも自覚したあと、忘却と無視のヴェールをその上に覆い被せた。「六八年五月は重要であったが、結局のところそれは何も変えなかった……」というわけである。あるいは政治家階級はこの出来事を陳腐化して、この出来事に続いて起きた危機、監獄が燃えたり、兵士が委員会をつくったり、娼婦が教会を占拠したり、あるいは逆に聖職者が売春宿の廊下で死ぬほど感動したりする、といった状況に驚かない振りをしたり、これを普通のこととみなしたりしてきた。これは〈偶発的な出来事〉であり、諸制度を根本的に問題にすることのない内的な揺れにすぎないとしたのである。注意深い観察者がこれはもっと深刻な危機を予示する徴候であると認めたときにも、彼らは学校や監獄や兵営などで起きていることは、国家権力と社会階級の中間に位置する〝媒介的鎖〟の問題にすぎず、それ以上の意味はないとみなしてきた。右派であれ左派であれ、政治的・大学的な思考様式は、こうした歴史の〈小さな側面〉からこそ本当に重要な何かが展開されることになるという考えを拒否する。一九六八年三月に、〈学生の騒乱〉がやがて既成秩序を脅かし、先進資本主義国における社会革命のありうべき姿の実験台――おそらく初めての――になろうとは誰ひとり想像していなかっただろう。集団的眩暈の政治的射程を真に捉え、その革命的帰結を本当に考察したのは、左派の活動家でもなければ職業革命でもなくて、ドゴール、ポンピドー、軍幹部など国家の最高責任者にほかならなかった。政治家や活動家そして多くの研究者にこうした出来事の意味を取り逃がすように仕向けた盲点、概念的〝ギャップ〟は、彼らが、国家、都市、家族、個人といったような〈可視的〉な実体のシミュラークル（擬制）的性格を、社会体の分子的機能という観点から突き止めることができなかったということに起因すると思われる。集合的装備や言表行為の集合的動的編成は、こうした〈可視的〉実体とは異なって、決して同質的諸領域――国家、地方、家族、個人といった集合体――相互のあいだの単純な相互作用の結果ではない。そうした装備や動的編成は、まず、旧来の領土を貫いて解体する脱領土化された流れとして資本主義的流れに接続する（たとえば、国際的な貿易の流れ、信用通貨の流れ、情報の流れ、科学的、技術的、医学的等々の知識の流れなど）。国家のあらゆる古い建前、伝統的諸権力――家父長、経営者、学校、宗教、医学、等々の権力――のあらゆる〝神聖な〟顔貌性は衰弱が激しいため、おのおのの制度的領域を救援するために人工的顔貌を備えた領土として装備しなおすことが必要になった。たとえば銀行家の顔を宣伝ポスターに組み入れて、〈全面的にお客様の要望に応える〉資本家の愛想のいいイメージをばらまいたり、社会保障の宣伝に接待係の女性の顔を使うといったやり方である。権力にとって〈もてなし〉（！）が非常に重要になったのである。社会機構、空間、時間といったものの脱領土化によって、人々が喪失感を増し、どうしていいかわからなくなってきたので、権力は、怯えた動物でも扱うように、人々を鎮静化し、エレベーターのなかで甘い音楽を注入したり、〝デザイン〟技術によって造形された連続的空間のなかに彼らを誘い込んで行進させる、といった必要性を感じているのである。

フランスではドゴール主義の到来とともに定着した国民的顔貌なるものを、国家権力の視聴覚的構築物の頂上に思い通りには打ち立てられなかったのは偶然または不明によるものだろうが、その一方、イタリアではしばらく前から、アメリカ合衆国では最近起きたように、フランスでも社会的想像世界が大きく揺らいでいる。それはなぜかというと、国家権力はもはや外見だけの存在にすぎず、いたるところで圧力団体、ロビー活動、秘密警察、マフィア、軍産複合体、〈超国籍企業〉などに先を越されたり、乗り越えられたりしているからである。こうした国家の下部や上部にある諸機械の方が、舞台の前面を占める政府や議会、形式的〈協議〉、テクノクラート的計画などよりも現代の社会的・経済的な現実に明らかにはるかに強く〈接続〉している。政治家階級がまだわかっていないのは、社会組織の一貫性、その統合的な横糸は、個人、家族、階級あるいは国民などの同質的な集団構成に由来するのではないということ、単に人間諸個人によってだけでなく、領土の記号化の様式、機械、記号的流れ、あらゆる種類の国際的連携などによって構成される異質混交的な動的編成に由来するのだということである。したがって政治的〈表象〉が、われわれが制度的シミュラークルと呼ぶものが投影されるスクリーンにすぎず、同質的かつ空虚な総体をなし、社会体に現実的一貫性を与える異質混交的な動的編成——繰り返し述べておくが、この動的編成は、単なる人間諸個人の相互作用システムに由来するのではなくて、人間の知覚的かつ有機的な機能、領土、機械、そしてあらゆる種類の流れの記号化と主体化の様式といったものの複合的な新陳代謝を作動させる——を欠いているのは、イデオロギー的な〈誤り〉に由来するのではなくて――なぜなら、われわれの観点からいうと、右派であれ左派であれあらゆるイデオロギーは等価なのだから――、それが推進する言表行為の様式に由来するのである。言い換えるなら、欲望の流れや経済的流れと現実的な接点を持たないステレオタイプのイコンや人物しか把握できないという政治的〈表象〉の先天的無能に由来するのである。政治生活は実際には欲望の集合的な動的編成と権力の装備の次元で行なわれる。今日、権力の装備が動的編成を圧倒して舞台の前面を占めているように見えても、そこに秘匿されている問題体系を隠しきることはできない。つまり、そうした装備が作動させる新たな社会的疎外のテクノロジーは、いずれ革命的闘争の根源的に新しい再構造化の様式を呼び寄せ、ある程度までそれを実現することになるだろうということである。

ミニチュア化された装備の大ネットワーク

近代的な集合的装備は、先行する社会的システムの付属部品にすぎないとみなしてはならない。それはシミュラークルあるいは国家のイデオロギー装置として機能する制度的対象ではない。逆に、旧来の権力構成体はこの集合的装備に収斂されミニチュア化されたのであり、社会体のさまざまな切片を横断し再地層化することのできる脱領土化の流れの大半はこの集合的装備を起点とするのである。かくして、この集合的装備は、新たな革命的潜勢力や集合的な動的編成の萌芽の限定、統御、中和化、回収といった動きのなかで根本的な役割を果たすことになる。のみならず、それはあらゆる種類の個人現象的なシミュラークルの〈再定義〉においても重要な役目を果たす。たとえば父親や母親の役割を維持する新たな方法とか、統一社会党〔左派〕の青年幹部や共和国民主連合〔右派〕のホープなどのスタイルを想起するとよい。かくして、集合的装備の扱う〈選択的素材〉は、その社会的・経済的な機能性が発揮される以前に、領土化された旧権力を二つのタイプの新たな国家権力として分化し節合することになる。すなわち、モル的な〝政治的〟権力と分子的な〝記号的〟権力である。この場合、後者の様態において、国家権力は、局地的、家族的、個人的あるいは個人以下的といった〈小規模な次元〉において作動するだけでなく、大規模な次元においても作用する。というのは、〈大政治〉は状況によっては欲望の〈ミクロ政治〉に依存することになるからである。逆に、モル的な国家権力は大きな装備だけでなく記号的なミクロな装置のなかにも入り込む。実際、資本主義的流れの脱領土化の統御とそれに関連する再領土化のモデルの再生産を確保するのは、規模はちがっても〝同一の装備のネットワーク〟なのである。集合的装備を〈把捉〉しているのは政府でもなければ、市町村役所でも組合でも党でもなくて、一種の〝超越的な装備ネットワーク〟である。これはいたるところに存在すると同時にどこにも存在しないようなもので、この超ネットワークが、国境や言語障壁、あるいは階級・民族・性の対立、家族の布置、人間の身体や器官、さらには精神的な〈機能〉までをも貫いて作動するのである。[*55]

集合的装備ネットワークとしての資本主義国家は、利潤の経済にとって収益性のない整備や生産——下部構造の装備、エネルギー原料、コミュニケーション・ネットワーク、知の流れの生産、教育の流れの再生産、〈知識資本〉の蓄積[*56]といったような――を引き受けるだけでなく、これまで伝統的領土や古くからある宗教的機械の専有物であった社会的リビドーを〈規格化〉する諸価値やイコンの生産をも行なうところとなる。国家権力は、資本主義にとってもはや内部的な調停手段や外部からの強制手段ではなくて、いまや資本家やプロレタリアの心臓部、男や女、若者や老人の心臓部においても同様に機能しようとするのである。国家の警察や軍隊、そして行政機関は、街路の隅々にまで露出し、日常生活のあらゆる場面に介入し、領土全体を超収容所的装備として整備し続けるだけでなく、分子的レベルでも、学校、家族、無意識のなかなど、いたるところに浸透する。それは、いたるところに同時に存在しうるために、人々に罪責感をあまねく行き渡らせる中央にブラックホールのある目を備えたその唯一無二の顔貌を押し広げたり、さまざまな人物に一見対立するように見えるけれども実際には同じ種類の顔貌的特徴を持ったリフレインを歌わせる。たとえば、国家のモル的権力は、教育省の通達によって子どもに家でやる宿題を出さないように命じるが、他方、一般に父親と母親のあいだの一筋縄ではいかない共謀から生まれる家族内部の分子的国家権力は、教師に対して宿題を出すように要求する、といった具合である。

〈構成された〉諸権力は、実際上、こうした超機械の脇で、鯨の周りの寄生魚のように、その超機械の機能に本質的に関与しないまま、ただ漂っているにすぎない。〈構成された〉諸権力がおのれの決定領分だと考えていることは、実は、統計的変化やそれに基づく予想や計画の構築として方向が決められることに還元されるのである。〈真の〉国家権力は通常の意味における政治的なものではない。それは世間で認められた表現を用いるなら、〈良心の命じるままに〉社会や公共財について合理的な言説を発する人間によってつくられるものではない。政治家の演壇での言説、省庁の〈活動〉や一般的な政治〈活動〉に見かけ上一貫性を付与するブラウン運動は、政治的領域が一貫性を持っているという幻想をもたらす。しかし実際には、おのおのの言表行為の主体、おのおのの政治的代弁者は、輪郭の定かではない複雑な諸機械——官僚主義機械、財政機械、経済機械、軍事機械、技術機械、都市機械、領土機械、等々——によってマリオネットのように操られているのである。人間の合理的言説は、もはや、それに関連するさまざまな機械的過程（物質的、記号的、人工的、エコロジー的、等々）の脇にある要素、ときにはまったくマージナルな要素でしかない。したがって政治家のなかに、たとえばＣＩＡのエージェントである者がいたとしても、なにも驚く理由はないのである。

政治家はいかなる状況においても、絶対になんらかの機械のエージェントでしかないのである。

権力の顔貌性

もはや見かけにすぎないシステムのなかで外見を取り繕うためには、建前としての合理性が権力の顔貌のなかにおのれの中枢的機能を見いだすことがもっとも重要なことになった。それも、もし可能なら、拳を固く握り締めているけれども優しい眼差しをしている国家元首、しかも大きな責任を負った地位に就いている部下をしっかり掌握しているような国家元首が好ましいだろう。そしてその責任ある部下もまたその下の部下を掌握しているといった……つまり、社会体の統合はある種の幻想の集約点に基づいて再構成されるということである。たとえばそれは、警察のトップの眼差しが背後に見え隠れする国家元首の眼差し、経営者、教師、父親、優しそうな超自我といったものの眼差しである。かくして、社会体の一貫性は一種の共鳴効果によってもたらされるものとなる。つまりそれは、解体されたさまざまな領土がある虚構の作用のなかで互いに依拠しあいながら再構成される起点となる想像上の再領土化の結び目として成立するのである。

われわれは、この研究の第三部で、この〈特異な〉構成要素の例として、われわれが顔貌性と呼ぶものから生じる記号化の様式を取り上げる。この記号化の様式は、権力構成体のなかでもとびきりミニチュア化されたカテゴリーを巻き込みながらも、その影響力をもっとも広大な社会的集合体にも及ぼす。顔の表情、顔貌の特徴といったような現実は、一見捉えがたく、瞬間的、〈主観的〉ではあっても、集合的装備機械によって〈扱われる〉と、言説の単なる〈外装的〉様式ではなくて、資本主義システムの根源的な記号的構成要素となる。権力の顔貌は、あらゆる場所、あらゆる瞬間において、社会的制度や社会的力関係の上にのしかかる。今日、顔貌性がたとえば大統領選挙のさいにテレビや政治闘争において重要な役割を果たすことは周知のことである。しかし顔貌性は、同時に、他の多くの機会において支配的意味作用の生産にも関与する。社会的状況や集合的装備の分析は、社会心理学的あるいは精神分析的な単純化に依拠しないで、〈顔貌の同定〉一般ではなく顔貌性の特徴の布置、集合的な習癖、あるいは局地的権力を構成するステレオタイプ、といったものを把握するように努めなくてはならないだろう。上位にある者の目をどの程度まで見つめることができるか、あるいは微笑みかけることができるか？　年齢、性別、民族等々にかかわる序列的構成に応じて生じるあれこれの状況において、どういった種類の距離感なら耐えうるか？　要するに、ここで探索し実験しなければならないのはミクロ政治学的なエソロジー（動物行動学）なのである。なぜなら、繰り返し言うことになるが、集合的装備は、単に壁に囲まれた建物やオフィス、あるいは交通網、命令や情報の伝達機関といったものだけではなくて、なによりも多様な記号的構成要素を通して課される従属のための儀式や態度の造形でもあるからである。現代社会における権力の個人化や権力の顔貌性はますます重要性を帯び続けている。逆説的にも、生産が国際化（脱領土化）するにつれて、生産諸関係や社会的諸関係が、民族、地域、個人等々といった次元で特殊化する（再領土化される）という現象にわれわれは立ち会っている。しかしながら、このような〝言表行為の個体化〟の強化は、歴史や経済を方向づける国家権力や企業権力を個人がコントロールするようになるということを意味するものではまったくない。たとえば、毛沢東の言葉を振りかざし、彼の顔を掲げるというような行為は、ときにまったく矛盾した方向を正当化するために行なわれる。あるいは、貨幣の暴走を〈鎮める〉ことができる〈心理的諸条件〉をつくりだすために、安心感を与える大統領の顔を掲げたりもする。しかし、そのつど言えることは、そうした権力の顔貌性を利用するのは、どういった輪郭を持っているのか規定するのがきわめて困難な複雑な社会的審級なのである。ときには、問題の次元を変えるために顔を示すだけで十分に事足りるのである（これは〈見せしめ〉やスキャンダルを発動するというかたちで行なわれる──たとえばテレビがクロースト夫人の絶望した顔を写しだしたことを想起すればよい〔クロースト夫人はアフリカのチャドで誘拐されたフランスの考古学者。一九七五年、現地取材したジャーナリストによって彼女の映像がフランスのテレビで放映されスキャンダルになった。ガタリが言いたいのは、本来政治的次元に属する問題が単なる誘拐事件として矮小化されたということであろう」)。顔を示すだけでことは十分に機能するのである。しかしこのとき実際に機能しているのは、人そのものでもなければ顔そのものでもない。[*57] 顔は複雑な構図の布置に属しているのである。それは支配システムの付属的機能として作動するかぎりにおいてしか、つまりわれわれが話題にしている装備の一般的機能に属するかぎりにおいてしか機能しない。そして実際上、そうした装備の特殊なネットワーク、資本主義的官僚主義とブルジョワジーの権力が依拠するミニチュア化された装備の特殊な発動能力に依存するのである。バングラデシュの飢えた子どもの顔をテレビで紹介することは実際にはいかなる効果ももたらさない。なぜならそれは、裕福な白人社会の想像界から食み出すものであって、支配権力の機械装置の関心を引くものではないからである。

集合的装備のなかにおける顔貌性の装備の顔貌性権力構成体の現実的機能とはいかなるものであろうか？　この権力の擬人化の意味は何であろうか？　いつの日か、国家、制度、集合的装備、ユーザーのあいだに、こうした顔貌的装備に収斂することのない別の諸関係が確立されることになると考えることができるだろうか？　スターリニズム以前のマルクス主義者にとって社会主義から共産主義に至る道の指標であった〈国家の衰滅〉の延長線上で、このような擬人化、このような役割や責任の序列化の〝衰滅〟を構想することができるだろうか？　われわれが分子革命と呼ぶものに属するためかいの発展や、それに対する公権力の懸念にもかかわらず、そしてまた、歴史学や社会学の領域において、日常生活、家族、学校、職場における関係などについての研究が迫り上がってきているにもかかわらず、大半の〈真面目な〉人々は、こうした欲望の問題にかかわるすべてのことは、ひとえに文学かアナーキーな夢想に属することであるとみなし続けている。そしてなかには、それは〈退廃的〉

なテーマであり、〈ネオファシスト的〉なテーマであるとすら言明する者がいるありさまである。したがってわれわれは、このようなパースペクティブが本当に〈歴史の流れ〉に沿ったものなのか、あるいはそれはあらゆる組織化された社会やあらゆる経済的・社会的〈進歩〉の解体の同義語なのか、といった問いをより深く考察していかねばならない。われわれの考えでは、こうした問いこそが、工業社会の強制収容所的世界から脱出する唯一の道筋であり、もうひとつの可能な世界のリゾームとの唯一の結節点をなすものである。しかし、局地的な異議申し立ての運動の事例、あるいは少数派運動の実践だけでは別の世界をつくりだすことはできない。何がこの新しい世界を〈把捉する〉ことができるのか？　その新しい世界は、自らの作動の集合的な力をどこから引き出すことができるだろうか？　これが問題なのである。

モル的力量と分子的力能

資本主義的装備は二つのタイプの政治的たたかいが交錯する場所である。すなわち、マクロ政治的なたたかい――たとえば選挙や組合といった次元における――と、ミクロ政治的なたたかいである。そして後者は国家の次元をも包含する前者と同じ次元に位置するが、ただし社会的地層化や制度的・法的に限定された範囲からいたるところで食み出す（つまり、一見〈無意味な〉出来事が大きな変動を引き起こしたり、政治的状況を行きづまらせるたりすることがある。たとえば、ウォーターゲート事件、私生活にかかわる恐喝、重要人物の納税報告書、等々)。この二つのタイプのたたかいの一方が他方を条件づけるとは、簡単には言い切れない。実際には、この二つはそれぞれ異なった作動装置として機能し、絶えず相互作用を行なうという関係にある。モル的な政治的たたかいは、よく分子的な変化や変動にかかわる統計的な結果から生じるものであるが、同時に、自らに固有の自律的余地を備えてもいて、逆に分子的動きに影響を与えることもできる。たとえば、微少な〈事故〉や、集合的感性の緩慢な統計的変化が、実際に歴史を大きく動かすことがある一方、それと同様に、流行病、経済恐慌、戦争、侵略、革命などが、分子的レベルにおける変化を発動したり加速化したりすることがある。〝モル的力量〟にかかわる諸関係は社会組織を〈定立〉したり序列化したりするという機能を持っているのだが、他方、〝分子的力能〟は社会組織の横糸や鎖を構成する。ただし、その構成を、不断に変化する集合的な動的編成にしたがって、そして社会学的・経済学的な不変的体系に反旗を翻す実践的仕方にしたがって、生きた様式で実行する。社会体の欲動的、エネルギー的、力動的な現実は、家族、学校、都市などに収斂されることがしだいに少なくなってきて、ときにはごく微小な要素の周りに結晶化することがある——たとえば現場主任が〈文句をつける〉女性従業員の頬に食み出している口紅のような、器官にかかわるなんらかの徴候あるいは身体的な記号的特徴。こうした要素は、場合によっては、ある種の仕方で、いわば人間諸個人とは〈無関係に〉力関係の表現として現出することがある。

このような現実は大きな広がりを持つ集合体にしたがって組織され、経済的、社会的、政治的、法的、制度的、等々の多くの構成要素を作動させる。たとえば、今日、〈若者の危機〉とか〈軍隊の危機〉あるいは〈司法の危機〉等々と呼ばれるものは、そうした事例である。こうした微小な結晶体や広大な集合的運動によってもたらされる集合的な動的編成は、集合的装備のようにこうした現実を固定化するのではなく、そしてまたモル的力量と分子的力能のあいだの諸関係を条件づけたり制度化したりするのではなく、そうした諸関係を問いに付し続ける。この動的編成は、因果のシステムや主体‐客体という二極化を狂わせ、境界を解体し、新たな領野に浸透し、その影響効果をミニチュア化して、可能なかぎりあらゆる方向に向かって脱領土化を〈細工する〉のである。この動的編成が発現する場所では、問題を特定の対象やなんらかの責任主体、たとえばある装備やある省庁に限定して取り上げるというやり方は、たちどころに空疎なものとなる。今日、女性解放運動は、カップルにおける生活や性行為、家族における子どもとの関係、生産や創造との関係等々といった問題を同時に問いに付すことがないかぎり展望が開けないことは明らかである。このとき人々の覚醒や闘争を通して現出する集合的な動的編成は、問題の〈解決〉がそこを起点にして〈樹木状〉の論理にしたがって演繹されるような単一の軸、固定的な根は持ちえないであろう。そこで作動するのは生きた制度論的分析過程であり、つまり政治的・ミクロ政治的におのれを組み込んだ〝アンガジェした分析〟を通してこそはじめて、その動的編成の〈リゾーム〉性が明らかになるはずである。この点はいくら強調してもしすぎることはあるまい。こうした機械状の制度的動的編成に近づくと、あらゆるミクロ政治、観察される者と観察する者、裁判官と犯罪者、活動家と〈活動家に働きかけられる者〉等々といったもののあいだで生じるミクロ政治が連鎖していくことになる。そうして問題はリビドー的な備給のもっとも奥深い次元で政治的なものになる。すなわち、自分自身のもっとも親密な部分を含むかたちで権力の地層化を選択するのか、あるいは欲望の漏出線にしたがって既成の装備や支配の過剰性、拘束的な意味作用といったものから自らを解き放っていくのか、ということである。われわれの見るところ、集合的な次元における社会変化、刷新、実験といったものにかかわる現在の問題設定はこの問題でつづいているために、真に〈選択すべき課題〉を捉えそこなっているのである。

したがって、こうしたミクロ政治的分析のパースペクティブから集合的装備の問題を捉えることは、単に伝統的な機能主義的アプローチから一線を画することになるだけでなく、ミシェル・フーコーの言う〈考古学的〉なアプローチと接続することにもなる。フーコーは、このやり方で精神病院や監獄、学校などにかかわる問題をどれほどまで刷新することができるかを示した。彼はこうした方向を自らわれわれに指示してもいる。「とくに親子関係という家庭内的関係が、古典時代以降、学校や軍隊あるいは医学、精神医学、心理学などにかかわる外部の図式をいかに吸収しながら〈規律化〉されてきたかを、いずれ明示しなくてはならないだろう。こうしてできた諸関係が家庭を〈正常と異常〉を分かつ規律的な問題にかかわる特権的な場としたのである」[*58]。かくして、われわれはこの二つのタイプの刷新的アプローチを以下のように図式化することができるだろう。

(a) 明示的なコード、明らかに抑圧的な審級からなる外的なシステムを起点として機能する権力構成体の〝外部考古学〟を誕生させること。それは、たとえば、家族、身体、個人、欲望といったものを、ミクロ政治学的・ミクロ物理学的な特殊なテクノロジーにしたがって〈外側から〉造形する学校、医学、精神医学にかかわる権力の構成を明らかにすることである。

(b) このような権力構成体の〝出現〟を、もっとはるかに奥深い潜行的な仕方で身体、家族、学校、軍隊等々の次元を横断的に貫く欲望機械の〝分子的ネットワーク〟を起点として解明すること。

この二つのパースペクティブは、どちらかに優先権があるという性質のものではない。一方の側が決定的に優位に立つようなものはひとつもない。欲望の社会的経済の基盤となるものが、家族や個人からなる領土化された集団ではなくて――そうであったことは一度もないと仮定して[*59]――、既成の地層化や枠組から逸脱しようとする多様な個人横断的な流れであることは確かだとして、この同じ多様な流れがモル的な諸審級の動きのなかに回収されうるということもまた確かだと言わねばならない。なぜならこの多様な流れに対してモル的な諸審級は脅威を感じるからであるが、しかしそうではあっても、モル的な諸審級はこの流れを決定的な仕方で再審に付すような集合的な動的編成を発動させることはできない。

社会的無意識への〈集合的分析〉の介入

一般的に言って、こうした欲望の動的編成は、それが権力の装備と取り結ぶ力関係の性質がいかなるものであろうとも、意味作用の諸関係や通常の社会的諸関係から完全には脱却することはできない。したがってわれわれにとって集合的装備の〈媒介的〉次元への分析的入り口として必要かつ可能であると思われるものは、〈大規模〉な政治的道程にも微小な分析的道程にも対立するものではない。それはこの両者が互いに互いを問題にしあう補完的介入でなくてはならない。〈政治的なもの〉は、ミクロ社会的なもの、家族的なもの、個人的なもの、個人以下的なものとかかわりあい、〈リビドー的なもの〉はあらゆる次元の政治的なものとかかわりあう。そして、こうした干渉のおのおのの次元において、ある集合的な活動が始まる。したがって、ここにおいて召喚されるのは、革命的地平を持たない制度的改良主義と日常生活の直接的実践をともなわない革命的運動である。しかし、欲望の集合的な動的編成のリゾームを前進させることのできるミクロ政治的な分析や介入の領野を限定することはつねに可能である。われわれが小政治集団の活動家や精神分析家に対して非難するのは、彼らがあらゆるやり方でこうした動的編成を設置することを妨害するからである。彼らはその妨害を彼らの知識、彼らの綱領、彼らの装置、彼らの専門性、彼らの力量といったものの名において行なう。分子革命は、古典的な政治的、要求主義的、あるいは異議申し立て的な諸運動に対して敵対的ではない。ただ、そうした運動を内側から漏出させ、別の外側に向かっていくように仕向ける。分子的運動はまた、比較的局限化された制度的分析の実践（行政的分類には必ずしも対応しなくても、その特性によって自ずから限定された軍隊、監獄、〈狂気〉等々といった領域や対象における）に敵対的なものでもない。

現在、〈学校〉という現象を取り上げて、学校に対する互いに非常に異なった視点からの考察を結び合わせて従来のアプローチを刷新しようとしているグループがある。たとえば学校における空間の扱い方——壁や廊下、休み時間のための中庭などの憂うべき陰気さ——という視点、音声や発話の処理の仕方——それにともなう身ぶり、姿勢、表情などあらゆる構成要素の記号的崩壊のありさま——という視点、ミクロ社会的・ミクロ経済的な諸関係という視点、家族の孤立や教員の神経症などと結びついた子どもの混乱と感情的荒廃という視点、等々である。したがって分析的実践の地平を画定するのは、なお萌芽的状態にとどまっているとはいえ、こうした多様な構成要素と接続する分析装置としての主体集団の能力である。それは、たとえば心理学者の初等教育への介入——十年前に心理学者が行なっていたようなものとはまったく異なった様式での介入——のようなささやかな試みでもよい。この新たな学校心理学者たちは、テストをしたり書斎に閉じ込もっていることを拒否して、教室で子どもや教師と直接かかわり、集合的な企画を推進しようとしている。もちろんそこに革命的なものは何もない。しかし彼らが旧態依然たる学校運営と手を切ろうとしていること自体が、局地的集団のエロスを開放に向かわせ、まったく予想外の解放的現象を発動させる触媒となるかもしれないのだ。いずれにしろ、こうした試みはたとえば現在、医学教育センターなどで行なわれているありきたりの個人別の面談や心理療法の結果とは一線を画すものとなることはたしかである。

これとは非常に異なった領域ではあるが、ミシェル・フーコーと活動家や知識人が一緒になって監獄の問題についてつくったグループ——監獄情報グループ（GIP）——も、こうしたタイプの活動を行なう分析的な集合的動的編成とみなすことができる。この運動は、当初、囚人へのアンケート調査の配布や情報提供活動に限定されていた。しかしやがて接触の仕方が多様化し、そこから、受刑者の置かれている状態、裁判所や監獄の役割、世論の動向、政治犯ではなく〈普通犯〉に対する活動家グループの態度などを根本的に問い直すという、まったく新たなたたかいの展望が切り開かれた。フランスの監獄の半分で蜂起が起きるという目を見張るような危機が〈発動〉されたのは、おそらくGIP自体の活動によるものではないだろう。しかし囚人の反逆が帯びた〝政治的〟重要性は、絶対にGIPの介入と無関係ではない。しかもこの活動は、他の領域にも同じような仕方で伝染し、それまで互いに無関係だった諸問題（移住労働者、同性愛者、麻薬中毒者、売春婦、等々の問題）を当然のごとく結びつける役割を果たしたのである。

政治的活動を日常生活に、スローガンを研究活動に、知識人や活動家を普通犯や売春婦に結びつけるといった、このような新しい活動様式は、たとえそうは標榜していなくても、社会的無意識への〈集合的分析〉による介入であると言える。そしてここで、〈活動〉の対象は二重化される。すなわち、一方に介入の対象としての領域の問題があるのだが、同時に介入する者の側の問題がある。活動によって産出された言表だけではなくて、活動家の集合的な言表行為を不断に加工しなくてはならないのだ。重要なことは行動を導いたり解釈したりしようとは決してしないことである。集合的言表行為が失調をきたし、その集団が内閉したりリーダーシップをとろうとするなら、そうした集団は解体した方がいい。集合的言表行為の行動規則は、欲望の集合的言表行為のプロセスに絶対に取って代わろうとしないことである。そして、そのために、社会的領野の欲望の経済のなかで重要な役割を果たすいかなる記号化の様式とも断絶しないことである。そうした記号化の様式は、個人、身体、観念形成の過程、知覚、等々といった次元で介入するものであり、したがってそれが〈理解可能〉であろうとなかろうと、あるいはそれが〈大義〉の顕揚にとって有用であろうとなかろうと、社会的無意識の解明のために絶対に無視してはならない。こうした条件に鑑みるなら、記号的構成要素のリゾームが、単に、家族から社会体へと向かうベクトルあるいはその逆に社会体から家族へと向かうベクトルにしたがって極性化するのではないことは驚くにおよばないだろう。このリゾームは、もっとはるかに複雑な集合体、分岐構造、これまで考えられてきた問題や実体とは重ならない地図にしたがって、組織化される。このリゾームは、どんな領域においても、従来の因果律のシステムとは一見無関係の異質混交的な構成要素を作動させることになるだろう。

（7）分子革命

第三次産業革命

職業生活、余暇、教育のあいだの断層、私的生活、公的生活、価値化の様式のあいだの断層といったものは、労働、勤労精神、自己犠牲といった問題と絡めるとたちまち、社会全体の基盤をなすものとして立ち現れてくる。とくに〈先導的〉分野における生産技術や生産の組織様式の変化にもかかわらず、〈労働世界〉の伝統的イメージ、十九世紀の肉体労働者の顔貌性――たとえば炭坑労働者や鉄道員の顔貌性――は、とりわけ初等学校によって伝播される労働についての紋切り型のイメージの基盤になり続けている。すなわち、労働が退屈で抑圧的なものであるのは、根本的に言ってそれが労働者の搾取に基づいた生産様式であるからではなくて、なによりも労働がもともとそういうものだからであり、そして労働にかかわる困難や障害は生得的な怠惰や悪しき性向を乗り越える機会を提供するものである、というわけである。そして、このような産業革命の初期段階から継承した紋切り型のイメージや寓意は、学校や〝マスメディア〟において流され続けているが、実際には、とりわけ化学、原子力、オートメーション、情報科学といった分野に集中している〈第三次産業革命〉と呼ばれもする現在の産業段階が労働に要請するリビドー的モデルにますます適合しなくなっている。機械状の隷属化システムの一貫的利用（最適最善の注文、デジタル的な直接コントロール、自己習得型のシステム、等々）は、労働者の身体、四肢、器官に直接働きかける従属システムに取って代わる方向を加速化することになるだろう。しかしこの新たな生産システムは、逆に、労働の疎外的拘束力を思いのままに強化しているように思われる。これはもっとも近代的な生産分野、もっとも自動化された生産部門においても見られる現象である。あらゆるテクノロジー的・科学的な進展は、量産労働（細分化された）や〈小リーダー〉の専制主義の一掃の方向に向かい、時間に拘束された労働者の労働と技術者や幹部の労働との断絶の奥深い手直しの方向に向かっている。二十世紀の〈労働軍隊〉に本質的につきまとってきた規律や序列は、今日では、ひとえに抑圧的な生産諸関係の維持に資するのみである。そうした規律や序列は、いまや、労働者の身体、器用さ、職人的技術のみならず、労働者の精神、そしてそのリビドーまでをも動員せざるをえなくなっている生産過程の変容に逆行するものである。

新たな労働分業形態の必要とする脱領土化された図式の抽出[*60]、新たな社会組織、脱コード化された流れの体制の普及といったものは、労働と記号化の集合的力の特殊な処理の仕方を必然的にもたらす。一九四九年、中国の共産主義者は、権力奪取をした直後、労働者階級を数量的に強化することを決め、多くの農民を都市や工場に呼び寄せたが、そのときにこのような経験をすることになった。農民たちが機械の騒音や労働者の騒擾に怯えたり狼狽したりしたため、一時期、新参の者は仕事ではなく新たな労働条件に慣れるために工場内を自由に歩き回るだけでよいということが決められた。これは彼らが彼らの新たな環境を〈記号化〉するためである。有史以前には〈拷問、殉教、そして血塗れの犠牲なしには〉[*61]起こりえなかったとニーチェが言っている集合的な記憶技術は、〈禁欲的僧侶〉と修道院の規律の君臨のあと、貴族的な〈礼儀作法〉としての役目を果たしたあと、工場や学校の兵営化のあと、入試のための猛勉強や〈馬鹿げた競争〉のあと、その〈記憶機能〉の枢要な部分とその論理的メカニズムの一部を情報機械に移し替え始めた。[*62] しかしそれは、情報科学が必然的に記憶の操縦レバーを独占することになったということを意味するわけではない。実際に起きていることはその反対であり、情報革命は空虚な反復を除去するためのかつてない手段をもたらし、人間の労働が情報の格子のなかに囲い込まれることから当然のごとくに脱却し、したがって欲望の経済に属することになるという、労働が意思決定過程に収斂する可能性を切り開いたのである。[*63] したがって、郡の名前のリストを覚えたり、いずれ九九の表を覚えたりすることも、ますます不必要になるだろう。ダイヤグラム的機械がこうした記憶操作に取って代わる傾向がますます進行していくからである。一種の新たな怠惰、〈怠ける権利〉[*64]、〈狂気への権利〉[*65]が、われわれの眼前に開かれているのである。厳密さは機械の側に求められることになり、欲望機械は有効な分子的連携の道をひそかに回復していくだろう。もちろんこれは客観的な可能的パースプクティブにすぎない。なぜなら、実際には、抑圧的装置を設置するという政策が、こうしたパースペクティブを大々的に可能にする欲望の集合的な動的編成を妨害したり破壊したりし続けるだろうからである。したがって、新たな機械状の記憶、新たな社会的組織――そこにおける決定の中心部は互いに序列的に従属しあうのではなく網状に配置されるといったような

――が自己確立するためには、抑圧的装備、とりわけ学校権力、医学権力、カップル、超自我といったようなミニチュア化された装備を大々的に拒絶するだけではすまないだろう。それは、自らを再生産するための固有の力を持たねばならないだろう。新たな機械状の記憶、新たな社会組織は、いわばおのれ自身で記号化と動的編成の様式を生産すべく宿命づけられているのである。そしてこの記号化と動的編成を通して、現行の抑圧的権力の力を弱めるだけでなく、さらには資本主義的装備の機能の絶えざる回帰を持続的に排除しなくてはならないのである。

抽象機械

階級制、官僚主義、男根支配、老人支配といったものが〈操縦レバーを放す〉ことになったら、何が起きるだろうか？　社会的領野の新たな一貫性はどういうものになるだろうか？　この問題を先に進めるために、われわれはわれわれが集合的装備の機能と集合的な動的編成（機械状の動的編成と言表行為の動的編成）の機能とのあいだに設けた区別に今一度戻らねばならない。これらの機能の作動は――とりわけ集合的装備のネットワークの次元における――、言語やリビドーの一貫性や社会的領野の一貫性がいかなる超越的な不変性にも依拠しないことをわれわれに示す。ひとつの次元から別の次元への〈移行〉――たとえば経済的次元から〈イデオロギー的〉次元への移行――を可能ならしめるもの、われわれが社会的横断性と呼んだものを保証するものは、原理やカテゴリー、あるいは限定された要素などに依拠するのではない。すべてはそのつど再構成されるものである。もっと正確に言うなら、ある歴史的時期に、所与の条件下で、このような一貫性、このような横断性を確立するのは、われわれが〝脱領土化の抽象機械〟と呼ぶものを過渡的に体現する〝具象機械〟のネットワークにほかならない。動的編成と具体的装備がその周りに結晶化する抽象機械――これについては第三部で改めて取り上げる――は、社会的時間の外に位置するのではなく、社会的時間を横断し、生産し、再生産するものである。抽象機械は、おのおのの記号的構成要素、おのおののコード化の構成要素に特有の脱領土化の係数を調整する。しかし〈装備〉から〈動的編成〉に移行するとき、ひとつの抽象機械の体制から別の抽象機械の体制に移ることになる。装備をともなった抽象機械の総体は、単一の指令装置――〈資本〉――に依存し、この指令装置の周りに、社会的領野の座標系や価値体系の総体を二元論的様式で取り仕切る参謀本部が組織される。二元論的様式とは、シニフィアンと無‐意味、有用なものと無用なもの、理性と非理性、美と醜、音楽と雑音、等々といった組み合わせである。

抽象機械、そしてそれに続いて、抽象機械を現働化する具象機械は、動的編成をともなうことによって、もはや情報処理が可能な〈樹木状の関係〉システムにしたがって組織されるのではなく、表現のマチエールやそれと関連するコード化のマチエールに特有の特徴を喪失させるだけの二元論的分解には還元できない公式にしたがって、つまりリゾーム的な様式に則って組織されることになる。生物学的な過程の機械状の特徴を物理化学的あるいは天体物理学的な特徴に〈翻訳〉することはできない。もちろんそれらを比較することはできる。そして数の世界や位相幾何学、あらゆる種類の公理化について一方から他方に移行することはできるが、他に還元不可能な過程そのものやその過程が機械状の変化の系統流のなかで占める特異な位置は移行することはできない。不変的なものの序列体系は過程そのものに対してはつねに外部的なものにとどまり、その序列体系に依拠する装備の諸制度や理論装置もまたやはり外部的なものにとどまるのである。言い換えるなら、一方に、〈法〉と〈理論〉があり、他方に、実践と実験がある、ということである。しかし、既存の諸価値の序列体系と断絶しながら社会の生きた部分のなかで機能する実践理論は、自らの内部で脱領土化する――したがって絶対に永遠不変ではない――抽象機械のシステムと節合する。かくして抽象機械は無限のリゾーム的拡張のなかで互いに結びつき、社会体を固定化したり地層化したりするのではなく、社会体の過渡的な調整を保証することになる。

ある集団のなかで何が欲望を機能させるのか、何が理論や実験や芸術の形式を機能させるのか？　ある時期に、すべてが権力の抑圧的構成体の支配下に落下するように仕向けるのは何なのか？　あるタイプの抽象機械――最終的に〈資本〉に還元される樹木状の抽象機械とか、開かれた諸線の錯綜にしたがって機能する多中心的で多声的な抽象機械など――が、ある特殊な条件のなかで〈権力を握る〉ように仕向けるのは何なのか？　抽象機械が流れの資本主義的経済の体制から脱却するとき（つまり抽象機械が、制度的後ろ楯、そしてそれを序列化し、儀式化し、再領土化する権力の装備から、普遍的・超越的な抽象的秩序にしたがっておのれを解き放つとき）、抽象機械はプラトン的な観念、カント的な仮想的存在（ヌーメノン）、ヘーゲル的あるいはマルクス主義的な弁証法の契機、ラカン的無意識の構造的マテーム、さらにはあまり目立たないがシステム理論の〈立場〉[*66]といった、かつておのれの出現の源泉となったさまざまな理論的地平に同化することはなくなる。そしてそのとき抽象機械は、表現とコード化の多様な構成要素の特殊な特徴や時間 - 空間的座標系の手前で、〈問題の結び目〉を結晶化するとともに、歴史と社会的領野のなかで具象機械として固定化され〈制限〉された〈現実の事態〉の一貫性を保証することになる。

抽象機械はさまざまな地層のあいだの通路を代謝し、脱領土化の相対的体制を調節し、主体化の過程――普遍的主体性の確立ということではなくて――をモデル化する。抽象機械は可能的なものを開いたり閉じたりするが、それはときには微小このうえない欲望の漏出線を用意したり、連続的な革命を発動したり、地層化のシステムによって再び捕獲されたりしながら行なわれる。集合的装備や集合的動的編成の機能のなかで抽象機械の果たす役割は、集団が直面している〝政治的表現のマチエール〟を〝問題化をする〟こと――問題を取り仕切ったり表象したりするのではなくて――である。これがわれわれが〈選択的素材〉と呼んだものである。それは政治的普遍概念を求めるためでもなければ、漠然とした政治的選択でもない。おのおのの特殊な状況、おのおのの規律的機械、おのおのの監視システムのなかには、ある種のミクロ政治的なウイルスが作動していて、そこではある抽象機械の布置がある権力構成体に従属している。たとえば、アメリカ合衆国と東側の諸国、豊かな諸国と貧しい諸国、アラブ諸国とイスラエルといった対立を扇動する多様なミクロ・ファシズム的諸潮流は戦前〔第二次世界大戦〕の歴史的ファシズムとなんらかの系統的関係を維持してはいても、それぞれおのれに固有の道程にしたがって無限に分岐する。したがって、この新たな脅威への道を塞ぐための包括的な応答は不可能であり、〈広範な反ファシズム戦線〉もありえない。〝ファシズムはすでに到来しているのだ!〟。それは資本主義的社会のあらゆる毛穴を通してにじみ出しているのである。そうであるかぎり、われわれはファシズムを〈身の回り〉から、その特殊な形態において把握しなければならない。そしてこのことは、無数の〈戦線〉であらゆる瞬間にたたかいをすすめるという闘争の全般化を必然的なものにする。欲望の政治は、集団の次元でも、制度の次元でも、理論の次元でも、さらには芸術の形式という次元でも、本質的に、こうした抽象機械が構成する〈可能的微粒子〉の動的編成にかかわる。したがって、自由一般のための闘争はないのであって、あらゆる次元における解放機械の構築しかないのである。

どうしてここで抽象機械について語るのか？　なぜなら、ミクロ政治の問題を具象機械の問題としてのみ扱うなら、つまりあらゆる種類の装備や社会制度あるいは諸個人のあいだの相互作用システムや記号的な相互作用システム、さらには既成の理論や計画の問題等々の問題としてのみ扱うなら、ミクロ政治の問題をアルチュセールの言うイデオロギー的上部構造やイデオロギー装置の問題に還元してしまうことになるからである。[*67] そうすると、多元的決定システムが現実的なものにどのように接続しているかという問題が吹っ飛んでしまうのである。現在の学知においては、下部構造は一般になにか不変の法則によって規定されているものとみなされていて、それが最終的な鍵を握っていることになっている。抽象機械という概念を使ったわれわれの〈迂回〉は、そこに観念論的な媒介を持ち込もうというのではまったくない。というのは、われわれの主張するのは、自らに自閉した審級にかかわる観念システムではないからである。抽象機械は記号の状態とものの状態のあいだに直接的な通路をもたらすものである。精神的な再領土化は抽象機械とともに後景に退く。物質的流れの脱領土化と記号的流れの脱領土化とのあいだで起きる直接接触——言い換えるならダイヤグラム的過程——は、記号と〝じかに〟、そして〈物質〉と〝じかに〟行なわれる。抽象機械は、位相（部分集合）や等式や多様な座標軸を起点にして、現実的なものに働きかけ、現実を仕立て上げる。しかし抽象機械は、記号システムにも同様に働きかけ、それを歴史的・宇宙的な現実の次元に置き、ある条件の下で、記号システムが普遍的パラダイムの固定的世界に陥落すること――われわれが他所で〈パラダイム的変質〉と呼んだもの――を回避させる。したがってわれわれは、〈存在者〉の基盤にある〈存在〉――少なくとも欲望の経済から見た社会的領野のなかにおける――は、物質的地層、エネルギー、形式、あるいは構造といった問題である以前に、抽象機械によって加工される〈選択的素材〉に属するものとみなしている。つまり、存在は、不易で普遍的な座標系のなかでその正体を識別したりその位置を確定したりすることは絶対にできないものなのである。ここで発動するのは集合的な動的編成にほかならないのであり、これが相互接続、コード化、記号化、主体化といった機械を作動させ、問題を切り分け、領土を設定し、生物学的、エコロジー的、経済的、個人現象的、制度的、等々の地層を横断していくのである。このような動的編成は、ある固定的構造の〝主体〟とみなすことはできない。つまり、この動的編成はさまざまな次元で作動する〈機械化〉の送り手であると同時に受け手である。それはたとえば以下のような次元で作動する。

（a）抽象的な次元。ここでは、（1）新しい〈建設的〉な脱領土化的連結が作動したりする一方、（2）〈資本〉、〈シニフィアン〉等々の中央集権的・専制的な諸機械のために再領土化が作動したりする。

（b）具象的な次元。ここでは、（1）力関係の均衡、儀式化が行なわれ、権力の装備のミニチュア化、四方八方に拡張していくプログラムや計画といったものに依拠したダイヤグラム的過程の相対的無害化が図られたりする一方、（2）装備の機能を犠牲にして集合的な動的編成の機能を最適化しようとする解放的な戦略や戦術が図られたりする。

資本主義の最終段階としての官僚主義的社会主義

われわれは、マルクス主義を標榜する理論家の大半がそうするのとは異なって、生産諸関係と記号化の諸関係とを切り離すことを拒否する。搾取を行なう階級やカーストによる生産手段のコントロールは、記号化の集合的手段のコントロールと不可分に結びついている。後者はおそらく前者よりも見えにくいが、だからといってその根本的重要性においては両者はかわりない。したがって、生産諸関係と生産過程のあいだにおいて増大し続けるずれは、われわれの見るところ、単に経済的下部構造に由来するのではない。このずれは、社会的諸関係の総体と集合的なリビドー経済とのあいだでもっと広く展開されるずれのあるひとつの様相をなすにすぎないものでもある。この集合的なリビドー経済もまた、経済的土台によって〈最終的に〉規定される上部構造なるもの——公認された表現にしたがうなら——に属するものではない。労働とリビドーの搾取に基づいた社会が自らに与える呼称がどうであろうと、またそこで作動する生産や社会的組織様式のコントロール手段の性質がどんなものであろうと、さらにはそこから利益を引き出す歴史的に識別可能な階級、あるいは輪郭の捉えがたい官僚的怪物（ヒドラ）がどんなものであろうとも、われわれはある同一の集合的合目的性のシステムに直面しているのである。すなわち、有用な生産が商品的価値に引き下げられ、欲望の価値が使用価値と交換価値に物象化するというシステムである。

今日、社会主義を標榜する社会は、利潤や資本を標榜する社会と同様に、ときにはもっとも〈開明的な〉指導者――フルシチョフやケネディといったタイプの――の意思に反して、歴史に〈逆行する〉記号的従属化の様式にますます強く束縛されるようになっている。これは、大衆に注入される欲望の装備の時代の変化への適用、制度的革新、ミニシュア化といったくわだてが行なわれているにもかかわらず生じている事態である。したがって、すでにずいぶん以前から革命の諸条件は熟しているにもかかわらず、社会体を巨大な脱領土化に適合させようと試み、世界的規模でとてつもない浪費の対象となっている労働力の向かう方向を変えようとするいかなる社会階級も姿を現わさない。労働者階級は、欲望の経済ならびに支配的諸価値への記号的統合という観点から見ると、ブルジョワジーや官僚主義から根本的には一線を画した存在ではない。むしろそれらとますます同化しつつあると考えざるをえない。実際、労働者階級は、いたるところで、さまざまな段階において、資本主義社会が行なう労働者階級の従属化のくわだてにむしろ積極的に協力しようとしている。

プロレタリアの〈前衛〉による国家の政治権力の奪取という根本的な目標は、マルクス＝レーニン主義者によって、労働者階級の自立的意識の覚醒のための〝必須の〟条件とみなされてきた。しかし実際には、この目標はブルジョワ・イデオロギーが労働者階級に伝染することを回避することができなかった。逆に、〈前衛〉が国家権力の設定した政治的・組合的なゲームのルールに統合されることによって、この伝染は広範な民衆階層に広がった。労働運動の機構の官僚たちは、いってみれば労働者階級の記号的統合の先導者だったのである。したがって彼らは、われわれが言う広い意味での集合的装備であるとみなすことができるのである。とすると、今日、国家官僚主義、もっと一般的に言って、国家権力のあらゆる具体的表現に抗するたたかいを構想することができるとしたら、それはひとえに、労働運動やあらゆる種類の少数派民衆運動を麻痺させる官僚主義的構造を同時に〝解体する〟ことが前提条件とならねばならない。国家権力はいたるところに存在する。したがって、それを狩り出すための――〈大衆〉の頭のなかや支配者の頭のなかを含めて――特別の手段をいたるところで行使しなければならない。しかしこうした解体は、人々の士気をくじくような仕方で、そして別のタイプのたたかいの動的編成を設置しないで遂行されるなら、巨大な社会的後退を招くことになるだろう。かくして、この新たな問題系が出現し始める場所が、社会的・政治的闘争の新たな争点となりつつあるのである。集合的装備、行政組織、さまざまな社会的場所などのなかで可能となる活動家による分析的闘争は、労働者の城塞に依拠した大闘争――ルノーや国鉄など――の周辺的部分を構成するものとみなしてはならない。もしいつの日か現行社会の革命的な乗り越えが可能になるとしたら、それはこうした城塞から到来するのではなくて、おそらく通常の活動家の目には二義的なものと映じているであろうこうした場所のひとつから発源するのではないかと思われる。

政治的な〈選択的素材〉を広範な社会学的カテゴリーに置き換えると、あらゆる規模の権力構成体のあいだで作動する伝染状態をよりよく追尾することができる。そして、国家権力をある階級から別の階級に移し変えればその後国家がしだいに強制力を喪失して自ずから〈衰退〉していくと想定することによって、階級の階級による搾取に依拠しない経済的秩序を構築し、社会を変革することができると思うことが、いかに不条理な考えであるかをよりよく把握することができるだろう。国家権力は単に大規模な社会的集合体の次元で作用する強制力ではない。国家権力は社会の微小な歯車の次元においても作動する。しかしそのことは、個人を再審に付したり家族を否定したりすれば、すべてを期待することができるということを意味するものではまったくない。たとえば、中央権力が夫婦カップルや家族に関する政策を所有しているだけでなく、[*68] 国家のミクロな政策は夫婦や家族のなかにおいても機能しているという事実は、こうした制度はそれ自体として容赦なく拒絶し断罪すべきものであるということを意味するわけではない。たとえ短い時間であれ、カップルというものはそれが構成されたとき、欲望の動的編成として機能することができる。昔ながらの親による庇護から解放される望みが果たされるのはその時間である。家族が最終的に男根支配的機械に変容したときでも、その最悪の権威主義的男根支配や最悪の嫉妬の発作にもかかわらず、あるいは家族の構成員がよく埋没するミクロ・ファシズム的な雰囲気といったものにもかかわらず、家族のなかから束の間ではあれ希望や愛情の小さな線が再生することができる。たとえば「バカンスに行こうじゃないか。そうしたらすべてはもっと良好になるだろう、なにか変化が起きるだろう……」といったぐあいである。そして、結局のところ、社会構成体全体が諸個人を恒常的な依存状態に追い込んでいる状況のなかでは、家族内の専制がいかようであろうとも孤立孤独よりはまだましではないか（！）と考えられる。

国家権力、労働の搾取、欲望の疎外といったものは、単に資本主義や官僚主義的社会主義の大きな構成体によってのみ分泌されるのではない。さまざまな社会集団、国家、諸個人を加工するのは同一の資本主義的抽象機械にほかならない。今世紀〔二十世紀〕初めの二つの大きな一見対立的な社会主義的潮流の神話――大衆教育主義かボリシェヴィキ的軍事主義か――は背中合わせになっている。つまり、一方で、国家権力によって統制された教育は、労働者をブルジョワジーのリビドー的モデル――とくに言表行為の個人化――に適合させる方向に作動し、他方で、労働者の〈活動家への養成〉は、あらゆる種類の様態の下に、官僚主義的中央集権主義と多様な形態のテクノクラート主義を不可避的に作動させるのである。

新しいタイプの闘争

新しいタイプの闘争形態は、モデルとしてではなく、別の可能性の領野がはっきり開かれているということを証明する〈先例〉として追求されることになる。ここで問題になる抽象機械は、次のような仕方で言い表すことができるだろう。いまや完全に行きづまっているように思われる状況のなかでも、かつてリップの闘争〔労働者の自主生産運動〕や司法官あるいは娼婦の運動にみられたのと同じような何かをつくりだすことは可能であるということ。自らと向き合いながらカップルや子どもたちの〈生活を変える〉ことは可能であるということ……社会的装備とりわけ子ども関連の装備の場では、ときに混乱し矛盾をはらんだ一連の微小な紛争が、集団生活、教育者・精神分析家・教師の役割等々をめぐって、施設のなかで演じられている。これもまた、たいして重要な闘争ではないと考えるのは誤っている。こうした問題を組合の幹部や政治家にぶつけてみると、一般に彼らは、そういった問題は自分たちの管轄ではない、それは下部の連中がやればよいことだという返事をする。しかし、さらに突っ込んで議論してみると、健康、精神衛生、教育、道徳等々のあらゆる問題に関して、彼らがある固定観念を抱いていることに気がつく。つまり彼らは、メディアの伝播する権力の自明性、過剰な支配に同意しているのである。病気を治療するには医者、看護師、病院が必要である――誰がそれに異議をとなえるだろうか？　狂人を治療するには精神科医、精神病院、さらには精神分析家も必要であり、子どもを教育するには、学校の教員団だけでなく、生徒の自発性を重んじる教育法が必要であり、秩序を維持するには警察官が必要である、といった調子である。そして、そういったすべてのために、信用貸し、装備、良き管理者が求められ、議員や生徒の親たちによるしかるべき民主主義的統制に委ねられる、というしだいである。

この場合、彼らが何を選択するかという決定は、いかなる〈社会問題〉も集合的装備に引き寄せることができるが、同時にそれを潜在的な集合的動的編成から遠ざけることができるということを考慮して決められる。つまり、実際に何をしているのか理解しないまま、専門家に依頼し、企画を立て、規範、予算、監督体制などを確定するのである。そして、それが集団的実験や地区の生活、あるいは〈ユーザー〉の参加などと結合しうることを考えることを拒否するのである。そのことを踏まえて言うなら、専門家の知識や既成秩序の代表者の政治的権威と、人や対象が構成される以前に発生しつつある欲望とのあいだの力関係を変えることができるのは、ひとえに日常生活の次元における日常的な闘争のなかにおいてである。この欲望は最初は聞き取れないほどの言説――たとえば子どもや狂人、犯罪者、マージナル化された人々などの——を通して現れ出ようとする。社会的領野を隅々まで囲い込み統制する社会的コンデンサー——諸個人や社会的諸関係が加工される一種の記号的コンビナート——を宿命として受け入れるのではなくて、省庁、官僚機構、模造的序列体系などを通して多中心的な社会的統制システムを確立しつつある巨大化した制度的構造を迂回する脱装備と集合的動的編成の再起動のための積極的な闘争を構想しなくてはならない。そして、欲望の特異性を尊重しながら、あらゆる種類の条件と最大限に接近して、国家権力を〝今すぐにでも〟衰退させる方向に向かわなくてはならない。

マルクス主義は新しい科学として自己確立すると称して、他のすべてのドクトリンから自らを差異化しようとした。マルクス主義は他の諸科学の威光に則って自らの言表の権威を打ち立てようとし、それに付随して自らの実践を権威づけようとしたが、これはすでに第一インターナショナルの創設時から始まったことである。そしてマルクス主義にとって、あらゆる種類のユートピア主義、あるいは寛容な思想は、取るに足らないものになるか危険なものになった。「たたかいの展望を科学的な基盤の上に打ち立てようとしないなら、大衆を欺くだけのことだ」というわけである。マルクス主義は革命を科学だけでなく、生産諸力の発展にも依拠させようとした。かくして、マルクス主義にとって、歴史の大きな原動力は労働者階級を超えて科学やテクノロジーになり、十九世紀の労働者階級は、今日では、もはや昔ながらのイデオローグや活動家の頭のなかにしか存在しなくなった。しかしこう言ったからといって、分子革命が進歩や労働者階級の幸福に〈反対〉の立場をとるものだと誤解しないでいただきたい。ただ、われわれには、労働者階級が旧来の道程に沿って進んでいくかぎり、分子革命の横をすりぬけて退化していくであろうと思われるだけである。ある種の科学の教条的理想や労働者主義的イデオロギーの禁欲的・道徳的な理想は、今日の現実に対応しなくなっている。別の科学的な動的編成、別の社会的な動的編成が、別の展望を切り開くのである。来たるべき革命は過去の鋳型のなかに刻印されているのではなく、〈過去への回帰〉の同義語でもなければ、現在の状況の凍結の同義語でもない。それはまた〈ゼロ成長〉への回帰を主題とする新たなテクノクラート的神話学の同義語でもない。来たるべき革命は、逆に、科学や生産諸力、芸術的創造、そしてあらゆる種類の実験のめざましい発展と完全に両立するものであるとわれわれは考えているのであり、そうしたものがかつてまとっていた形態とラディカルに断絶したものであろうことを強調しておかねばならない。

それと関連して、人間的尺度に見合った道具への回帰をうたうイヴァン・イリッチよる別の神話の推進は、[*69]まさしくわれわれがここで告発している装備の疎外的なミニチュア化の方向に向かっているように思われることを指摘しておこう。大規模機械〈メガマシーン〉の存在に対置された〈人間的尺度〉に基づく社会主義という理想は、われわれの見るところ、悪しきユートピアである。問題は道具や機械や装備の大きさではなく、ミクロな欲望と大きな権力構成体の双方の次元における人間的な動的編成の〝政治〟にほかならない、とわれわれには思われる。この二世紀のあいだに、たとえば家族や学校は、ミニチュア化されるにつれて、とくに無意識レベルにおいて専制的になった。今日、精神医学は〈病院の壁〉を超えて病院外の装備や精神分析家の寝椅子にまで入り込み始めているが、だからといって逸脱者の疎外が軽減されているわけではない。疎外はむしろ、権力の〈先進的テクノロジー〉の基準モデルとなりつつある新たなタイプの実践や人員や制度に収斂されようとしている。[*70]大学のような大規模な集合的装備――権力の記号やスタイル、未来の幹部の姿勢に適合したエリートを選抜し造形するための記号的隷属機械――は、場合によっては、欲望の闘争の次元で機能し始め、言表行為の集合的動的編成の出現の支柱となることができる。たとえば一九六〇年代、アメリカの大学は、一方で従来の規範化の装備としての役割を果たし続けると同時に、他方で、革命的沸騰の発生源ともなることができた。しかし現在、伝統的な政治的諸組織は、そこで発展するかもしれない運動の正確な射程を計りかねている状態にある。

あらゆる次元における活動的分析作業の重要性

社会学的分類では欲望の政治を説明することができないという事例はいくらでも挙げることができるだろう。たとえばニューヨークの都市圏のような都市的大規模機械――ルイス・マンフォードの表現を借りるなら――の機能を考察してみよう。これはいかなる欲望の解放のための動的編成とも両立不可能かもしれない。しかし、われわれには、この都市大陸、巨大な記号的サイクロトロンは、その堆積と従属の効果にもかかわらず（あるいはその効果のゆえに）、そしてそこに君臨する困窮と暴力にもかかわらず、さらにはそこの住民のひとりひとりをなんらかの仕方で特徴づけていると思われる混乱と孤独にもかかわらず、ある種のタイプの欲望の経済を生み出しているように思われる。この欲望の経済は模倣不可能、代替不可能なものであり、そこに麻薬に対するのと同じように結びついている人々にとってはそのようなものとして感じ取られているのである。欲望の経済という観点から見たとき、ここで作動しているのは、人口の都市集中でもなければ、大気汚染でもなく、また緑地空間の不在でも決定の中心の集中性や官僚主義でもなくて、そうしたすべてが記号化されていること、そして言表行為の動的編成がそうしたものの意図にしたがって結びついたりほどけたりしていることである。したがって流行表現にしたがって言うなら、〈社会計画〉がどうなるかが明らかになる前に、集団的生活計画がどうなるかを明らかにし、社会を装備する前に、欲望の動的編成がどういう道筋をたどるかを配慮しなくてはならないだろう。欲望のミクロ・ファシズム的な結晶化は、一見もっとも合理的な計画に適用されたとき、たとえばソ連や中国を収容所大陸に変貌させたが、欲望のミクロ革命的結晶化は、中小規模ながら、たとえばサンフランシスコの腐敗した地区の住民の〈生活を変える〉方向に向かった。もう一度繰り返すが、優先すべき次元というものはないのであって、「社会を変えようとする前に、まず家の前を掃除しろ！」といった類のスローガンは無効なのだ。われわれはただ、大規模な制度や装備の変化は〝同時に〟分子的な装備や欲望の政治を呼び寄せるということを主張しているのである。ミクロ・ファシズムを加速する雪だるま現象から逃れるために、いま、ここから、あらゆる場所であらゆる次元で、活動的分析作業が必要とされるのである。しかしまた、同時に、そしてただちに、社会体を〈掌握し〉そこにミクロ・ファシズムの麻薬を注入し続けている大きな抑圧的構成体とたたかい、これを解体しなくてはならない。

土地に根付いた（アメリカ人の好む表現を用いるなら〝グラス・ルーツ〟の）集合的な動的編成の役割のひとつは、まさにこうした諸関係を、恒常的な仕方で明るみに出すことであろう。それはそうした諸関係を大げさに取り上げて一種の消費構造のなかで消化するためではない――そうしたやり方は、最終的に、あらゆる欲望の特異性を共通の諸価値や支配体制の装飾装置のなかに〝同化〟することにしかならない。そうではなくて、それはそうした諸関係を社会的現実や無意識の記号化の様式のなかで作動させるためである。この関係づけは権力の操作の結果であってはならない。新聞や雑誌を通した権力の操作に巻き込まれると、結局のところ、人々の頭のなかに妥協が強制され、自動的に権力との〈和合〉の方向に向かうことになる。この関係づけはまた、研究者の思弁的な仮説や精神分析家の直感的着想の結果であってもならない。この関係づけは、さまざまに異なった闘争領域のあいだで生じるかつてないような結びつきを集合的に記号化することを〈学ぶ〉活動的分析プログラムとならなくてはならない。[*71] そのとき、もはや単に形式的な連帯の次元では起きないような何か、知性と心の次元で起きるような何かが生じることになるだろう（例を挙げると、マルコ・ベロッキオの『狂人の解放』という映画に描かれたような事態。つまりパルマの病院で、冶金工場の労働者が精神薄弱者やダウン症の人々を引き受けて面倒をみるといったこと。あるいは、詩人ヤン・ウーサンが兵士委員会をつくったという理由で投獄されたときに生じた事態。[*72] つまりこのとき、ニームで、軍事だけでなく詩や地域の闘争にかかわる人々が連合してネットワークをつくったこと）。コルシカ人をブルトン人やパリ人から隔てているものは、一見、社会‐経済的、言語的、あるいはエコロジー的な特徴であるが、実際には、人を愛したり、世界を知覚したり、話したり、ダンスをしたり、本を読んだり、文章を書いたり等々、といった分子的な次元における相違のミクロ政治的な結晶化に由来するのである。こうした角度から見ると、〈コルシカ問題〉の記号的な構成要素は、ブルトン人の問題や女性解放の問題、あるいは子どもや同性愛者の問題などにかかわる記号的構成要素と結びつくのである。つまり、自治主義者の運動にしばしば見られるように、一種の不可解で反動的な特異性のなかに閉じ込もってはならないということである。

一方は社会を変えることにかかわり、他方は現実の生活のなかで起きていることにかかわる、といったような二つの時間があるのではない。われわれが第二部で樹木やコピーの政治に対置しようとするリゾームと地図作成のさまざまな政治は、同一の対象に適用されるものである。そしてたいていの場合、この政治は互いに協力関係を持つ。この政治は、社会的従属を強いる大きなシステムと、小さな集団や家族あるいは個人のなかで作動しているミニチュア化された権力構成体の両方を標的とする。したがって、自然や善意、手の届くところにある道具、〈共生的（コンヴィヴィアル）な共同体〉といったものへの優先的回帰から救済を期待しようというものではない。大都市が存在するだけでなく、軍隊も警察も、〈多国籍企業〉も、中央集権的な党も、工業コンビナートも、旧来の選挙制度も存在し続けている。こうしたもののすべてから魔法の杖の一振りで脱却することはできない相談である。しかし、少なくともそうしたものの虜にならないことを試みることはできるだろう。そうしたメカニズムの積極的な共謀者にならず、この種のものやモル的な諸関係を振り払う努力をすることはできるだろう。しかしこうしたものを回避できないとき、これを内部から掘り崩すことはできるだろうか。あるいは綿密に準備しなくてはならないとしても、これを外部から解体する機会は訪れるだろうか。一言で言うなら、〈〝法〟による支配〉を建前とする社会の客観的と称される法律を解体することは可能かどうかということである。

（8）集合的動的編成のリゾーム

欲望の集合的動的編成

資本主義的な法は、抽象機械の総体を自分の支配下に組み込むことを正当化するために、それが宿命であるという振りをする。資本主義的な法は、そのために、熱力学の法則から情報の理論、さらには宗教的な法にいたるまで、あらゆる法システムを恒常的に抱え込もうとする。いかなる法も、この資本主義的な法の独占的支配の軍門に降らざるをえない。他方、集合的動的編成は、超越性を本質とする序列構造に基づいたこの種のタイプの法の設置を蛇蝎のごとく嫌う。集合的動的編成は自らの法を歴史的出来事と自らに固有の特異性にしたがっておのれに付与し続けようとする。集合的動的編成はたしかに一般法則を引き出そうとする傾向があるが、しかしそれはつねに過渡的な状態としてである。現在の法が明日には別の法や動的編成の前に消滅することは最初から了解済みのことである。法のコードは、中心のある樹木状のシステムにしたがって分節された軸の原理に理念上依存するべきものとして、つねに考えられてきた。一方、社会学的な法もまた、超越的一般概念に属すべきものと考えられてきた。問題は、このような方法に逆らって、〈欲望を現実とみなす〉ことを推奨することでもなければ、社会領域を全面的な空想や恣意的な組み合わせの支配下に落とし込むことでもない。そうではなくて、要するに、社会の運動も生物種の運動も、観念による固定的な布置に依存したり、

〈弁証法的進歩〉の一般法則に依存するものではないということである。社会領域は、集合的実践にとっても、社会領域を阻害し地層化するモル的塊の相互作用にとってもアクセス可能な、分子的変化の二重にかさなった次元に属している。一方には、樹木状に序列化された法や規制のシステムと結びついた制度や装備があり、他方には、これらの制度や装備を回避し、欲望の集合的動的編成として作動しようとするリゾーム的な社会的生産過程がある、といってもよいだろう。いつか欲望が優位に立つとして、その欲望は、はたして今日〝おのれの〟規範や〝おのれの〟秩序概念を押しつけようとしているカーストと階級の病的合理主義によって分泌されている社会よりも、もっと一貫性を欠き、もっと非人間的で、もっと不公正な社会を構築することになるだろうか？ われわれは、つねに次のような同じ問いに引き戻される。すなわち、欲望の個人的・集合的表現は、世界的規模における経済生活の規制と個人の尊重をともなった有効な社会的調整と両立可能であろうか？

欲望は本来人間の本質と対立する普遍的暴力性をはらんでいないだろうか、という問いをどうするか。もし欲望と身体を機械的に同一視するなら、もし人間の欲望の近代的形態が社会体を貫く脱領土化であるということを正当に評価しないなら、たしかに、昔ながらの仕方で社会的善意と動物的な悪しき本能を対置する欲動的な対決構造から脱却することは不可能になる。そうすると、性的欲望はいっさいの創造的コンテクストから断ち切られ、身体的な記号論のみに還元されて、ミクロ・ファシズム的な政治のなかに注ぎ込まれるしかなくなる。たとえばサドのような幽閉された欲望だけでなく、家族と精神分析のドグマの囚われの身となったハンスの欲望〔フロイトの提出した有名な事例〕といったものも、不可避的に多様な専制形態に傾斜していく。そして場合によっては、そのまま成熟して、さらに大きな抑圧的構成体のなかに注ぎ込まれていく。しかし、連携を自由に構築し、あらゆる種類の記号を自由に節合することができる欲望は、こうした権力の備給体制の恐るべき論理から脱却することができる。欲望が、資本主義的な法の前で絶えず解釈され続けるのではなくて、人間的な法を打ち立て、一貫性のある調整システムに参与することができるものであることを疑うことができるだろうか。欲望との効果的な調整、階調すらもが可能であることを確認するには、欲望の多様性がフルに機能したときの様相――狂熱恋愛、革命の進行など――を観察すれば十分だろう。責任に関してはまた別問題になるとしても……。

さてしかし、責任とは何だろうか。〈法の前の責任〉とは何だろうか。ここでニーチェが〈責任の起源の長い歴史〉と呼んだものを思い出さねばならない。また彼が罪悪感について書いたこと――〈禁欲的聖職者がわが身にほどこした芸当……〉――も同様に重要である。社会組織の現実そのものを構成するけれども、装備の機能によって恒常的に損なわれ寸断される集合的動的編成を重視することは、結果として、責任や罪悪感の制度――その制度のなかで、われわれは正義や教育にかかわる目に見える法廷のみならず、無意識（超自我、抑制、神経症といった）の目に見えない法廷にも配慮しなくてはならない――の消滅をもたらすことになるだろう。人間の行動は、それがどんなものであれ――非社会的、狂気的、犯罪的、周辺的、等々――、ひとえにこうした動的編成――単なる人間関係や集団的機構関係を構成するだけでなく、経済的、物質的、そしてあらゆる種類の記号的な過程を結びつけるものとしての――が発動する場所なのである。こうした動的編成は、超越的な法や資本主義的な法の体現者で装備されていないため、また責任や罪悪感をもたらしやすい主体 - 客体の二極構造のなかに閉ざされていないため、社会体のなかで生き生きとした生命力を保ち続けているあらゆるものが避難することができる場所であり、そこから別の可能な世界を建設するためにすべてが再出発することができる場所なのである。

われわれはリーダーや責任者や代表者が〈誠実に〉決定するという神話に直面し続けている。たとえば陪審員は、罪人とみなされた人間を社会から排除するとき、自らの〈内的な確信〉にしたがってそうすることになっている。自分自身の心の奥底から集団の利益のための真実を引き出すのである。内面が共同体の名において話し行動するのである。なんという不条理であろうか！　おそらく、いつの日か、全員が事物の力によって、自分のことを重要な人間とみなすようになり、さらには、自らの役割を誇大妄想的に重視し、〈何かの名において〉率先的行動をするようになるだろう。そんなことが起きるような気がするが、その場合、何の名において行動するのだろうか？　法であろうか、魂であろうか、良心であろうか？　あるいはまた、歴史がわれわれの組織に委託した使命であろうか？　しかし、それは〈われわれにもたらされる危険と脅威〉の名においてかもしれない。この最後の大義名分の選択は、まったく根拠がないわけではないし、無責任なわけでもない。それは逆に、〈大地を引き受けること〉――〈観念の天空〉に固着化した一般概念を基準とするのではなく――であり、欲望の領土への回帰、とりわけ〈何かの名において〉決定を行なう位置にいる人間を新たな領土に引き込むことにほかならない。この大地への回帰――自然回帰主義者の言う意味ではなくて、むしろ電気技師を念頭においた――を確実なものにするのは集合的な分析装置の仕事に帰せられるだろう。

したがって、ここで課題となるのは、もはや単なる民主主義的な統制あるいは精神分析的な統制ではなくて、集合的なリビドー的動的編成にほかならない。「あなたがわれわれの名において話し、行動することをわれわれは受け入れよう」ということであるが、それは程度問題でもある。つまりそれは、われわれが構築するミクロ政治的な動的編成が欲望の一貫性を保持しているかぎりでの話である。もしあなたがさらに先まで行こうとするなら、それはあなたがわれわれに対して権力をふるうということになる。そしてこの権力は、よく知られているように、その他のあらゆる権力形態と連動するものであり、やがてわれわれを最悪の疎外に導いていくものにほかならない。誰かが権力の流れをうまく御するために集合的な機能を調整しなくてはならないとして、それは欲望の集合的構成にできうるかぎり近づくためのアレンジとテクニックにしたがって行なわなければならない。たとえば、ひとりの（もしくは数人の）人が討論のなかで全員に発言を割り振り、集団行動における全員の役割を割り振る役目を担うことが必要であるとして、それはそうしなければ発言できない人がいたり、暗黙の役割分担の犠牲になったりする人がいるという昔ながらの疎外的差別が再生産されるからである。他方、大統領あるいは大小のリーダーが演壇やテレビで誰にとってもおもしろくもなんともない話をする場合、その人物を引っ込めるための手近な手段を発案しなくてはならないだろう。集合的な動的編成においては、個人、自己、責任性といったものは、つねにひとつの効果として、そして一連の流れの結果として捉えられねばならない。したがってこうした動的編成の機能は、単に共通の目的についての〈全員の一致をめざす〉ものではなくて、あらゆる種類の人を引きつけるミクロ政治——男根中心主義的、人種差別的、資本主義的、等々の——から身を引き剥がすことができる集団的エロス、集合的欲望を生産する記号的、経済的、社会的な物質的構成要素を結び合わせることである。こうした計画

——われわれが過剰な支配体制のコピーに対置して〝集団の地図〟と呼ぶもの——の錬成は、さまざまな構成要素の結節点を把捉し、ひとつの脱領土化の先端から別の脱領土化の先端に移行することを可能にするダイヤグラム的な結び目をつくろうとする。そうすることによって地層を解体するが、だからといって残された領土をブラックホールに投げ込むわけではない。いずれにしろ、動的編成の地図が加工されていけばいくほど、欲望を疎外する効果は〈支配する力〉を喪失していく。情熱、狂気といったものは、集団の支配のしるし、権力保持、生産的機構の統制権といった目標から自然に離脱するようになり、個人現象的、男根支配的、ナルシシズム的な疎外システムを否定的に横断する、より脱領土化された目標に向かってすすんでいくことになる。われわれがすでに喚起したミクロ・ファシズムの雪だるま式膨張現象を回避して、過渡的に必要と思われる中心的組織を許容することができるようになるのは、こうしたミクロ政治的な分析がもっとも直接的で無媒介的な記号化の様式の次元で新たな欲望の生産の発生期状態に結びつくという条件においてである。

リゾーム状の地図作成

したがって集合的な動的編成は、絶対に単なる二極対立的な選択に帰着するものにはならない。つまり、城壁、制度、反射的行動、条件づけられた顔貌といったものを装備するか、あるいは欲望の物質的流れのなかで動的編成を行なうか、という二者択一ではない。このような二者択一は、それが登

		規模	
		ミクロ社会	マクロ社会
政治	欲望の分子的潜勢力の政治	① 言表行為のミクロな動的編成	② 言表行為のマクロな動的編成
	モル的権力の政治	③ 権力のミクロな装備	④ 権力のマクロな装備

場したとたんに、その他の多様な選択システムに分裂する。すなわち、

――マクロ社会的な集合体を装備するか

――マクロ社会的かつ基層＝個人的な集合体を装備するか

――マクロ社会的集合体を動的に編成するか

――ミクロ社会的かつ基層＝個人的な集合体を動的に編成するか

こうしたリゾーム状の〈複合化〉を説明するために、いささか形式主義的になるが、われわれは以下のような図式で区別をしておきたい。

（a）　社会的集合体の規模に応じた〝二つの領域〟（もちろんこれは単純化しての話である！）

――基層＝個人的かつミクロ社会的な集合体

――マクロ社会的な集合体

（b）　この二つの領域のおのおのにかかわる〝二つの欲望の政治〟

――いわゆる分子的潜勢力の政治、われわれが〈欲望のミクロ政治学〉と呼んだ社会的脱地層化の政治で、これは生産と言表行為の集合的動的編成の機能に属する。

――社会体を装備し地層化するモル的権力の政治で、これは権力構成体に依拠し、集合的施設のネットワークの装備と樹立をもたらし機能させる。

表にすると上のようになる。

この二つの領域と二つの政治の交差の図式をもとに、われわれは四つの実践的選択を指標として定めて検討することにする（しかしこの実践的選択は、二分法や樹木状の生成によって展開される政治的体系の基盤的要素をなすものとみなされてはならない。というのは、考察すべき集合体の規模を変えたり、潜勢力と権力を変調させたりすると、基盤的構成がさらに無限に豊かなリゾーム状の政治的地図を作成することができるからである）。

――構成1：言表行為のミクロな動的編成

ミクロ社会的かつ基層＝個人的な集合体に適用された欲望の分子的政治。例：おのれ自身あるいは小さな集団が〈生を変える〉ために機械の動的編成を行なう場合（芸術機械、〈意味の攪乱〉のシステム、できうるかぎり疎外的でない共同体の設置）。

――構成2：言表行為のマクロな動的編成

マクロ社会的な集合体に適用された欲望の分子的政治。例：一九六八年五月に起きた束の間のシーン。このとき、社会体全体が何かはよくわからないが〈何かが動いている〉ことを感じ取ったが、その現象の射程を把握することはできなかった。それはまた、普通は政府や党、組合、小集団などを介して介入するあらゆる種類の抑圧的諸力が、運動を回収し消滅させるだけの力をまだ回復していなかったので、〈すべてが可能であるように思われた〉瞬間であった。

――構成3：権力のミクロな装備

ミクロ社会的かつ基層＝個人的な集合体に適用されたモル的権力の政治。例：子どもに抑圧的な超自我を装備すること（バイエルンで起きた〈成績が悪いことを苦にした〉子どもの自殺、あるいは校長、視察官、ソーシャルワーカーなどの顔貌性の装備）。

――構成４：権力のマクロな装備

マクロ社会的な集合体に適用されたモル的権力の政治。例：軍隊、警察、国家教育、党、組合、等々。

ここで、これらの諸要素のあいだの二項的関係――これもまた、われわれが最初に行なった四つの恣意的な図式的区別に刻印されているのだが――を考察してみよう。つまり、ある政治が別の政治に適用されるときに、動的編成や装備をどのように変形するかという考察である。

――構成１→２

欲望のミクロな動的編成は雪だるま式に膨張し、大きな社会的変動を〈引き起こす〉。例：ナンテールにおける〈三月二十二日運動〉。これは大学や多くの分野における新しいスタイルの闘争を発現させ、その触媒として機能した。あるいは、国立美術学校のアトリエや国立教育センターにおけるシチュアシオニストのアトリエ。これらは運動全体のスタイルを特徴づけるポスターやテクストを生み出した。

――構成２→１

言表行為のマクロな集合的動的編成は、諸個人やカップル、家族、記号化の様式など、一見、地層化されていたもののなかに分子的革命を〈引き起こす〉。例：六八年五月以後のフランス（あるいは六〇年代のアメリカ合衆国）において、著名な研究者や高級官僚が〈すべてを放棄して〉別の生活様式を選び取り、仕事やお金、セックス、制度的システムなどとの関係を改変するだけでなく、時間や身体、世界の知覚の仕方などとの関係をも変えることになった。

――構成1↑3

言表行為のミクロな動的編成は、権力のミクロな装備を問題に付す。例：高校生（リセの生徒）の新たな存在の仕方は教員のなかに〈詰め込まれた〉教育的装備を一変させる。

――構成3⇅1

ミクロな動的編成とミクロな装備（分子的革命と小規模のファシズム）のあいだの関係が容易に逆転しうるものであることはすでに見た。そうであるがゆえに、数年前からリセにおいて（さきほど挙げた最後の例をもう一度だすなら）、この二つのタイプのミクロ政治的な構成のあいだで正真正銘の消耗戦が起きているのである。分子的な国家権力は分子的な欲望の革命を回収するためのくわだてを増やす。それは、明白な社会空間のみならず〈不可視〉の次元における改良主義的なミクロな装備の設置や、超自我的・神経症的なメカニズムの設置によって行なわれる。たとえば学校での活動（〈授業と関係のない〉）の抑制は、もっとも意識が高く活動的な高校生の行動を解体することになる。また選抜機械の導入は、席次や試験に対する恐れの現象を引き起こし、さらには他の記号的な構成要素の衰微（〈別の何か〉になろうとする嗜好の喪失）をもたらす。こうした生徒の凡庸化政策――その目的は、体制に組み込まれたおとなしい労働者、従順な幹部をつくることである――の影響は、当然のごとくそれを媒介する者たちにも及ぶ。つまり、神経衰弱や〈精神障害〉にかかって仕事ができなくなった教員が信じがたいほどたくさんいるのである。こうした状況のなかで、思春期の青年のなかには、ミクロ政治的な動的編成が発動して、ミクロ・ファシズムの動きのなかに取り込まれていく者がでてくる。こうして〈指導的エリート〉は子どものときから、自己抑圧的システムの強化と、差別的モデルの推進によって選抜されていく。彼らはこうして〈落ちこぼれる者たち〉を軽蔑するようになり、またシステムにうまく適合できない教員あるいは抑圧のゲームを演じようとしない教員たちをターゲットにするようになる。このような集合的労働力の形成上無視できないミクロ・ファシズム的な〈イニシエーション〉が、国家教育に属する集合的装備のもっとも重要な任務のひとつを構成しているのである。

こうした点で、国家教育は、もうずいぶん以前から、教会と軍隊に取って代わっているのである。小さな社会構成体のレベルにおける革命的欲望の政治とミクロ・ファシズムの可逆性の別の〈事例〉としては、〈生を変えるための〉共同体が——ときにはすでにその創設時から——ナルシスト的かつ男根支配的な暴君の呪縛と絶対的支配の下に置かれることがあるということを挙げておこう。

——構成1↓4

欲望のミクロな動的編成は権力のマクロな装備に革命を起こす。例：ポルトガルのアフリカ遠征部隊に革命的ゲリラの思想のみならずそのスタイルまでが感染した。

——構成4↓1

権力のマクロな装備は欲望のミクロ社会的な動的編成を生みだしコントロールする。例：コマンド精神の形成としての〈ビジャール・スタイル〉〔マルセル・ビジャールはインドシナなどで名をはせたフランス国軍の将軍〕。〈わが兵士たちは自ら望んで指導者を自分たちの母親のように愛するにいたる……〉。

——構成1⇅4

事態が明瞭で、地層化が安定しているとき、大規模な装備と欲望の分子的な動的編成とのあいだの相互作用は、あまり起きない。しかしその相互作用は、具体的作動性は持たなくても、システムの空隙や幻想のなかに存在する。たとえば財務省などで、目に見えるかたちでは分子革命的なものは何も起きないが、「何が起きようとも、最後に勝利するのはつねに財務省を代表するわれわれなのだ」と結束する倒錯的近代主義者がつねに存在する。しかしもっと硬直化した組織では、この相互作用は非常に大きな意味を持つ。これまでのいささか図式的にすぎる分類から脱出するために、司法官組合のきわめて曖昧な事例を考察してみよう。これは従来からの組合的装備なのか、それとも分子的な動的編成なのか？　マクロな社会形成体なのか、ミクロな社会形成体なのか？　おそらくはこの両者なのだろうが、次元と時代の相違にしたがってさまざまな段階があると思われる。今日、〈司法の危機〉と呼ばれるものは、一方で『パリジャン・リベレ』〔大衆新聞〕の読者などが司法官がもっと断固たる態度を取ることを求めるといった現象を引き起こすと同時に、他方で、判事や弁護士、囚人、専門教育者などのあいだで異議申し立ての動きや闘争的態度を発展させている。しかしこうしたあらゆる構成要素は互いに浸透し合う。ときにはこの司法官組合のメンバーがもっとも抑圧的な存在として立ち現れるのに対して、伝統的な装備の方が相対的に〈リベラル〉な態度を取ったりする。かくして、いまや、保安関係の精神医療担当部局よりも監獄に〈行った方がましだ〉と言われているのである。

――構成2↓3

欲望のマクロな動的編成は権力のミクロな装備を解体するか、もしくは新たなミクロな装備を生産する。最初のケース：〈六八年の出来事〉のパニックのさい、現場監督、〈小リーダー〉はそのスタイルを変えるが、〈欲望の分子的革命〉の方向には向かわなかった。彼らは家に戻ると、以前よりも悪い態度を取った（「一日中耐え忍んだあとでは、こうするしかない……」というわけである）。二番目のケース：新たなミクロな抑圧的装備の生産。たとえば共産主義者同盟の警備係をやることが大好きな活動家、共産党の新官僚のなかのプレーボーイ、あるいはパリのユシェット通り界隈〔カルチエ・ラタンの一部〕を徘徊する長髪の警察官、さらには〈コロンボ〉タイプの刑事、等々。

――構成3→2

権力のミクロな装備が革命的な言表行為のマクロな動的編成を直接生み出すことはありそうもない。この構成は、予め1⇅3というタイプの脱装備化をもたらし、われわれが〈雪だるま〉と呼んだ1⇅2というタイプの現象に行き着く。ここで、大規模に発動する旧来の先生－生徒の関係の解体という例を改めて持ち出してもいいだろう。

――構成2→4

言表行為のマクロな動的編成は大規模な権力の装備にいたる。例：レーニンの共産党はさまざまな紆余曲折を経た後、強制収容所システムに移行した。

――構成4→2

マクロな装備は言表行為のマクロな動的編成をもたらす。しかしこれは、同時に、ある関係が別次元のミクロ社会的相互作用をもたらすことによって生じる場合もある。例：ラテンアメリカでは、国家的な組合や軍隊から、大衆の革命的な動的編成が生まれた（これはポルトガル革命の初期局面では起きなかったことである）。

――構成3→4と4→3

抑圧的なミクロな装備と権力のマクロな構造との古典的相互作用。例：教師の顔貌や〈教育的〉な態度と国家教育の巨大な機械。精神医学的・精神分析的な病理学と〈大規模な〉精神医療的装備、文学賞制度、美的センスの機構的制度化、中央権力の諸審級、等々。

われわれがこうした例を提示したのは、ひとえにモル的－分子的関係、ミクロ社会的－マクロ社会的関係を明らかにするためである。〈リゾーム的〉な分析方法はもちろんこうしたやり方からは生まれない。それは具体的状況から出発して、おのれに固有の地図を構築しながら、コピーや樹木状の関係を突き止め、潜在的な連携の可能性を追求する。そうであるがゆえに、リゾーム的な分析方法は、われわれが提示したような図式的分類様式を使っても、そのような図式が相対的なものであることを決して忘れることはない。たとえば、ある種の革命的な時期に出現するいわゆる〈二重権力〉現象――一九一七年のロシアにおけるソヴィエトとボリシェヴィキの軍事権力、あるいは一九六八年のフランスにおける〈基盤委員会〉と国家的・政治的・組合的勢力の総体――を考察してみよう。すでに述べた言表行為のミクロな動的編成と革命的なマクロな動的編成のあいだの1⇄2のシステムは、こうした状況下では、権力のミクロならびにマクロな社会的装備3⇄4のシステムとの相互作用に入ることになる。すると以下のような状態がもたらされる。〔1⇄2〕⇄〔3⇄4〕。

最近の例を挙げよう。娼婦の運動である（この運動はフランスでもそうであるが、とくにカリフォルニアではさらに政治的な方向に動いた）。これは3→1のタイプの動きを作動させたのである。つまり、ミクロな抑圧的装備（売春宿、ひも、客のミクロ・ファシズムといった）から分子的な欲望の動的編成への動きが生じたのである。これはおそらく単に客の次元だけではなくて、娼婦自身の次元、さらには全社会的な次元でも生じたのであろう。[*73] そしてこの動きはさらに〔3→1〕→4というタイプの関係を発動し、これは単純な欲望への隷属の次元を権力のマクロな装備に結びつけることになった（政治的・警察的権力とヤクザ社会、〈マフィア〉との衝突）。しかしこの動的編成は、体制の安全弁として、そして〈社会的脱落者〉や社会に適応できない者たちの性愛、あるいは家族主義的規範化のシステムにアクセスできない者たちの性愛を無害化するための水路としても機能するものであるということを考慮しなければならないだろう。かくして、モラルに関して支配的規範の再生産を保証する売春という装備の機能を明るみに出さなくてはならなくなる。「ほら、安定した異性愛カップル以外の場所で、性愛がどんなことになるか見たらいい……」というわけである。ここに3タイプの装備システムの総体が別の3タイプの装備に回帰することが見てとれる。すなわち〔(3→1)→4〕→3ということである。

ずっと以前から、アナーキストの論客たちが、売春宿、娼婦、ひもといった存在は、権力に奉仕し、国家の〈道徳的装備〉のために作動しているということを明るみ出している。現在起きている売春婦の運動において新しいことは、売春婦たちが単に人道主義的な活動家の働きかけの対象になっているわけでないということである。たとえばカリフォルニアの運動は、フェミニズム運動や同性愛者の運動などと恒常的な関係を保っていて、ある見方からすると、こうした運動を先導してさえいる。かくして、われわれの地図はさらにいっそう複雑に定式化しなくてはならない。すなわち〔(3→1)→4〕→2ということになる。

視聴覚手段のマクロな動的編成

言表行為の新しいマクロな動的編成が欲望の闘争の領野に起きつつある。そして、これはまた権力の領野でも起きていることだ。とりわけ集団的リビドーに含まれているものを徹底的に活用しようとするメディアの領野においてそれは顕著である。このような動きが体制に回収されていく危険について〝ア・プリオリに〟告発することは、この際やめておこう。重要なことは、このような動的編成が広がるにつれて、その動きの範囲を割り出して食い止め無害化しようとする措置がとられるということである。現在、〈三面記事的事件〉とリビドー的備給とを直観的に結びつけているのは、ほとんど大メディアのジャーナリストだけである。しかし彼らは報道機械の枠組みのなかでこれを行なっているにすぎない。報道機械というのは、一般に、殺人、誘拐、強姦といった〈擬似出来事〉を発表して、多くの読者・観客の視聴覚的感性を操作することだけが目的である。いわば、公的人物たちの私生活に基づいて作り話をこしらえ、集合的想像力が幻想に向かって、そこに一種の排出口を見つけるように仕向けるということである。[*74] とはいえ、この領域では、序列構造にそれほど〈捕われて〉いないジャーナリストもいて、彼らは政治家や職業的社会学者などよりもはるかに優れた洞察力を発揮することがある。三面記事的雑報が〈一面トップ〉にいやおうなく露出してくるのにともなって、革命的グループは自らの行動を大スペクタクル的なシナリオ――政治的誘拐、ハイジャックといったような――に結びつけながら自らの存在を広く印象づけようとするようになった。他方、一般的に言って、政治家階級を動かしメディアを動員する大きなテーマは、最初はたいした問題ではないと考えられた小さな漏出——たとえば、些細な税金書類が〈紛失〉したとか、録音テープが〈見つかった〉とかいったような——から始まることが、ますます頻繁になってきている。かくして、社会領域における欲望による現象を世間が広く引き受けるという事態は、それがいかに混乱し矛盾していても、権力にコントロールされた操作の枠内におさまらず、メディアの全方位的なネットワークを通して定着しつつあると見てよい。このことは、この領域においても、機械は、国家や官僚組織、そして彼らの視聴覚を通したマキャベリズムに抗して作動しうるという可能性を感じさせる。こうした観点からすると、ウォーターゲート事件のような危機は、ある大きな曲り角を画するものと考えることができる。そして現在、ソ連では、一握りの知識人が、もっとも〝露骨な〟抑圧形態に抗するたたかいのなかで、こうした道具を使い始めているのである。

(9) ミクロ・ファシズム

ミクロな闘争

一九六八年の出来事に関してわれわれがすでに指摘したように、分子的革命の多様な形態を真に受けた人々はリベラル保守の政治家やテクノクラートであり、彼らは古典的な右派や伝統的な左翼改良主義者とは異なって、十九世紀の社会＝経済的ドグマにしがみつくことをやめた。彼らはいつか彼らを打ち沈めることになるかもしれない社会変化に立ち向かうために、資本主義権力の本質的基盤を問いに付さないような諸問題については譲歩しようとした。しかし彼らの提案する小心翼々たる改革案は、社会の生きた力を解き放つものではなく、小ブルジョワジーのもっとも保守的な層に〈照準を定めた〉ものであることが明らかになってきた。しかも、彼らはこうしたやり方が彼らの政治をもっともよく正当化するものであるとみなしている。なぜなら彼らは、自らをこの無視すべからざる有権者層を領導する左派と右派に対抗する〈近代派〉であると感じているからである。彼らは自分たちのパースペクティブが、住居、労働、商業、環境との関係などの旧来の様式――新たな様式よりも相対的に領土化された――のシステマティックな接収に行き着くということを、〈進歩〉にともなう不可避的な代償であると考えているようだが、しかしこれは、彼らが優遇する装備が旧来のものよりも明らかにはるかに抑圧的であることを考えると、実に不条理であると言わねばならない。実際、彼らの改良主義のめざすところは、現代的な超疎外の形態を〈我慢させる〉ことである。彼らの狙いは社会的欲望の新たな統制手段の設置とそこからの漏出線の回収である。彼らのなかには、抑圧をミニチュア化し、それを〈ひそかに〉行なうことについて明瞭に意識的な者がいる。彼らはできれば抑圧される者の能動的な協力に期待していて、そこから〈ユーザー〉との新たな協力関係の神話が生まれてもいる。そして、これまでのところ、若者、女性、同性愛者、活動家、麻薬中毒者、農村の住民、狂人、エコロジスト、コルシカ人、ブドウ栽培者[*75]などのなかで作動しているミクロな革命の回収のくわだては、それほどの困難もなく遂行されていることを認識しておかねばならない。

しかしこの〈回収〉の技術は、やがて諸刃の剣となる。この技術が〈ものごとを解決する〉のは見かけだけのことである。事態がすぐに回収されたように見えたということ、あるいはそもそもこの事態が権力による回収の道をそれ自身のうちに包含していたように見えたために、それに満足できない高校生や娼婦の運動のような異議申し立ての運動がすぐに登場することになった。しかしこの新たな事態はまたもや多少の困難をともないながらもやがて収束し、静穏が再び訪れ、権力は運動のリーダーたちを操作し始める……実際には何ひとつ変わったものはないのだ。「高校生の大半は自分でもなぜ反抗するのかわからずに反抗しているのだ！」というような物言いが幾度繰り返されたことだろうか。たしかに彼らが彼らを代表すると称する組織の要求事項を知らないこともしばしばあっただろう。しかしだからといって彼らの反抗を真面目な革命に対立するものと考えなくてはならないだろうか。他方、〈壊し屋〉と称される連中もまた運動のなかに分裂を持ち込む者として告発されている。しかし彼らがこうした手段で自己表現するようになったのはなぜなのか、その理由を問わねばならないだろう。彼らの行動が馬鹿げていたり反動的であったりするのは、組織された運動や世論が彼らを理解しないからでもなければ、彼ら自身が自らが求めるものを明瞭に表現することができないからでもない（彼らの立場に立てば、彼らが学校や新聞などを通して受け取った〈教育〉がほとんど彼らの助けにならなかったと言わねばなるまい）。おそらくこうした闘争は、彼らをぞんざいに扱う組織よりももっと根本的な社会的目標をめざしているのではないだろうか。彼らの存在を通して、いわば社会体の総体がまだ把握しきれていない諸問題が浮上してくる。知識、階級序列、人々の社会的役割や支配的機能の再生産といったものは、いったい何の役に立つのだろうか？　性愛とお金のあいだには、娼婦－客－ひも－警官といった古典的な四角関係を超えたところ、たとえばカップルのなかにおいていかなる関係が存在するのだろうか？　あるいはもっと単純に考えて、現在、〈買い物をするとき〉やテレビでコマーシャルを見るとき、いったい欲望とは何だろうか、と問わねばならないのではないだろうか。

こうした運動は、成功か失敗か、革命か回収かというような単純に割り切った観点からは適切に評価することはできないだろう。そこではあらゆる種類の装備や動的編成が作動しているのである。たしかに国家は〈回収する〉が、場合によっては逆に国家の方が欲望の闘争の展開のなかに回収されることもある。党や組合は支配的モデルの再生産に与するが、彼らの物量的たたかい――賃金の擁護、職階制の維持、集合的装備設置の要求、等々――がマイノリティの欲望の行動を支持することもないわけではない。問題はどのようにしたらこうしたたたかいが集合的な動的編成を促進して、国家権力の機能、装備の回収的機能の方向を変えることができるかということである。たとえば社会学者は、集合的装備の不平等な発展がもっとも恵まれない人々を犠牲にしていることを明るみに出した。こうした装備が明らかに疎外的性格を持っているというズレをどう理解すべきだろうか。たとえば移民街に保育所や青年の家を設置することに反対すべきなのだろうか。それはできない相談だろう！　問題提起の仕方が悪いのだ。重要なのは装備それ事態を裁くことではなく、その使い方をどうするかである。集合的な動的編成の発展を阻んでいるのは、そそり立つ壁でもなければ、装備を機能させるための資金でもなくて、育成政策や労働分業のシステムである。だから、何が必要なのかを知る前に、誰が何を要求するかを決めることが必要なのである。資金はいるだろう。装備もおそらく必要だ。しかし何をするために必要なのだろう。教育者、心理学者、精神科医、精神分析家、その他秩序維持のための代理人による囲い込み、統制、規範化の権力を強化するためにだろうか。それとも地域の公共団体の強化のためにだろうか。はたまた家族の抑圧的構造を強化するためにだろうか。〈子ども〉のための資金はもちろん必要だ。しかしそれはモデル的保育所をつくるためであってはならない。大人が子どもの欲望にかかわる集合的な動的編成を設置するのに協力するための資金が必要なのであって、子どもを大人の支配下に置くことを助長する新たな〈専門家〉を導入するための資金が必要なのではないということをはっきりさせておかねばならないのだ。

今日、子どもに〈必要とされている〉のは、ますます専門化している教育者、精神分析家、指導員といった人々ではなくて、子どもたちが自らの欲望の特異的構成にしたがって存在し始めることができる空間、社会的空胞のようなものである。このことは何もしなくてもいいということでもなければ、子どもたちがそこいらの空き地やＨＬＭ（低家賃住宅）の地下室でしたいようにさせておけばいいということを意味するわけではない。残念に思おうと思うまいと、自発的表現の可能な場としての自然空間は不可逆的に消滅しつつある。したがって欲望に対応する空間を開くには、ときには高度に洗練された手段が必要とされる。そうであるがゆえに、最近では、入念に準備されたテクノロジーによって、緑の空間がつくられたり（たとえばレンヌでつくられたもの）、〈冒険ができる場所〉や集団的遊戯のできる場所がつくられているのである。問題はそうしたくわだて自体を断罪することではなくて、〈そうした動きにかかわる〉責任者の政治的・ミクロ政治的な役割を問い直すことである。子どもを持つ大人たちが〈そうした動き〉のなかに入り込み、子どもたちがやりたいと思うことの障害を回避する手助けをし、もし必要ならさまざまな権力機関に働きかけて子どもの代弁者として交渉したり物質的・財政的手段を引き出すために介入するとか、さらには、諸個人や集団の欲望にふさわしいと考えられる知識の伝達や知識獲得手段の指示を行なうといった構想は十分に立てることができるだろう。しかしこうしたすべてのことを行なうには、大人が、反‐教育主義的、反‐精神分析主義的、反‐社会学主義的、反‐犯罪学的等々のしっかりした教養を身につけなければならない。したがって出発点から、子どもの欲望について誰も何ひとつ知らないということ、そしていかなる専門家も子どもの欲望を適応主義的なパースペクティブに引き込まないということが前提とならなくてはならない。子どもの欲望をどうするかという要請に応えるかたちでさまざまなものを接続し、構築し、動的に編成し、実験することが肝要なのである。しかし誰の要請によってそれを行なうのか。それは権力や知の要請でもなければ、安全保障や社会適応あるいは統合政策を推進する者たちの要請によるものでもない。さらには活動家の描く大義のためのパースペクティブによるものであってもならない。その要請を自ら行ない実行するのは、ひとえに欲望の動的編成それ自体であり、これこそがあらゆる領域における〈進歩的〉な社会変革のもっとも確実な方向を構成するのである。

この分子的次元においては、因果律のシステムが一方通行的に確立されることはないということが本当だとして、そして抑圧的毒素そのものが分解され、さらにはそれが権力の重要な分野に伝染することもありうるとしても、〈回収的作用〉を行なう装備は、たとえ空転しながらでも、あるいは革新的くわだての受け皿として機能しながらでも、おのれに課せられた仕事を続行し続けるものであることにかわりはない（この点、国家教育省が新たな教育を求める運動に対して好意的な態度を示していることはきわめて意味深い）。いかなる大規模な自主管理的経験も、またいかなる創造的なミクロな動的編成の拡張過程も日の目を見ず、その信憑性を説得力をもって証明することができないかぎり、こういった方向に向かう多様な動きはやはり空転することになり、大きな喪失感を残して失墜することになるだろう。また、ユーゴスラビアやアルジェリアにおけるような国家規模の自主管理計画も、その原因が国内的な要因による行きづまりなのか、もっと広いコンテクストに由来する経済的・政治的要因によるものなのかを判別するのはむずかしいにしても、いまのところあまり好ましい成果をあげていない。しかしそれは驚くに値しないだろう。なぜなら社会機械はきわめて複雑なものであり、それゆえ〈ベル・エポック〉時代に実験された〈空気よりも重たい〉物質的機械、〈奇妙な空飛ぶ機械〉よりも完成させることが容易なはずはないからである。この社会機械を生きた自主管理システムとして決定的な仕方で〈離陸〉させるには、おそらく今後あらゆる種類の無数の試みが必要とされるだろう。そして、いまはこの問題に自分は関係がないとみなして面白がって見ているだけの人々が、いずれ大きな不安とともにこのくわだてに関心を抱くようになるだろう。なぜなら、地上における人類の未来はこのくわだてが成功するかどうかにかかっていることは、誰にとっても疑いのないことだと思われるからである。

ファシズムとスターリニズムの装備政策

この五〇年のあいだに、大衆的な分子的エネルギーを動員するのに成功した体制は、どれもこれも、とてつもなく抑圧的な構造を背景とした服従と拘束によってしかそれを実現することはできなかった。この観点からすると、現代の抑圧的装備の系譜を、ヒトラーやムッソリーニやスターリンの体制によって〈発明された〉抑圧的装備と比較対照的に検討することはやってみるに値することだろう。[*76] というのは、ファシズムやスターリニズムの集合的装備の政策は、西欧列強が第二次大戦後の国家再建をするさいに一種の参照材料になったのではないかと思われるからである。かの有名な〈アウトバーン（高速道路）〉だけでなく、ファシズムから〈民主主義〉体制に〈伝達された〉諸制度、協調組合主義、その他あらゆる種類の装備――これらはものによってはそれ以前にソ連から輸入されたものもある――とは何であったかについて再考する必要があるだろう。そのさい、次のような仮説をないがしろにしてはならない。すなわち、当初、大衆の欲望のエネルギーを捕獲するのに成功したのは、必ずしも物質的、イデオロギー的、さらにはデマゴギー的、欺瞞的な拘束のシステムではなく、不完全で短命を宿命づけられていたとはいえ、〈新しいタイプの装備〉であった、という仮説である。ムッソリーニやヒトラーに差し出された国家社会主義の党は、ボリシェヴィキ＝レーニン主義の党に由来するスターリン機械を引き継ぐものであった。大衆的ファシズム運動は、運動を取り巻く条件こそちがえ、いわば第三インターナショナルの大衆組織を変質に導いた運動と似たような傾斜をたどったと言えるだろう。ソ連体制では〈青年〉組合の抑圧的囲い込みなどが大きな役割を果たしたのに対し、ナチス体制においては〈民衆〉をターゲットとした部門が――きわめて特殊な〈加工〉を経て――SSのようなロボット的軍隊に変容した。こうした新たなタイプの諸装備の出現とその関係性は、もちろんそれぞれの特殊な土壌と特殊な主体化の様式の特徴にしたがって究明されねばならないだろう。しかしこれらの装備が、若者、男性、女性、人種、身体、同業組合といったものについてのこれまでとは異なった考え方を生みだし、家族、組合、スポーツ、軍事、等々の伝統的な組織モデルの部分的改編につながったという点で、この両者にはつながりがあるのである。

こうした観点に立って、まずこれらの装備が実際にいかなる種類の記号的要素を変えるにいたったかを突き止めなくてはならない。その場合、このモデル・チェンジが思想の変化や体制の変化に自動的に結びついているなどと考えてはならない。なぜなら思想の変化や体制の変化は、記号化の新たなミクロな装備の出現によって可能になった新たな実践の結果にほかならないからである。いうならば、思想はこうした実践的領野で生じた変化をただ認めることしかできないのである。どうして多くの人々がファシズムが破局をもたらすかもしれないと意識しながらもファシズムのなかに〈歩み入った〉のか（たとえば、ドイツの伝統的な軍事右派と大資本の一部は、当初ヒトラーをコントロール可能とみなして激励していたが、相次ぐ事態によって追い越され、ヒトラーに追随するしかなくなった）を問うとき、これが唯一そのことを理解することができる考え方である。

これらの体制が構築した装備のネットワークが、これらの体制があんなにも長い間続くことを可能にした基本的支柱のひとつだったのではないか。このネットワークがどのようにして欲望のエネルギーを考えうるかぎり反動的かつ太古的な制度や神話や態度へと集中的に導くにいたったのかということをつぶさに検証しなくてはならないだろう。脱領土化の恐るべき過程のなかに欲望のエネルギーを巻き込み、共通の規範からはずれたあらゆるものを抹殺しようとする狂気じみた欲望を発動し、しまいには自己廃棄の意志にまで達して欲望の末期的な爆発のなかで永久に自爆を遂げる〝集合的なブラックホール〟効果とわれわれが呼んだものを、われわれはすでに引き合いにだした（この問題は第三部で本格的に取り上げることにする）。しかしこのファシズムの絶対的なブラックホールは、〈連合軍〉の勝利で消滅したわけではない。このブラックホールは形や規模や配置を変えて今も存続していると考えねばならない。

このブラックホールは、先進資本主義諸国においては、もはや大衆の欲望を結集する中央のブラックホールの周囲にではなく、互いに共鳴しあう多様なミクロなブラックホールとしてミニチュア的に組織化されている。したがって、ファシズムの中心的オーケストラのリーダーの存在はあまり強く感じられなくなっている。ただし、システムの凝集力を脅かすような例外的危機が訪れた場合にはこのかぎりではない。逆に、経済的・社会的セクターが非常に不均等な発展様式であり続けているソ連のような国では、内部で〈自由化〉への願望は生まれていても、多少の不都合はあっても官僚主義が権力を保持し続けるために内政的にも外交的にも高度に中央集権的な専制体制を維持しなくてはならない。だからソ連では西欧式のソフトな麻薬よりも収容所に訴えるという手段が存続するのである。西欧式のやり方はミクロな装備が社会的領野全体に浸透することによって抑圧の内面化が容易になるというものだが、これはおそらく西欧の体制の生来の弱点の表現でもあり、いずれ大きな社会的危機をもたらすことになるだろう。

集合的欲望は、歴史的なファシズムあるいはモル的ファシズムの次元では、中心のブラックホール——つまり総統の視線——の周りに結集した恐るべき機械——党＝警察＝軍隊＝産業＝労働キャンプ＝絶滅収容所、等々というファシズム的装備のネットワーク——によって捕獲された。このとき集合的欲望は大規模に離陸するとともに、大衆の客観的利害の向きをラディカルに変えた。しかしまだは、欲望と客観的利害のシステムとのあいだの関係は、これよりもはるかに曖昧である。現代の集合〈雪だるま〉をつくらず、またモル的次元で結晶化もしていない現代のミクロ・ファシズムにおいて的欲望は完全に安定化した装備によって取り扱われてはいない。それはある種の適応能力を持つミクロな装備や動的編成で作動しているだけである。すべての資本主義的システムは心理的なミクロ・ファシズムの形態を経験してきたが、これは利害の天秤を、個人に敵対するようにする——タブーや罪悪感の植えつけなど——ことによって、リビドーに〈否定的〉な方向に傾けるか、あるいは天秤を〈他者〉に敵対する方向に傾けることによって、抑圧的なベクトル——男根中心義、迫害、一方的解釈、嫉妬といった、周囲への権力支配——を〈肯定化〉する方向に傾ける。しかし近代の制度的ファシズム、装備したファシズムは、諸個人や大衆の欲望を収容するための新たな道を模索することになった。テクノクラート的ファシズムは、小規模な次元で編成を行ない、利害と欲望の関係をはるかに繊細な仕方で調整しようとする。そしてこのファシズムは、大きな柔軟性を備えているがゆえに、この関係をはるかに有効な仕方で反動的な社会秩序のために役立てることができる。西欧のミクロ・

ファシズムはもはや国家社会主義やスターリニズムのように硬直したものではない。それは自ら分子化することによって、社会的隔壁をもっと容易に横断していく。この西欧型ミクロ・ファシズムは社会を刷新する能力も有し、場合によっては、延命するために必要とあらば、必要なだけ脱地層化することも辞さない。そして今日、この種の自己調整機能を備えたファシズム――その方法は、アメリカ合衆国、西ドイツ、フランス、日本等々といった先端技術を保有する諸国において〈改良〉され続けている――は、他の抑圧体制の諸国から羨望の的となってもいる。

したがって民主主義社会のミクロ・ファシズム的なブラックホールの大きな優位性は、大規模な装備を分散させて、社会的無意識のあらゆる細孔で作動することができるという能力にある。それはいまからおよそ三〇年前に、ムッソリーニ型やヒトラー型のモデル、そして部分的にはスターリン型のモデルを除去するにいたったわけだが、その後西欧世界では、社会領野の騒乱を鎮静化するための一種の分節化システムが設置された。そして秩序維持は、軍事的・警察的機械よりも、むしろそのような民衆の生活により密着した調整と規範化のシステムに依存することになる。山猫ストや〝マスメディア〟によって遠隔操作された得体のしれない犯罪などは一定程度あるにしても、人々は互いに互いを必要に応じて監視しあいながらわが道を行くといった生活スタイルが確立した。善と悪、社会的なものと非社会的なものの境目は以前よりもはっきりしなくなった。したがって、ハーケンクロイツやドクロマークに代表されるようなブラック・ファシズムが発展するチャンスは少なくなっている。もちろんこういったファシズムは今もいたるところに残存し続けてはいるが、それは相対的に分散状態にとどまっている。一九三四年頃の過渡期に登場したドリオ主義〔共産党を除名されたあと人民党を結成したジャック・ドリオの運動〕が記憶に残っているだろう。この運動は反動的である〝と同時に〟革命的でもあったが、結局必然的にナチズムに吸収されて完全な隘路に陥った。いまや資本主義社会は、もっと曖昧で一見破局回避的な答えを見つけようとしているように見える。その統制様式はもっと精巧化している。アメリカ合衆国ではドリオ主義的傾向は存在しなくて、組合システムとギャングによるゲットー支配が見られ、これが要求運動や反乱が大きな革命機械の構成にまで〈上昇する〉ことを抑止している。たとえば黒人やプエルトリコ人やメキシコ系アメリカ人のギャングが、彼らがコントロールする街区における麻薬の普及に対する住民の反対運動を組織しているが、それ以外の街区では麻薬商売をしているといったような状況がある。この点、彼らの行動は、没収した麻薬を自らの手で再び広める警察の行動——数年前にニューヨークで起きたように、これはときに大規模に行なわれる——と似通っている。この種のギャングと警察は、どちらも〝麻薬のディーラー〟を監督したり、重要人物を匿ったり、メサドンのような代替麻薬の使用を解毒治療という口実で押しつけたりするのである。こうしてあらゆる非合法主義——ミシェル・フーコーの表現を借りるなら——が合流するところとなる。そして一般的に言って、〈公益〉を利する行動と共同体の破壊につながる行動とを区別するのはきわめてむずかしい。今日、アメリカの大都市の多くの貧困地区を取り仕切っている大衆マフィアは、進歩主義的であると同時にファシスト的であるとみなされている。彼らは一方で、最小限の自衛組織を持ち、彼らが統制する若者の〈指導〉を集団的に引き受けているが、他方で、暴力と服従の最悪の方法を使ってそれを実行しているのである。

現在の資本主義体制のミニチュア化された装備は、あらゆる次元でそれに鼓舞されたミクロ・ファシズム的政治が、これを頼りにする人々にとって、抑圧的な包囲システムから逃れることを可能にする欲望の領土の再領有化のための最後の道を構成しているように感じられるという点から、おのれの力を引き出している。この神経症の社会的・政治的次元は、これまで精神科医や精神分析家によってまったく無視されてきたとまでは言えないにしても、少なくともシステマティックに回避されてきた。しかしこの現象は一見もっとも〈非政治的〉な障害のレベルにおいても同様に存在しているものである。この点、フロイトが子どもの精神分析の原初的事例として用いたハンス少年の例は[*77]、こうした抑圧的包囲のメカニズムの連続的局面をよく示すものである。ハンス少年は、通りに出ること、とくに隣家の子どもたちと遊ぶことをブルジョワ的しきたりによって禁じられ、家に引きこもり、両親のベッドで母親の愛撫に浸る。そしてこのときから、やがて〈ダイヤグラム〉的な脱領土化が訪れ、抑圧体制全体が〈抑圧者〉に向かって刃を反転させるときにいたるまで、精神分析の言う新たな禁忌によって彼はマゾヒスト的な幻想のなかに閉じ込もることになる。ハンス少年はついには〈彼の神経症を武器に変えた〉のであるが、同時に彼は恐怖症患者の兆候を示し周囲の人々を迫害する暴君になる[*78]。

ミクロ・ファシズムはこのようにして互いに共鳴しあい、支えあうのである。しかし、精神病理学や日常生活など他のあらゆる領域において、これと同じような社会的構成要素と個人的・生物学的構成要素の絡み合いを見いだすことができることを直視しなければならない。社会は警察や軍隊や行政によって掌握される〈以前に〉、反動的な想像の形成体の流布がもたらすこの種の自家中毒のなかで、その内実、その無力、その地層化の線といったものをつくりだすのである。そしてそれが、やがては浮浪者が〈アラブ人〉や〈外国人〉を憎悪するように仕向けたり、社交界の女性たちが支配階級の色欲に基づいた男根中心主義のなかで女であらねばならないことに対する苦い思いを吐露する――彼女たちは他方でその立場から利益を得てはいるのだが――といった事態を生み出したりするのである。

たとえば男根支配（ファロクラシー）のようなミクロ・ファシズムは、もともと社会的諸階級の対立といった領域に属するものではない。しかしこの点で労働運動の立場は明瞭ではない。今日、多くの活動家は、従僕マッティが主人プンティラの娘を根拠のないおぞましい仕方で侮辱するときの彼の態度のなかに自らの姿を見いだし続けているのだ。*79（マッティは建て前としては革命的大義の顕揚のためにそれを行なうのだが、実際には自分の男根支配的サディズムを手軽に充足させるためにそれをしているのである）。性的抑圧は階級闘争よりもずっと前に始まった。それはおそらく、労働の社会的分業、最初の権力機械や最初の集団的戦争機械の構成といったものの起源に位置しているだろう。このことはおそらく太古的社会の調査研究を通してより明瞭に理解されるはずである。ただしその調査研究は、この領域において女性の証言を得ることははなはだ困難なことであるにしても、一般にこの種の問題意識を持っていない男だけによってなされたものであってはならない。*80

分子的レベルにおける解放への選択とミクロ・ファシズム的選択

われわれのように、解放的欲望の形成体と、記号化の様式と、われわれがミクロ・ファシズムと形容する装備とのあいだに分子的次元で一種の連続性が存在するとみなすことは、反動とファシズムの動きを作動させる政治的勢力とそれに反対する勢力をモル的次元で一緒くたにして考えてもよいということを意味するわけではまったくない。労働運動を麻痺させる官僚主義的なミクロ・ファシズム的分泌と国家権力のミクロ・ファシズム的生産を類比することは、われわれが経営者、組合、警察など全員を十把一絡げに扱おうとしていることを意味するわけではまったくない。力関係、〈戦線〉、共同行動といったものは、おのおのの状況に応じて判断を下されるべき固有の論理を有している。しかし、そういったことはわれわれのここでの主題ではない。われわれは単に、かりに大規模なかたちでのファシズムと革命の対立が存在し続けるとしても、逆にミクロ・ファシズムの次元における欲望と抑圧は、パラノイア的な逸脱、官僚主義的な系譜といったものの始まりを突き止めることができる特殊な分析的作業を通してしか、その分岐的接線を見つけることはできないということを主張しているだけである。この場合、こうした機能を満たすために設置すべき〈分析装置〉の性質はたいした問題ではない。それは生活や生産や〈余暇〉などにかかわるさまざまな単位におけるいわゆる分析集団でもいいし、役割や機能や人の物象化や序列化を決して再生産しようとせず、操作的な情報や言表を現在存在しているものとはまったく異なった様式で伝達することができる組織システムでもいい。しかし〈社会的〉無意識の分析――ほかに重要なことは何があるというのか！――は、単なる集団や組織のルーティン的活動に〈還元〉されてはならない。〈社会的〉無意識の分析は、ときには二人の人間を核として実行することもありうる。しかしその場合、いかなる専門家も排他的な解釈の保管者として振舞ってはならない。もちろん、お金と引き換えに行なわれる精神分析家の無言の言説や転移を経て受容されるような無意識に有効なものは何ひとつないことは言うまでもないことだ。それはまた、実際にすでに存在しているのだが、ひとりの孤独な活動としても成り立ちうる（ついでに述べるなら、そのためには物質的かつ記号的次元において、いくらかの手段が必要とされる。たとえば、現在、子どもたちが詩を書いたりギターを弾いたりするのに最小限必要な〈静かな場所〉をどれくらい確保しているかという問題。そういった問題は考えられてもいないのではないだろうか？）。

こうした分析的な動的編成に共通する特徴は、あらゆる種類の記号的・物質的流れをともなって社会体のなかで起きていることと、言語やイメージや情動の流れという形態の下に頭のなかで起きていることとを分離しないということである。こうした分析の〈選択的素材〉は、いかなる仕方においても機械主義的な選択をともなった〈排他的な選択肢に還元されてはならない〉だろう。したがってそれは、〈左派のスキゾ的な開放〉という良き方向か〈右派のパラノイア的地層化〉という悪しき方向かのどちらかへの最終的な参加を提案するものではない。この〈選択的素材〉は粉末状の性質のものであり、突然の変化に従う強度の高い地帯を繰り広げる。そこでは、いかなる解釈技術も、いかなる政治的綱領も、いかなる組織構造も、人が〝唯一の〟正しい方向を採用することを絶対に保証することはできない。また、人がリゾームや自主管理や集合的な動的編成の〈正しい道〉に不可逆的に足を踏み入れることを保証することもできない。というのは、国家の分子的な権力――ミクロ・ファシズム的な欲望、パラノイア的欲望の経済と呼ぶべき――は、つねにあらゆる規模の社会体の隅々にまで影響を及ぼすことができるからである。そして同時に、専制国家の権力、モル的な政治経済は、つねにミクロ社会的な構造を取り込み、その生きた部分を硬化させ地層化する。しかし、そうした場合でも、この硬化した部分の内部で新たな動的編成――革命的あるいはミクロ・ファシズム的な――が増殖し始める可能性はつねに残されている。つまり、分子的欲望の選択の曖昧性がしだいに溶解して、一見決定的に地層化したモル的形成体が〈再起動する〉こともありうるのである。たとえば保育園やスポーツクラブでは、国家権力の二つのタイプが完全に共存することができる――子どもやスポーツをする人の欲望をキャッチしモデル化する分子的権力と、全体を統制する園長や偉ぶるコーチの古典的な抑圧的国家権力。かくして動的編成と装備のリビドー経済は、地層化の表面と漏出線のあいだのシーソー・ゲームに絶えず晒されながら、〈(いくばくか)生を変える〉ことになる。そして多くの場合、決定的な亀裂が生じることになるのだが、それは思想闘争や組織的対立からよりもある種の顔貌的特徴――たとえば権威主義的な男の指導者や魅力的な女性教師といったような――が原因となって起きることが多い。重要なことは、こうした微視的な〈選択的素材〉が局地的状況の乗り越えのための表現や示威行為の支柱となりうるということを見失わないことである。つまりこうした事態は、特徴的な顔貌や家族的コンプレックスやコミュニケーション不全といったものに引き戻されるのではなくて、行政、大学、父母会といったような別の動的編成を問いに付すことになるのである。集合的装備の役割が、すべてをいっぺんに掌握して、モル的国家権力、分子的な抑圧的諸権力を共時的に機能させることであったのに対し、欲望の集合的な動的編成の役割は、あらゆる抑圧的な構成要素が相互に結晶化して雪だるまのようになることを妨げることである。この点がもっとも重要であるが、というのも、これは資本主義の集合的装備政策が必ずしもモル的規模で課されるものではないということをわれわれが理解することを助けてくれる――つまりわれわれがそこに介入することができる諸線を指示してくれる――ことになるからである。国家権力がすでに分子的チェスボードの上に駒を置いているかぎり、われわれは〈下部構造〉としての欲望が制度的な上部構造を条件付けることができるということを想定しなくてはならない。他方、国家権力にとって、主体の内部におのれの分子的な権力を設置しうるかどうかは、大規模な抑圧的構成体、大規模な記号的加速装置が、諸個人、諸機構、諸機能、そして社会体全体を脱領土化しうるかどうかにかかっている。

(10) 自主管理と欲望の政治

断絶の方法論

したがって分析的活動主義(あるいは活動的分析)を伴った自主管理の政治は、記号システムを扱うことができる記号化の諸道具が権力の意味作用や過剰な支配の虜になることなしに設置されるという条件の下においてしか確立されえない。しかし、活動家や専門家が社会的なものごとから逸脱するという事態がよく生じるのは、彼らが彼らのミクロ政治学や概念的素材に限定されて社会的領野のリビドー経済の記号化を捉え損なうからである。というのも、この記号化は、その強度を、全体化されたた対象や責任を負荷された人々や閉じられた総体性といったロジックにしたがって結晶化される彼らの選択システムをあらかじめ忌避する連続体のなかに移動させ続けるからである。彼らのミクロ政治学や概念的素材が現実に〈適合しない〉のは、逆説的にも彼らが操る諸概念があまりにも一般的で、かつ十分に抽象的ではないからである。[*81] 資本主義的流れは領土化された一般的カテゴリー（たとえば人間、都市、民族といった）とともに作動するのではなくて、〝脱領土化された機能〟を作動させるのであり、これが経済的、科学的、技術的等々の秩序のなかでもっとも抽象的な記号化の様式をもたらすのである。こうした条件のなかで〈近代性〉について考えることは、われわれにとって、いわば現実の上に張り出しているだけのシステム、現実の原初的諸要素の形式的調査を行なってそれを〈論理的に〉組織化することとしかできない一般的カテゴリーの全システムとの断絶を意味する。そうした組織化の仕方は、実際には、それらの諸要素を政治的結果が決して明瞭ではない実践的活動のなかに地層化してしまうのである。欲望の観点から少数者の問題を考えることは、稼動している現実の記号化と直接接続すること、言い換えるなら現実の新たな諸線をつくりだすことを前提とする。装備の機能は、集合的過程を掌握してこれを権力構成体のなかに再領土化する一般的カテゴリーにシステマティックに依拠している。それに対して動的編成の機能は、逆に、記号の流れを流れの脱領土化によって稼動する抽象機械に直接接続しようとする。〈ダイヤグラム化の過程〉を通したこの接続を探知することによって、われわれは、装備の政治——これは〈表象〉の様式、言表行為の〈代理人〉、権力の〈イコン（図像）〉に基づいて機能する記号体制に依拠している——と、集合的な動的編成の政治——これは記号をものや身体やあらゆる種類の流れと〈じかに〉接触させる記号化の様式を起点として機能する——との対立をよりよく基礎づけることができるようになる。装備の政治の場合は、互いに異なった対象や主体の相互作用、識別された地層に基づいて作動する因果律の問題である。それに対して、集合的な動的編成の政治の場合は、地層を解体し、強度を持った多様性を結晶化させ、もはや個体化された人に直接帰着しないけれども、器官、有機的機能、物質的流れ、記号的流れといったものの布置に隣接して存在し続ける主体化の様式をつくりだす相互作用の問題である。

しかし現在、こうしたダイヤグラム的な動的編成はどこに顕現しているのだろうか?

もちろんそれは、コード化の体系が前 - 資本主義的な個人現象学的法則と不即不離の関係にある市民社会的政治社会のなかに顕現しているわけではない。それはむしろ、科学、産業、軍事機械、芸術機械といったような領域のなかでこそ、その作動している姿をもっともよく見ることができるだろう。なぜならこうした領域においては、そこで作動する記号のシステムがすでに内在的に自らの生産の素材をなしているからである。これまでのところ、こうした脱領土化された機械化に抗してたたかおうとしてきた自主管理的あるいは共同体的なくわだてては、そうした機械化が達成する記号的統合の複雑性の前に無力であり続けた。〈自然への回帰〉、〈禅的仏教への回帰〉、環境の保護、脱経済成長、等々といったものへの訴えだけでは、現在行く先々で、自然、身体、精神、原初的形態、〈道徳〉などすべてを一掃しつつあるメガマシーンを止めるのに決して十分ではないことは明らかである。したがって機械状の過程の革命的奪回の試みは、資本主義体制の現実的力能を保証しているダイヤグラム的過程に影響力を持たない一般的諸概念を節合したイデオロギー批判で事足れりとしているわけにはいかないだろう。

既成の権力の過剰な支配と地層化を挫折させる脱領土化された流れの経済を導く別のタイプの記号

化機械の創造だけが、その目的に応答し始めることになるだろう。レーニンはこうした創造の必要性を理解した人間のひとりであり、彼は社会民主主義者、経済学者、ヒューマニスト、アナーキストといった人々の言説の無効性を認識しながら、まったく新しい種類の革命的機械の建設のために全エネルギーを注ぎ込んだのである。彼は主として組織問題をめぐって社会民主主義とのたたかいを領導するのだが、それは綱領的分岐の核心が旧来の社会民主主義的な組合的実践との断絶を最優先することにあると思われたからである。かくしてボリシェヴィキ党は、労働者階級としての特殊な意識を備えた新しいタイプの活動家を養成し、既存の政治的、経済的、警察的、社会民主主義的組合的な装置に真正面から立ち向かうことができる一種の戦争機械を構成することを第一の任務に定めた。そしてそのために戦争機械は、さまざまな記号やスローガンを絞りだし、ダイヤグラム的様式に則って新たな労働者の前衛を記号化し、なおアジア的専制体制のなかに深く根差していたロシアの農民の革命的脱領土化を開始しなくてはならなかった。レーニン主義機械はやがて帝国主義によって包囲され、スターリニズムにはまり込むのだが、その理由は別次元で考えるべき問題である。レーニン主義の〈実験〉は、その仮借なき中央集権主義とナショナリズムのために過剰に領土化されたにもかかわらず、そしてソヴィエト国家と軍事的・警察的機械によって回収されたにもかかわらず、さらにはこの実験によって生み出された党と同じようなタイプの党が世界中で抑圧的な〝装備〟となったにもかかわらず、近代の労働者階級のもっとも重要な言表行為の集合的動的編成のひとつを創設したことにかわりはない。ここで記憶に留めておくべきことは、レーニン主義が創造したモデルではなくて、それが発動した断絶の方法論である。レーニン主義党は現代的社会闘争の必要性にまったく対応していないにもかかわらず、そしてレーニン主義のスローガンや組織を果てしなく再生産しようとする人々が完全に歴史的進化の埒外に身を置いているにもかかわらず、レーニン主義が伝播した抽象機械、レーニン主義が提起した問題、つまり新しい生活様式、新しいモラル、活動家の実践を動的に編成する新しいやり方、政治や社会について語る新しい口調といったものは、なお生きているのである。実際、社会民主主義的な実践に向かって退行していくくわだては、これまで最悪の妥協にしか行き着かなかった。この社会民主主義との角逐の問題の〝乗り越え〟だけが、労働運動が現在陥っている袋小路をこじ開けることを可能にするだろう。そしてここでもまた、新しい武器でもって、階級闘争に立ち向かい、分子的様相の下で欲望の闘争を行なうことを可能にする戦争機械のミニチュア化、多様な〝ミクロ的抵抗運動〟の登場が要請されることになる。

欲望の特異化

前衛、革命的知識人、幹部、大衆運動といった用語の既存の定義を、すべて洗い直さなくてはならない。とくに、知識人と活動家の分業にかかわるグラムシの分析を取り上げてみよう。この分析は、たしかに興味深いものではあっても、この問題を決定的に前進させるものではないように思われる。グラムシが〈集合的知識人〉の構成から期待していたのは、〈プロレタリアの血と肉〉となる理論の言表行為であったことを想起しよう。[*82] われわれが集合的動的編成という表現で指し示したのは、この

〈労働者階級の有機的知識人〉という新人種と符合するものでないことは明らかである。われわれは〈理論〉と〈行動〉を統合するような特殊な実践や集団を打ち立てねばならないとは考えていない。理論の実践は、それが一般概念のシステム——弁証法的であろうが唯物論的であろうが——に依拠することを断念するなら、そして行動は、それが解放的欲望の経済の延長上に確立されるなら、活動家の作風、無意識の分析、知的活動といったもののあいだのあらゆる分業形態を衰微させることになるだろう。というのは、利害闘争や欲望の備給にかかわる集合的な動的編成の記号的・実用的な構成要素の絶えざるダイナミズムは、社会的表象の従来型の極性（男と女、若者と大人、肉体労働と知的労働、底辺労働者と幹部労働者、常人と狂人、異性愛者と同性愛者、等々といった二項対立）を持った形式的アイデンティティを喪失させる方向に向かうからである。

したがって労働者階級が国家のコントロールをする——あるいはグラムシの表現にしたがえば〈自ら国家となる〉——条件の規定は、最後に提起すればよいものではないだろう。なぜなら、国家権力の衰退の問題はもはや長い歴史的過程の最後にとっておけばいいものではなくて、闘争の各段階において課題とされるべきものだからである。ここで問題に付されねばならないのは、マルクス＝レーニン＝毛沢東主義における主要矛盾と二義的矛盾の詭弁の総体である。たとえば、男－女、子ども－大人といった矛盾は資本主義体制における階級矛盾に比べて二義的なものであるとみなすことは、歴史にも現在の具体的状況にも対応するものではない。矛盾を序列化して教義となすようなくわだては、つねに欲望の闘争を階級闘争という〈真面目な事柄〉に——つまり最終的には〈代表権を持つ〉参謀本部に——従属させるミクロ政治をもたらすことになる。大きな社会闘争においては労働者階級が決定的な役割を演じなくてはならないということは認めることができる。しかしだからといってそれは、労働者組織が女性や若者の運動、あるいは芸術的、知的、地域的な潮流、さらには性的マイノリティの運動などに何かを強制する権利を持つということではまったくない。

したがって〈言表行為の集合的動的編成〉のなかにおける、アイデンティティ、役割、専門性といったもののこうした喪失は、逆に、おのおのの実践的〈管轄圏域〉の特異的特徴の解体を引き起こす。活動家、知識人、芸術家、等々といった別々の種族に差異化しなくても、ひとりの同じ人物がある活動から他の活動に正当に移行し、精神的・社会的な困難を受けることなく〈基準システムをラディカルに変更する〉ことが可能になるのである。実際、実践的な領野を同質化し、おのおののタイプの記号的構成要素にかかわる欲望の特異性をぼかすためのあらゆる試みは、つねにさまざまな抑圧の重なり合いの方向に向かっていく（これは、中央集権党の参謀本部や、小政治集団、精神分析協会、文学研究組織、大学機構などの中央本部といった権力構成体のあいだに存在する類似性――とくにその制度的実践の次元での――を考慮したとき、今日ひんぱんに見られる現象である）。かくのごとくダイヤグラム的な動的編成は、資本主義社会のいたるところに存在する。そうした動的編成は資本主義社会の記号的力能の原動力をなしているのである。しかしそこでは、すべての創造性がシステムの支配的領土に引き込まれるようにつくられている。かくして脱領土化的ダイヤグラムは、絶えず回収され、再領土化され、序列化され、無力化されるのである。資本主義社会と官僚主義的社会主義社会は、逆説的にも、ともに、こうした体制を内側から脅かすリビドーの記号的捕獲過程なしには成り立ちえないのである。このように集合的装備は資本化の複雑な新陳代謝の本拠地であるが、同時にダイヤグラム的動的編成の無力化の拠点でもある。したがって、それは古い市民社会と機械性の革命との転換点に位置しているのである。

イデオロギーという罠

ルイ・アルチュセールはマルクス主義正統派の枠組みから決して逸脱しないようにしながら――この点は仔細に検討しなくてはならないだろうが――、この集合的記号化の機械の特殊性を彼が〈国家のイデオロギー装置〉と名付けたもので明確化することを試みた。[*83] アルチュセールが、抑圧的権力の機能のなかで、〈暴力的に機能する〉（と彼が言う）国家権力の要素と、いわばそっと静かに機能するイデオロギー的要素を区別したことを思い起こそう。したがってこの装置は、あらゆる領域（宗教的、学校的、家族的、法的、政治的、組合的、情報的、文化的、等々）における社会的領野のシステマティックな囲い込みに到達するために、暴力とイデオロギー的〈欺瞞〉の巧妙な結合を進めるというわけである。アルチュセールが、公的領域に属する〈国家の抑圧的装置〉と呼ぶものと私的領域に属する装置とを切り離していることは、われわれにとってきわめて興味深いことではある。しかし彼がこの後者の装置を根本的に〈イデオロギー的〉なものとして特徴づけるとき、われわれは彼から遠ざかることになる。われわれが、言表行為の動的編成、ダイヤグラム的機械、集合的装備の機能といった概念で明確化しようとした問題は、逆に、公的抑圧の特徴的形態と抑圧の〈私的〉内面化の無数の様式との連続性の存在にわれわれを導いたのである。

国家はいたるところにあり、抑圧的道具となる前にリビドーのなかで機能する。われわれがリビドーという言葉を使うのは、とくにこの領域における運動は社会的無意識の新陳代謝から切り離すことができないからである。したがってわれわれは、アルチュセールが国家のイデオロギー装置を因果律の〈体系〉の十九世紀的な古いメタファーを使って〈イデオロギー的上部構造〉に位置づけるとき、アルチュセールについていけなくなるのである。われわれの見るところ、経済的土台はリビドーや思想に必然的に押しつけられる下部構造をなすものではない。あらゆるものが下部構造になりうるのである。ある条件においては、法的‐政治的教義、思想注入の機械、宗教的表象といったものが、決定的な役割を果たすことがある。つまり、そういったものはダイヤグラム的過程に属しているのである。また別の条件においては、そういったものはいっさいの社会的現実の外に漂い出る。したがって、それらが〈イデオロギー的〉であるとか経済的土台に依存すると言うのは、まったくもって不十分な言い方なのである。逆に言えば、それはそういったものを評価しすぎであるとも言えるだろう。極言すれば、それらはいかなるものにも依存していないのである。それらはもはや空虚な過剰性としてしか存在していない。アルチュセールは、イデオロギーを、根底的に異質性の混交からなる記号的実態を一緒くたにして包摂するあまりにも一般的なカテゴリーにしてしまっているのである。彼は、イデオロギーを古典的伝統にしたがってロゴスに同定することによって、それが生産力を構成するものではないことを強調しようとしたが、まさにこの点において、われわれは彼から離れざるをえないのである。そして実のところ、ここで問われているのは、言語と生産の概念にほかならないのである。

社会的リビドーへの分析的アプローチを行なうには、学校、監獄、スタジアムといった目に見える装備だけにとどまらないことが要求される。というのは、装備の機能の根本的部分は、単に利害関係だけでなく個人的・集合的な欲望を捕獲する能力に由来するからである。もし明白に顕在的な言説（規則や法律といった）だけに限定するなら、資本主義的体制の抑圧的部分の本質的な部分を取り逃がしてしまう。そうした言説のイデオロギー的性格を分析するだけにとどめるなら、われわれは暗黙の部分――フロイト派が顕在的言表と潜在的内容との対置で明確にしようとしたもの――を見失うだけでなく、もっと根本的には、それに対応している言表行為の動的編成の〝非‐言語的〟な記号的諸要素とコード化の構成要素の新陳代謝をも取り逃がしてしまうことになるだろう。イデオロギーは二重の意味で罠である。すなわちイデオロギーは、その内容の次元において、空虚な過剰性に一貫性を与えるとともに、その存在そのものの次元において、それがそれ自体として第一級の役割を演じるという考えを信任しようとするからである。かくして誰もが、社会の未来は指導者、党、ジャーナリズムといったものがなんらかの教義を伝達するということに依存すると信じる振りをすることになる。しかし今日、実際には、理論的パースペクティブ――〈社会計画〉――は、資本主義世界の現実的決定過程のなかでほとんど無意味な位置しか占めていない。自らのダイヤグラム的機械から現実に接続する実践的な動的編成だけが、現代の社会的諸問題に有効な答えをもたらすことができるのである。大衆に教訓を与えようとする集団やリーダーから待望すべきものはほとんど皆無に等しいのである。

人々はこれまで、善悪二元論的な選択肢や登場人物をともなったあまりにも明るく照らし出されたイデオロギーの舞台の前で、これに調子を合わせて――投票、世論調査、示威行為、等々を通して――喝采するように条件付けられてきた。左派か右派か、社会主義か野蛮か、ファシズムか革命か、といった調子である。しかしいまや、現実的歴史を写し出すプロジェクターは、まったく別の問題体系に不可逆的に向かっているように思われる。左派〝と〟右派、社会主義〝と〟野蛮、ファシズム〝と〟革命が、分かちがたく混交し、モル的次元においては、いわば〝チリのスタジアム〟〔ピノチェトによるクーデターによってチリで生じた混乱状態を示唆〕のような様相、分子的次元においては、ポール・ヴィリリオのうまい表現を借りるなら〈小公園〉の政治、[*84] つまり囲い込みが行き渡ったミクロ政治の様相を呈している。抑圧的諸制度はわれわれをあらゆるところから把捉し、われわれの生のあらゆる瞬間にわれわれを動員する。そして、いまやいくつかの制度のなかに設置され始めている精神分析的監視体制の下で、夢や失錯行為、言い間違いすらもが釈明を求められる。

闘争の高揚期や衰退期といった〈特別の時期〉にかかわる諸概念全体、〈ソヴィエトの権力を強固なものにするには時間が必要だ〉といった戦略的選択のシステム、あるいは〈まずは選挙、そのあと要求〉といった類の戦術的計算は、その意味を喪失しつつある。モル的革命と背中合わせになった分子革命は、資本主義社会を破局的終焉へ向かう方向から転換させ、脱領土化した流れの経済を取り戻すために、あらゆる戦線において同時に恒常的に開始されるしかない。そのためには、脱領土化のすべてのベクトルを〈蓄積する〉だけにとどまらず、ブルジョワ的な再領土化——そこにはあらゆる後ろ向きのノスタルジーが含まれていることを勘定に入れておこう——を解体しようとするなら、そこに〈何か新しいものを付け加える〉ことが必要とされるだろう。

こうした革命的刷新の指標はたしかに指摘することができるのだが、問題は歴史がたしかにこうした道に進んでいるだろうかということである。たとえばヴェトナム戦争の末期にアメリカを襲ったような、あるいはサラザール体制の崩壊のときにポルトガルを襲ったような〈社会の危機〉に際して、あらゆる種類の自主管理のくわだてや共同体のプロジェクトが出現したが、それらはやがて内的な危機に陥って世間の関心を失っていった。フランスでは、自主管理はリップの闘争〔一九七〇年代のリップ時計会社の自主管理闘争〕とともに流行したことがあったが、結局、資本主義、国家権力、そして既成の労働組合にどうしようもなく包囲されて、延命することができなかった。もちろん、こうした事態はこれからもいたるところで生じるだろう。しかしこの種のすべてのくわだては、つねに権力によって回収されるか一掃されて終わるだろう。その証拠に、一九六八年五月に運動化されたことは、そのほとんどすべてが回収されてしまっている。しかしそのとき生じた抑圧的装備と欲望の集合的エネルギーとのあいだの巨大な割れ目は、新たな問題の所在を明るみに出すとともに、新たな抽象機械を作動させ、新たな闘争のパースペクティブを切り開き、それが社会闘争の全般的条件を少しずつ変化させているのである。

ともあれ、自主管理的方向が政治的舞台において決定的な仕方で勢力を広げることを妨げる大きな障害は、この運動の擁護者や推進者が問題を物質的・経済的領域に限定されたものとして構想しているところにあるように思われる。したがって、世論の目には、彼らがなによりも〝彼らの〟問題を

〝彼らの〟問題として〝彼らの〟の欲望にしたがって解決しようとしているにすぎず、社会全体の問題としては考えていないと映じているのである。ここで、外から見ると〈自分のため〉だけにやっていると解釈される自然発生的革命主義の神話にぶつかることになる。したがって自主管理のパースペクティブを自然発生的革命主義から解き放つことは、もはや単にイデオロギーの問題ではなく、重大な理論的問題――とくに無意識をどう定義するかという問題――や、日常生活や活動家の組織の非常に実践的な問題にかかわる根本的方向性の問題なのである。自主管理の問題は、反管理の問題でもなければ、現在左派が考えているような〈民主主義的〉な計画化の問題でもない。自主管理は経済的問題である以前に、もの、記号、そして主体化の集合的様式のあいだの新しいタイプの諸関係をつくりだすことによって、社会体の組成そのものに関与しなくてはならないのだ。したがって〈自主管理〉という考えをモデル化することは、それ自体のなかに矛盾をはらんでいる。自主管理は集合的実験の絶えざる過程からしか生じないものであり、そうであるがゆえに生きることのディテールや欲望の特異性を尊重するなかでものごとを絶えず前進させながら、同時にもっとも広範な社会的次元において重要な調整の任務を〈合理的に〉引き受けていくことができるものでなくてはならないのである。

はっきり言おう。われわれには、今日、自主管理をすでに可能なあらゆる場所で実践し始めることなしに、自主管理の未来を約束することはあまり誠実なことではないと思われる。自主管理は、党のなか、組合のなか、私生活のなかにおいて、ただちに実行に移さねばならない。官僚主義の拡張によって顕在化している集団的な神経症、リーダーやスターやチャンピオンへの神頼みといった現象は、単に階級敵のなせるわざではない。それらの現象はわれわれのまわりで、われわれのなかで定着し始めているのである。それらがわれわれをもっとも麻痺させている場所、つまりわれわれ自身のミクロ・ファシズムの盲点を攻撃しないかぎり、これをほかの場所で解消することはできないだろう。自主管理は自律主義の全般化の同義語でもなければ、家族、共同体、党といったものが互いに競い合っておのれの領土のなかに閉じ込もることでもない。自主管理とは、逆に、脱領土化し、旧来の地層化を結びつけ直し、非中心的・非計画主義的な地球的管理のパースペクティブのなかに自らの身を切り開き、決定の中心を多数化して、これまで人種的、民族的、男根的、等々の備給のなかに囚われていたリビドーのエネルギーを解き放つことである。したがって自主管理は、すでにわれわれが示したように、〈分析的 - 政治的な動的編成〉の設置と切り離すことができない。しかしこの動的編成は、ロジャーズ〔エヴェリット・ロジャーズ〕の流れを汲む〈非 - 権威主義的〉な社会心理学者たちが〈分析装置〉として分類したものとはあまり関係がない。というのはこの動的編成は、小集団を〈活性化〉する新たな方法を提起することではなくて、欲望のミクロ政治——それは階級闘争全体にかかわる〈大規模な〉政治と密接不可分に結びついている——の諸条件に立ち向かうことだからである。[*85] 自主管理の活動家は、民主主義的であると自称する〈中央集権主義者〉とあまり民主主義的とは言えない〈自然発生主義者〉との聞く耳を持たぬ者同士の対話と縁を切るために、自らが直面している権力構成体と欲望機械との交錯状態を〈実践的〉次元において引き受けなくてはならない。しかし、誰ひとり容赦しない現在の資本主義的疎外の下では、こうした分析的活動家集団がうまい具合に空から降ってくるなどとは想像することができない。

こうした活動家集団は、しっかり決意したりいい綱領をつくれば、いくらでも簡単にできるというようなものではない。〈二重権力〉システムの出現にとって好都合の革命的あるいは前‐革命的な条件下においてさえ、それが民衆の自然発生的革命性の土壌に自ずから芽吹き始めることを待望するわけにはいかない。〈二重権力〉システムは、経済的管理、日常生活、欲望といった一連の問題を結びつけることができる、ときにはまったく微視的な集合的動的編成のしかるべく熟成した胚芽からしか生まれることはできない。こうした動的編成が現実の状況に接続しさえすれば、模倣や〈宣伝〉工作は必要ないだろう。というのは、新たな闘争形態や組織形態がひとつの問題を解決することができれば、それは視聴覚メディアの速度で伝達され始めるからである。[*86] ここでもまた、ひとつのモデルを流通させるという必要はないのである。〈社会的刷新〉の増大と拡張は、ある創造的な実験の線――リゾーム――にしたがってしか実現されえない。たとえばセレスタン・フレネの行なったこと[*87]のなかで豊富化し続けているのは、彼の〈方法論〉そのものやそれを標榜する（ときに教条的に）運動というよりも、むしろ彼の方法論が別のコンテクストのなかで別のくわだてを行なう触媒になっているという機能である。それはたとえば制度論的教育法[*88]のなかに見いだすことができる。あるいはまた、フレネの考えは学校の学校としての存在の仕方をさらにラディカルな仕方で問いに付す思想の前触れとみなすことができる。[*89]

いかなる闘争の可能性もないような特殊な抑圧状態があるとは決して言えないだろう。逆に、新たなファシズム形態の台頭から決定的に保護されている社会や社会集団があるとは決して言えないだろう。分子的な記号化はモル的な地層を加工し、逆にモル的な地層は分子的な動的編成を無力化しようとする。巨視的あるいは微視的な領土、大規模な脱領土化あるいは微小な漏出線、局地的でパラノイア的な再領土化あるいは大規模なファシズム的再領土化といったものは、横断性の一般的原理にしたがって互いに浸透しあう。たとえばミクロ・ファシズム的権力の結合は、今日フランスやドイツやイタリアで見られるように、法律や憲法さらには〈既得権益〉といったものを変えなくても、いたるところで現出することができる。これらの国々では、これまでミクロ・ファシズム的な結合はモル的次元では明瞭に結晶化していないように思われる。しかしいずれそうならないとはかぎらないだろう！チリのクーデターが起きる前のことを思い起こそう。チリの将軍たちは彼らの軍隊は世界でもっとも民主的な軍隊であると宣言していたのである。そのとき彼らの頭のなかでは、とりわけ〈それを信じていた〉人間の頭のなかでは、何が起きていたのだろう。

そのときすでにファシストによる権力奪取を前にしてある種の集団的信仰現象が起きていたのではないだろうか。ミシェル・フーコーは政治的国家権力は単に序列化された強制的組織がつくりだすものであると考えてはならないことを明らかにした。フーコーは彼が規律権力の細部分析と呼んだものを提示している。「規律は制度とも装置とも同一視されてはならない。規律は権力を行使するためのある種の型であり様式である。そこには道具、技術、手続き、適用段階、標的といったものの総体が含まれている。それは権力の物理学であり〝解剖学〟であり〝テクノロジー〟である」[*90]。問題はこのテクノロジーがいかなる条件下において無力化されるか、そしてこの解剖学を解体することができるかということである。したがって、われわれにとって重要なことは、二つの起源――大規模な社会的構成体の系統的起源と、欲望する機械を起点とする社会体のミクロ物理学的出現――を対置することではない。ここで重視すべきは、むしろ〝起源という考え〟を一掃することであり、言表行為の能動的作用因――外部の〈客観的〉観察者ではなく――が一般に作動不可能な状態に置かれていることを考慮して、記号的構成要素の数と強度を確定することである。というのは、この記号的構成要素こそが、ある時点、ある条件下において、社会的構成体を変革するために作動することができるものだからである。われわれはここで、非決定論的な形而上学を提起しようというつもりはない。そうではなくて、社会的因果律を静態的なものとして考える政治概念――それがかりに弁証法的と自称したり、熱力学的概念から着想しているものであっても[*91]――を批判的に捉えているのである。そういった〈歴史機関論〉、〈脆弱な環と強力な環〉という説、あるいは〈伝動ベルト〉という考えは、われわれが〈蒸気機関複合体〉と呼ぶものにあくまでも執着するマルクス主義者に由来するものであるように思われる。彼らは、完全に識別された諸対象のあいだで互いに異なったエネルギー的パラメーターにしたがって機能する単純な因果律のモデルに固執するよりも、もっと最近の〈モデル〉――たとえば現代物理学の相互作用のモデル[*92]――から着想した方がいいだろう。着想という言葉を使うのは、この場合、彼らは少し空気を変えたいと思っている詩人や散歩者のようなやり方をしたがいいと思うからである。だからといって、もちろんわれわれは、新たな模倣の原型を提案したり、社会的現実に結びついた理論的分析というよりもむしろ強迫観念にとらわれた神経症の領域に属しているとわれわれには思われる諸概念の〈科学性〉についてのあくなき探求を提案しようとしているわけではない。

第二部　社会的無意識の語用論的分析

主要テーマの紹介

われわれはこれまでモル的次元と分子的次元のあいだに存在するさまざまな相互作用の様式に言及してきた。しかしわれわれはこの相互作用の記号的原動力の性質――とくに抽象機械の性質――を十分に究明しなかったために、本質的に共時的かつ空間的な次元にとどまっている。したがって、段階的進化という推論様式が立脚している機械論的因果律のシステムを脱臼させる通時的な相互作用の存在をも直視することが必要であろう。しかし、〈後から〉来るものが〈前に〉来るものを規定しうるということをどうしたら考えることができるのだろう。すべての伝統的な思考様式は、ある〝効果〟が時間を逆行することができるということを認めない。したがってこうした相互作用は、われわれが〈機械状〉と形容する次元において――それがどういう物質的そして／あるいは記号的な性質を持っているのかは特定しないで――考察するという条件においてしか考えることはできない。そうした次元では相互作用は人間的な時間‐空間的な座標系の外部で機能する。そしてこれこそが、われわれが抽象機械ならびに抽象機械が〈連結している〉機械状の一貫性の次元に割り当てたいと思っている役割にほかならない。この抽象機械はプラトン主義的な超越的思想でもなければ、無定形の物質に隣接するアリストテレス的形象でもなくて、あらゆる性質の地層化を創成するとともに解体する。したがって抽象機械は、すでに存在する地層化に〈外部〉から被せられるコード化のシステムとして機能するものではない。抽象機械は地層化を〈内部〉から〈掌握する〉のである。

抽象機械は、脱領土化の一般的運動を背景として、一種の〈選択的素材〉を構成する。その可能性の結晶軸は、生命のある世界と同時に生命のない世界にも働きかける連携、脱地層化、そして再領土化を触媒する。要するに、抽象機械は脱領土化が地層や領土の存在に〈先立つ〉ことを示しているのである。したがって抽象機械は、純粋な論理空間において〈実現可能な〉ものではなくて、ひとえに状況に応じた機械状の発現を通して〈実現される〉ものである。抽象機械は単なる組み合わせではなくて、形式的記述に還元しえない強度をともなった構成要素の動的編成なのである。したがって抽象機械の出現の必然性は、背後にあるいかなる世界をも要請することなしに、人間中心主義的論理や発話とは無関係にコード化や〈教育〉の過程を重視するに至るパースペクティブの転覆から生じる。そしてこのパースペクティブの転覆は、特異的なものと普遍的なものとのあいだの〈序列的〉諸関係を改変することになる。そこでは、たとえば非記号的に形成された素材の特異性が普遍性を主張することができる。また、それとは逆に、コード化の過程やシニフィアンの過剰的産出といった普遍的現象が、特殊現象に下落したりする。抽象機械が構成する普遍的でも特異的でもない粒子＝記号は、特異性に普遍性の権力ではなくて、地層化の世界を横断する一種の潜勢力を負荷する。かくして抽象機械が作動させる特異性や地層化は、抽象機械の色を帯びながら記号的な動的編成を行なうようになる。

そしてそれと相関的に、普遍性を主張するあらゆる言表やあらゆる権力の審級は作為性や歴史性を詰め込まれ、実用的な動的編成の再編に向かっていく。

しかし今日、言語学者たちは、記号論を併合したのと同じように、語用論の発展をコントロールしようとしている。語用論は内容の形式として括弧に入れられるか、それとして認められた場合にも、その政治的中身は無力化される。構造主義者たちがシニフィエに対して行なったこと——大々的な無力化のくわだて——が、生成言語学や言表の言語学によって別次元で再び行なわれているのである。現在、たしかに意味論的内容や語用論的内容に一定の認識がなされてはいるが、それはつねにその元にある言表行為の動的編成を遠ざけるという条件においてである。ところが語用論の本質的目標は、われわれの見るところ、まさにそうした動的編成にかかわるミクロ政治的な形成体とそれが言説や言語に及ぼす影響の研究のはずなのである。現行の言語学は、どういう見方をしようとも、語用論的・意味論的領野を連辞論的領野に基づいて造形している。言語学は言語そのものについてなんら前提を置いていないときでも——分布論者やチョムスキーのように——あるタイプの言説の内部に閉じ込もって、そこから他の記号的能力のあらゆる可能性を一元的に演繹しようとする。そのため言語学は、おのれが研究する言語や言語能力のタイプ——大人、正常人、男性、異性愛者、そして多くの場合、白人、資本主義、等々の言語——が本質的に普遍的な概念システムに依拠していることを不可侵の前提にするという威圧的な必然性のなかに置かれている。この場合、モデルの抽出は、作動している諸権力の状況的歴史性を隠蔽することにしかならない。しかしこうした理論に対する非難は抽象的すぎてはならないが、逆に十分に抽象的でないのもよくない。つまり、特殊な生産諸関係を背景として、言語によって作動する普遍的ではない〝特異的抽象機械〟を説明できないようではいけないのである。われわれは、表現形式の次元（たとえば文法性の解剖学を保証するための）や内容の形式の次元における、あらゆる言語学的普遍概念の思想は、語用論を権力的機能を用いて擦り抜け、語用論を社会的・歴史的領野から切断する役割を担っていると考える。ここで、連辞論的樹形図のモデルに対して、モデルではないもの、〈リゾーム〉（あるいは〈網状のもの〉）と呼ぶべきものを対置する必要が生じる。これは以下のような性格によって規定される。

○ある一点から始まり二分法で作動するチョムスキー的な樹形とは逆に、リゾームはある一点を別の一点に結びつける。

○リゾームの描線は必ずしも言語学的描線に回収されない。そこでは、あらゆる種類の記号的鎖の環――生物学的、政治的、経済的、等々の鎖の環――が、きわめて多様なコード化の様式と結びつき、すべての記号体制のみならず、すべての非‐記号的なものをも作動させる。

○おのおのの記号的地層のなかにおける分節的諸次元のあいだに存在する諸関係は、地層内の諸関係とは区別され、脱領土化の漏出線を起点として作動する。

○語用論は深層構造にかかわるいっさいの考えを放棄する。語用論的無意識は、精神分析的無意識とは異なって、コード化されて複合的に結晶し発生論的な軸に基づいて分配される表象的無意識ではない。語用論的無意識は地図のように構築されるものである。

○リゾームの最終的性格としての地図は、分解可能、連結可能、逆転可能であり、絶えず変更を受け入れることができる。あるリゾームのなかには、樹木の構造が存在することができる。逆に、ある樹木の枝は、リゾーム状の芽を吹き始めることができる。

語用論は二つのカテゴリーの構成諸要素に分けることができる。

1．非解釈的記号論に対する意味作用の記号論の優位性をもたらす〝解釈的変形的構成諸要素〟（生成的構成諸要素と言ってもよい）。

この構成諸要素はそれ自体二つの一般的な変形タイプに分けることができる。すなわち、図像（イコン）的記号論に属する類比的変形と、言語学的記号論に属するシニフィアン的変形。再領土化と主体化による〈内容に対する権力掌握〉の二つのタイプが、この二つの変形タイプに対応し、それは言表行為の領土化された動的編成あるいは言表行為の個人化に依拠する。

2．前出の二つの変形の権力を転覆することができる〝非解釈的変形的構成諸要素〟。

この構成諸要素は前出の二つの変形に対応する二つの一般的な変形タイプに分けることができる。すなわち、強度の記号論（たとえば知覚的、身ぶり的、等々の次元における）に属する象徴的変形と、非－シニフィアン的記号論に属するダイヤグラム的変形。後者は内容の形式主義と表現の形式主義に同時にかかわる脱領土化、ならびに粒子＝記号のシステムによって表示される抽象機械によって作動する。

〔注記〕

1．われわれはここで、〈生成的構成要素〉や〈変形的構成要素〉という表現をチョムスキー的な意味と同じ意味で使用しているわけではない。チョムスキー的な意味においては、あるシステムの生成的能力は論理－数学的な公理系として機能するが、われわれは生成的拘束（言語や方言の）はつねに権力構成の系譜と内在的に結びついたものと考えている。変形という概念についても同様である。チョムスキー学派は変形の概念を代数的あるいは幾何学的な変形の概念と同じ様式で考えている（ある方程式の変形は現前する諸関係の〈深層的〉経済を維持しながらその形式を変化させるということを想起しておこう）。われわれはここで、進化の理論の歴史において生物変移説（あるいは突然変異論）と生物不変説を対置する流れに近いところにいる。しかし、われわれがチョムスキー的カテゴリーをいささか〈濫用的〉に使っているのは、これを愚弄したり挑発したりするためではない。というのは、実際のところ、チョムスキー的カテゴリーは、われわれにとって〈対当論証〉的な道案内として役だっているからである。

2．われわれは、国際記号論協会の歴史的決定に逆らって、その恣意性と同じ恣意性をもって、〝記号学〟と〝記号論〟とのあいだに次のような区別を設けたい（さらにはその区別を強化したい）と思う。すなわち、〝記号学（セミオロジー）〟を記号のシステムを言語の法則との関係において考察する横断的な言語学的領域とみなし（ロラン・バルトのパースペクティブ）、他方〝記号論（セミオティック）〟を〝記号のシステムを言語学に依存しない方法にしたがって研究する領域とみなす（パースのパースペクティブ）。

語用論によって提起された諸問題は、現代言語学の関心事のなかで中心的な位置を占めつつある。言語学的構造主義の出現にともなって、意味内容はつねに二項対置的な鎖として描かれるシニフィアンの鎖に従属することになった。そして情報理論が言語という表現機械の核心に居座ることにもなった。言語の究極目標は情報の伝達であり、それ以外のものは雑音か余剰にすぎないということが当然視されているように思われる。言語は情報以外の内容を持たず、言語にとって社会的領野やそこにおける政治的諸問題との相互浸透などは問題外だというのである。言語学の目標、科学として構成されるとみなされる言語学の〈客観的〉目標は、こうした情報の原子（一種の数量的・形式的単位）としての役割である。そしてその一方で、コミュニケーションをめぐる諸問題は、つねにマージナルな扱いを受けてきた言表行為の問題へと追いやられてきた。こうして言語学は科学的客観性を自称しながら、すべてのやっかいな社会的問題群から遠く距離をとることができると考えてきたのである。精神分析もまた同様の歩みをしてきた。しかし精神分析は情報理論に依拠するのではなくて、生物学や言語学、そして最近では論理学や数学に依拠し始めているという違いはある。

そこでチョムスキー派の言語学は、構造主義言語学が言語の創造的性格を説明しないことを非難し、これと一線を画そうとした。チョムスキー派言語学は、当初、音韻機械はいわゆる表層次元における言表の最終的な形式化にしか介入することができないと考えていた。その最初の言語学的モデルは、深層的な統辞構造から出発して、言表をいかなる微妙な差異も失わず、いかなる意味的な曖昧さもないものとして生成し変形するものと捉えていた。しかしやがて〈意味の問題〉は、〈深層で〉遂行される作用の不可解さをしだいに高めていった。チョムスキー正統派は意味的構成を産出するのに数学機械――統辞的トポロジー――を用いる。他方、〈生成的意味論派〉と言われる潮流は、この任務を〈自然的論理〉と呼ばれる特殊な論理に委ねた。この論理は抽象的な〈意味的原子〉(〈原子的述部〉)とそれを結びつける〈意味の公準〉とを節合しようとするものである。[*93] それに対して言表行為の言語学は、現在、こうした構造主義とチョムスキー派の狭隘な形式主義から身を解き放ちながら、自らの道を模索しようとしている。こうして言表行為の言語学は、コミュニケーションの語用論的構成要素を重視する方向にすすんでいる。しかし残念ながら、こうした構成要素はまだ、言語の言語としての構造に影響を及ぼすかぎりにおいてしか、つまりそれがあらかじめ統辞化され意味化されているという前提においてしか重視されていないように思われる。

ここで再び、音韻論的・生成文法主義的潮流が排除したミクロ政治学的な権力の領野の問題が横顔を現わすことになる。しかしまたしても、チョムスキーの表現を借りるなら語用論という〈ごみ箱〉[*94]を移動させただけに終わる。構造主義者の二項対置的還元の場合は、ごみ箱は意味論であった。〈生成文法主義的意味論者〉のトポロジー主義の場合には、一見意味的内容を引き受けるのであるが、しかしそれに伴う〝言表行為の社会的な動的編成を一顧だにせずに〟それを研究するのである。かくして、政治的ごみ箱は輪郭を確定しがたい語用論の方向に排斥されることになる。結局、言表行為の言語学は語用論の方に傾いていくのだが、ただしそれを限定的な様式で構成しようとする。つまり語用論はシニフィアンの内容として扱われるのである。すると語用論の領野は、意味論の領野と同じように、平板化され構造化されてしまう。そしてそれは、マルチネの構造主義よりも複雑であるとはいえ、いずれにしろ統辞的・音韻的機械への依存関係のなかにとどまり続けることになる。つまり語用論は、生成文法主義者の言う深層構造や表層構造から分岐するなんらかの地点に組み込まれることになり、語用論が自らに固有の階層的システム、自らに固有のミクロ政治的な言表行為の領野を持ちうるという考えは絶対に受け入れられないことになる。

言語学者は、意味論的領野と語用論的領野が、〈デジタル化された〉情報を伝える表現機械に似た様式で二項対立化しうるということを、第一の明証性として受容しているように思われる。彼らは意味内容とコンテクストを信用せず、彼らがそれらを普遍概念のシステムに基づいた厳密な形式化をもとにしてコントロールし、それを社会的・歴史的な状況から防御することができるという保証がないかぎり、それらを考慮しないのである。たとえばニコラ・リュヴェ〔ベルギーの言語学者（一九三三～二〇〇二）〕は、言語の創造性はある公理の範囲内においてしか発動しないと考えている。彼は言語の創造性は表現の形成素と内容の形成素の結びつきというもっと分子的な次元から始まるというイェルムスレウの開かれたパースペクティブを拒否する（われわれは、表現の形成素を非－シニフィアン的ダイヤグラムとして、内容の形成素を非－シニフィアン的意味として、定義することを試みる）。リュヴェは、たしかに言語のなかにこうした作用が存在していることを完全には排除していないが、しかし彼はこの作用を、狂った子どもや詩人が社会的次元で置かれる位置と言語的な次元で共鳴するといったマージナルな位置に追いやってしまう。[*95] ともあれ、こうした状況下において、言語の創造性の領域をどのようにして守ることができるだろうか？

逸脱者や主体集団が言葉を発明し、統辞法を壊し、意味作用を変化させ、新たなコノテーションや行動的言葉や政治的スローガンを産出し、言語と社会の双方において革命を引き起こすことができるということを、どのようにして理解することができるのだろうか？

記号論的に形成された素材

イェルムスレウを嚆矢として、言語学のラディカルな公理化の企図は、少なくとも内容と表現の対置を不可逆的なものとして特定しないというメリットを持つようになった。「そもそも表現とか内容といった用語そのものが、ありきたりの使用法にしたがって選択されたもので、まったく恣意的なものである。そうした用語を機能的に定義して、その適用範囲のひとつを〝表現〟と呼び、もうひとつを〝内容〟と呼んで、その逆を認めないことを正当なものとして支持することは不可能である。それらは互いに結びついたものとして定義されるべきで、いずれもそれ以上に明確に定義することができないものである。別々のものとして捉えたら、機能素として同一の機能を果たしているのに、対立的かつ相対的にしか定義することができなくなる」[*96]。もちろんここで、このような表現と内容の公理化された対置が実はソシュールにおけるシニフィアンとシニフィエの対置に符合するものであること、そしてこのことが記号論全体を言語学の支配下に置きなおすことになったことを遺憾なこととして指摘しておかねばならない。[*97]

ともあれ、表現の形式と内容の形式は、〈記号的機能〉と呼ばれるもののもっとも本質的次元において結合し、この内容と表現の伝統的な対置を根底的に相対化するある〈連帯性〉を構成する。*98 この対置は結局、実質（内容の意味と表現の意味）の次元においてしかその正当性を見いだすことはできないのである。したがって形式については、それが実質のなかに出現し機能化するかぎりにおいてしか語ることができないということになる。ところが、われわれが証明したいと考えるのは、非言語学的な記号的新陳代謝は〈意味作用をつくりだす〉機械が構成される〈前〉にこの実質に働きかけるのであり、そこに優先関係や序列関係を設けることはできないということである（象徴的、ダイヤグラム的、等々の新陳代謝）。この形式の連帯性――われわれはこれを抽象機械と呼ぶ――が表現と内容の実質を構成するのは、多様な基礎的〈素材〉を記号化することを通じてである。〝素材〟の本質をなすのは、それがまさに記号化されるものであるということである。イェルムスレウがシステムとその連辞化の過程とのあいだに設けた区別は、この過程が自律的形式――プラトン的な観念としての――のなかに閉ざされるものであることを意味するものではない。いかなる形式もその形成過程と無関係にひとりだちして存在することはできない。この過程は必ずしも自閉的な普遍的コードに帰着するものではない。それは場合によっては、それが作動させる基礎的素材に固有の特徴と不可分のものであり、このことはメッツが映画に関して表現の素材の関与的特徴と呼んだものである。*99 問題はひとえに、記号的構成要素に創造的機能を与えるものと記号的構成要素から創造的機能を引き出すものを規定することである。言語は言語として記号的創造性を特権的に持っているわけではない。言語は多くの場合、規範化のコード化システムとして機能するものでもある。それとは反対に、非言語的記号は完全に創造的なものでありうるし、支配的な言語的意味作用の順応主義の重しを断ち切ることもできる。記号化の過程を言語学的構成要素や言語への依存状態に切り縮め、〈自由状態にある〉記号化の過程を記号学的に超コード化する操作は、権力構成体にとって使用可能な特徴を取りだし、その他の特徴を言語学的シニフィアン機械を使って無力化し、抑制し、〈構造化〉するのである。

したがってわれわれはここで、イェルムスレウによる記号と象徴の区別に改めて言及することはしない。われわれが〈記号機械〉という表現によって指示するのは、すでに言及したイェルムスレウの記号システム〝と〟象徴システムを包摂したものである。したがってわれわれが意味作用の生産と象徴的あるいはイコン的生産を特徴づけるものを規定しようと試みるのは、表現の形成素の次元においてではなくて、〝記号機械にかかわる言表行為の動的編成の語用論的次元において〟である。かくして語用論は、いわば記号論的なミクロ政治学を担う構成的諸要素の最前線に立つことになるのである。

ものの秩序と記号の秩序

われわれの用語法では抽象機械、言うならば記号論的な基盤的諸要素から引き出された機械、もっとも機械的つまりもっとも脱領土的なものを包含した記号機械は、言語のなかで自らを記号化しながら、表現と内容という二つの同質的次元に結集することによってこれらの諸要素を再領土化する。しかし実際には、この二つの次元はまったく同質というわけではない。それらは二重の分節化、そしてそれらがつくりだす互いの構成要素の極性化、構造化によって、同質的であるという錯覚をもたらすにすぎない。この〈基盤的〉構成要素は、同質化され計画的に組織化されたとたんに、記号論的ではなく記号学的なものになる。記号論的な実質の多様性の背後で設置されるこの記号学的な超‐実質、〝この二元論的シニフィアンの実質〟、あるいはこの超‐意味は、多様な記号論的ベクトルをこの二重の超コード化システム――内容の次元における超コード化と統辞的次元における論理＝公理的超コード化――によって囲い込み序列化するときにしか、このベクトルによって作動する多様な強度を〈掌握〉することはできない。秩序の理念、つまりあらゆる表現様式、記号論的実質の強度の流れの限定と統制の一般的形式化という理念――あとで見るように、現実には言語がいたるところから漏れ出すものであるかぎり、この理念は決して完全には達成されることはないのだが――は、あらゆる記号論的実践のラディカルな〈デジタル化〉であり、二元論的単純化、徹底した二分法的分析にほかならない。そのモデルは情報理論によってつくられたものであり、言語科学や人文科学の領野において正真正銘の抑圧的戦争機械として（行動主義やパブロフ主義といった似通った理論とともに）機能し続けている。

二分法的な還元的分析はいかなるタイプの社会的事実にも適用されうるということが、あたかも〈科学的に〉当然であるとみなされている。なんらかの人為的手段でそれに成功すると、問題になっていた事実の本質を把握したと確信し、満足し、そこでストップして別の問題に移行するのである。こういうやり方でものごとを極端にまで推し進めることによって、いかなる出来事も出現可能なものとして表現され、いかなる構造も偶発的な起源から自然発生するか、普遍的な論理的要請――それは出発時点における蓋然性のシステムのなかでエントロピーを減少させる局地的場所を構成することを

〈目的〉とする――から引き起こされるとみなすべきであるという結論にいたる。かくして、歴史とそのなかにおける権力闘争の上に屹立する普遍概念は次のような二つの働きを結びつけることになる。（1）出来事を通時的な軸に基づいて〝蓋然化〟する。（2）出来事を共時的な軸に基づいて〝構造化〟する。しかし、こうした働きの真の目的は、われわれがここで関心を持っている記号論の領域において、最終的に唯一実際に革新的な断絶をつくりだすことができる社会＝機械的な動的編成を覆い隠すということである。偶然と構造は自由の最悪の敵である。この二つはともに、十九世紀末に数学から移入された科学の一般的公理という同一の保守的理念、ならびに歴史の偶発性にアクセス不可能な――そして今日なお些細なことにこだわる認識論の硬直的な言説のなかに生き長らえている――知識の主体としての超越論的主体という同一の哲学的伝統に由来する。そこでは、そのつど同じ手品が繰り返される。つまり、なんらかの言表のシニフィアン的節合――コギト、数学、科学の〈言説〉など――の自称普遍的性格に依拠した超越的秩序の擁護を通して、書き手に社会的地位、物質的安楽、そして想像上の安心感をもたらすあるタイプの権力の地層化の保証が追求されるのである。

したがって形式に対して、二つの態度、二つの政治が存在する。すなわち、歴史から切断され、記号学的実質のなかに〈具象化〉される普遍主義的・超越的形式から出発する形式主義的態度と、歴史が提起する機械的過程をもとにして記号論的諸要素と抽象機械を引き出そうとする言表行為の動的編成から出発する立場である。ときには〈自然な〉コード化と記号機械とのあいだで大なり小なり偶発的に生じる状況が、ある一定の時期に優位を占めるように思われることがあるが、このような状況は、実際には動的編成と分かちがたく結びついていて、いずれにしろ動的編成が言表行為の発生源になるのである。この場合、動的編成の言表行為が言表行為として繰り返されていくと考えたくもなるが、そうではない。ここには、メタ言語は存在しないのである。

言表行為の集合的動的編成は、ものごとの状態や事実の状態を〈じかに〉話す。しかし、一方に虚空のなかで話す主体があり、他方に〈丸ごと〉話される客体がある、というわけではない。虚空と満杯は脱領土化という同一の効果によって〈つくられる〉のである。その結びつきは、〈自然〉のものごとと言語のものごとが脱領土化され、脱領土化を通したそれらの結合が可能になる地点においてしか、可能ではない。かくして、動的編成は偶然や普遍概念の公理系に委ねられるのではない。動的編成は脱領土化の一般的な〈法〉の管轄領域に属する。先行する言表行為のシステムの袋小路とそれに対応する機械的動的編成の地層化を潜在的に解消することができるのは、もっとも脱領土化された動的編成である。しかしこの〈法〉は、既成の秩序あるいは階調の必然性といったものとはなんら関係がない。そこで機能するのは、弁証法的な保証のない機械的な通時性だけである。われわれがこの二番目のパースペクティブ——超越的形式ではなくて抽象機械のパースペクティブ——を信じるのは、われわれにはそれが、言語学者や記号学者や構造主義者が閉じ込もっている頑迷で無力な二元論から脱却する唯一の道であると考えるからである。しかしこれはイデオロギー的な選択ではない。というのは、この二つのパースペクティブは共存するとともに、互いに作用を及ぼしあい続けるものだからである。強度を持った多様性に向かっての機械性の漏出は、記号的過程を脱領土化し、その過程を別の表現素材に結びつけようとする。それに対して、〈ものごと〉の秩序や支配的世界秩序に向かう地層化されたコード化は、記号的過程を統辞化し、その過程を現実の強度とのいっさいの接続から断ち切ろうとする。前者においては、欲望は絶えず生まれつつある状態を維持し、記号学的地層化を尊重することなしにおのれに固有の線に沿ってすすんでいく。それに対して、後者においては、欲望は権力の構造のなかで堂々めぐりを始める。それはミシェル・フーコーが〈無言の秩序〉と呼んだもので、いわば言語的・知覚的・実践的な格子に〝取って代わる〟ことによってこれを〝無力化〟し、われわれをそれ以前のある格子に従属させるものである。*100

抽象機械とシニフィアンの抽象化

言語学的ゲットーからの脱出、意味作用のゲットーからの脱出は、抽象機械が意味作用〝と一緒に〟あるいは〝意味作用から独立して〟、われわれがダイヤグラム効果と呼ぶもののなかで機能するかどうかにかかっている（象徴的な〈前〉－シニフィアン的構成諸要素の次元においては、われわれはまだ抽象機械について語らずに、機械的な指標について語るだけにとどめておく）。抽象機械が二元論的なシニフィアン的実質から解放されて、それを回避するようになると、抽象機械はもはや表現の次元と内容の次元の結合によって構成される特殊な地層に支配されずに姿を現わすことができる。そうすると抽象機械は、ダイヤグラム効果で〝唯一の次元〟――機械状一貫性の次元*101あるいは機械状内在性の次元――を起点として自ずから組織されるところとなる。

この次元において、あらゆる脱領土化の先端、あらゆる機械状の剰余価値が結合する。そしてそれは、いわば抽象機械（そして機械状の指標）の機械、あらゆる潜在的な機械状の動的編成の可能性を秘めた場所となる。抽象機械はここで、地層のなかに封じ込められ（あるいははめ込まれ）分割されるということをやめる。逆に地層の方が抽象機械に依存し、抽象機械が一貫性の次元の記号的＝機械的な剰余価値で物質的・記号的な構成諸要素の脱領土化のさまざまな地点を結びつけるようになる。かくして、地層は可能性の領野――つまり新たな機械状の動的編成の領野――の地平に組み込まれ重ね合わされる。この時点で、記号的機械とその参照物を区別することは妥当ではなくなって、われわれが抽象機械と呼ぶものが作動し始める。ここでは機械は物質的でも記号的でもない。これは純然たる潜勢力としての機械である。そして中身のない潜勢力ではない。なぜならこの機械は無から出発するのではなく、一定の歴史的コンテクストのなかで、機械的系統流の一部をなすと思われる機械状の動的編成を潜在的に可能にするさまざまな地点から出発するからである。この機械は脱地層化に向かう諸線のさまざまな結節点を抽出するという意味で抽象的である。この機械は、地層が永遠に分離を維持するのではないかと思われる場所で、一義的な連結の可能性を打ち立てる。抽象機械と一貫性の次元の出現にともなって、各地層間の断絶が出現し、もっとも脱領土化されたエネルギーの通り道が開かれる。

しかしこの抽象機械の一義性は基本的に準安定状態にある。というのは、繰り返し言うように、こうした抽象機械はそれ自体としては無に等しく、いかなる質量もいかなる固有のエネルギーもいかなる記憶も持っていないからである。それはものの状態と記号の状態のあいだの結晶化の可能性を超‐脱領土化したかたちで示す無限小のしるしにすぎない。それは理論的には〈潜在的に存在する〉が、無限小的時間しかアイデンティティを保つことができない現代物理学の微粒子に類比することができるだろう。理論と実験の複雑な合成体がその存在を前提にして機能し続けることができるかぎり、この存在のアイデンティティを実験的次元において証明する必要はまったくない。われわれはこのメタファーによってダイヤグラム的効果における〝粒子＝記号〟の作動を語るのである。抽象機械は、それが記号的実質のなかに固定化され無力化されるか、あるいはダイヤグラム化の過程によって機械状の一貫性の次元に組み入れられるかにしたがって、意味作用や存在性を〝負荷〟されるのである。前者の場合は、抽象機械は潜在的な脱地層化の諸線への連結点として機能し、潜在的な脱地層化の諸線をそれ自体のなかに折り込み、これを一対一の対応状態に置いて超コード化あるいは公理化することによって再領土化する。したがって抽象機械は漏出線にとって漏出点となるが、それは図式上そうなるだけであって、実際には潜在的パースペクティブを全体化する表象の仕切りとなっていかなる欲望の漏出にも終止符を打ち、一連の内容を汲み出して空っぽの容器に従属させる地点となる。それに対して後者の場合は、記号化の過程が地層を横断し、意味作用をもたらす冗長性の結び目、個人論理的な磁場、顔貌の特徴への固着化といったものを回避する。そうすると抽象機械は、その存在様式や記号的構成がいかようであっても、もはや固定化した普遍的座標系に結びつけられることはなく、多様な潜勢力の生成へと向かうことになる。しかし、こうしたダイヤグラム的効果が自ずから構成されないと、システムは衰弱し、二元論的実質によって回収されてしまう。有意的内容の〈精神化〉は、ある現実を物象化し、意味内容（シニフィエ）をパラダイム化し、記号的な規範化と従属化にしたがって表現を連辞化することによって成り立つ。イェルムスレウが見事に証明したように、意味作用を扱うときに多様な記号学的形式化が依拠するのは、表現と内容の根元的な断絶である。まず最初の段階で、シニフィアン（記号表現）＝シニフィエ（意味内容）＝レフェレン（指示対象）というよく知られた三角形が構成する記号的無力化機械のなかにおいて、表現と内容の断絶、形式と実質の断絶という二つの断絶を〈結合〉したあと、第二段階で、意味の生産を特別扱いして、これを他のあらゆる記号的生産よりも優位に置き、これを〃コミュニケーションの記号学〃として定義することのできる唯一のものとする。しかしこれは誰と誰の何のコミュニケーションであろうか。それは強度を持った多様体から根元的に断絶した虚構の主体化のいくつかの極のあいだで無力化された情報の残滓にすぎないのではなかろうか。

したがって主体は、次のようなラカンの有名な定式が言明するような、単にシニフィアンの効果によって生じるものではない。すなわち「ひとつのシニファンは別のひとつのシニフィアンに対して主体を体現する」。そうではなくて、主体は記号化の様式の無力化に協力する全体的過程から生じるのである。言表行為の個人化された意識的な主体化は、無力化をもたらす一連の断絶の特殊な動的編成に対応するのだが、それは三つの次元で起きる。

（1）記号機械の次元で、シニフィアンとシニフィエとのあいだにおいて。

（2）言説の次元で、シニフィアンとレフェレンとのあいだにおいて。

（3）主体化の過程そのものの次元で、自己の〃分裂〃の自己への現前を構成する形式主義の形式化による冗長性の設立によって。あるいは、自己の二重化によるアイデンティティの喪失の脅威、主体と他者が対立しながらつねに同一の空虚な共鳴システムに収斂されること、さらにはあらゆる二極的な価値システム（男根を想定した男－女、完全な対象を想定した単数－複数、真－偽、悪－善、等々といった）などによって。

欲望する強度のエネルギーが記号的三角形（シニフィアン＝シニフィエ＝レフェラン）によって捕獲されると、抽象機械は一種のサイクロトロンのように閉ざされた回路に組み込まれてその開放的な機械的機能を喪失し、シニフィアンとして〝抽象化〟される。そして強度の多様体は、機械状の指標、（機械状の剰余価値の）力の線、あるいは機械状の動的編成などにしたがって自己組織化されるかわりに、時間－空間的座標系、表現の実質、間－主観的立場などにしたがって構造化され、この〝抽象化〟がその要石となる。したがってシニフィアンとしての抽象化、抽象機械、指標、そして機械状の動的編成――これについてはあとで再び取り上げる――は、〈自然に〉ではなく、ひとえに言表行為の特殊な動的編成に応じて結晶化するのである。抽象化は言表行為の領土化された動的編成と部分的に結びつくが、とりわけ言表行為の個人化と完全に合体し、超越化した〝主体〟、超越化した〝客体〟、超越化した〝他者〟、超越化した〝シニフィアン〟といったものを立ち上げる。かくしてすべての流れが地層化され、二重化され、共鳴システムのなかに取り込まれる。

内容と表現の動的編成は空から降ってくるのではない

抽象機械の記号学化、その抽象性への固定化は、脱領土化の自動化と無力化をもたらす。脱領土化が空回りして、意識の主体化の過程と合体する。この意識機械の空虚な冗長性のシステムはシニフィアンの鎖の二重の節合システムに対応する。この機械は強度を排除し、空虚、欠如、表象的断絶を生産する。抽象化は記号機械と実際的強度のあいだの通路であるような偽装をする。この現実に起きている節合の記号的偽装は、記号機械とレフェラン（指示対象）のあいだのすべての実効的連携を切断し中身をえぐり取る。そうすると明示的意味の諸関係は恣意的になり、意味作用の諸関係は無動機的になる。しかしこれは強制された恣意性・無動機性であり、シニフィアンの次元において断絶と自動化を能動的につくりだす政治にほかならない。この政治にとっては、つねに空っぽの状態をつくりだし、孤立を再生産し、欲望の漏出が機械状の表現、内容の形式主義、レフェラン（指示対象）を構成する素材の表現的特徴という三者のあいだに直接的関係を再建する危険性とたたかわねばならないのである。[*102] こうした欲望の排除と回避の任務は、この空虚な冗長性の機械、この意識機械に委ねられる。意識の主体化は、表象空間を現実の情動や動的編成の世界から切り離すあるタイプの社会の組織化、法と意味作用のあるシステムに結びついている。そこではすべてのコード化が中央の秩序機械を通して行なわれる。そしてそのために、あらゆる強度が支配的な意味作用や座標系の〈一貫性〉の外部で確立される連携を諦めることを強いられる。シニフィアンは自立した与件としてではなく、絶えず意識機械と有意的偽装によって再生産され、記号機械、情動、〈物質的〉強度の領野といったもののあいだの直接的相互作用を発動させるダイヤグラム的生成変化に入ることを制止される。そうして発話や文章は単なる発話や文章として無力になるのだが、それはつねにそれらを超コード化する抑圧的な統辞化やパラダイム化によるのである。しかしこの無力化は、脱領土化された表現機械が――その表現の姿形の〈深層的〉な節合の次元において――この抑圧から自らすすんで脱却していこうとするがゆえに絶えず攻撃にさらされる。内容に属する形式化の過程と表現に属する形式化の過程の同質化は、空から降ってくるわけではない。それは権力構成体全体の作動による統合に由来するのである。〈深層〉においては、形式の統一もなければ実質の二重性もなく、ひとえに機械の強度の多様性があるだけであって、表現と内容の区別も形式と実質の区別もないのである。

交換は社会的地層化の次元ではしかるべきかたちでコード化されるしかない。これが相対的な脱領土化である。この場合、抽象化はもはや〈冷めた〉抽象機械とはみなされなくなり、むしろ機械状の動的編成や機械状の指標を無力化する能動的システムとみなされる。したがってそれはつねに権力構成体とどこかで結びついている。たとえば宗教の抽象化、あるいは個人論理的アイデンティティや民族的アイデンティティなどを打ち立てる抽象化は、ある共通の基準的領土への帰属や参加の感情をつくりだす。そうすると、すべての道は、宗教、道徳、政治、経済、宇宙等々の多様な価値システムが結びついた超越的な〈意味形成の地点〉に通じることになる。この脱領土化の過程を最適化する冗長性の結び目は、脱領土化に〈覆い被さり〉、脱領土化が氾濫する脅威に終止符を打つという機能を果たす。かくしてこの結び目は、機械状の指標によって開かれた漏出線や機械状の動的編成に対して、一定の目標や展望を定めることになる。つまり漏出線は抽象的地平の手前にとどまり、動的編成は普遍的内容に絶えず回帰し、その明らかな基盤となる。かくして抽象機械は抽象的観念の空に舞うチョウとして固定化され、欲望のエネルギーは逆説的にもまったく地上的な世界秩序のために奉仕させられることになるのである。

かくして欲望を抽象的なものの方に排除することも、具体的なものの方に近づけることも問題外となる。たとえば、抽象的な表象を生産する権力構成体への欲望の備給のみが行なわれるのであり、そうであるがゆえに抽象的表象の疎外の力を説明することができるのである。しかしもちろん、この超越的な擬似的媒介の逆説は空虚と無力にしか通じることはない。それに対して、地上の記号に本来の力を回復させ、言表行為の集合的動的編成の粒子＝記号機械（たとえば実験＝理論的複合体、音楽、等々）にかつてない超力を付与する実践的な動的編成の真の操作子は、われわれの手の届くところにある。語用論のパースペクティブにおいては（記号論的であるかいなかを問わず）、記号学的三角形の構成諸要素の偶発性は一般概念に依拠しているが、そのうちのいかなる要素も特殊な権力構成体と無関係とはみなされない。シニフィアンについて言うと、それは科学的、経済的等々のダイアグラム的権力の動的編成であり、シニフィエについて言うと、それは学校的、政治的等々の権力の動的編成であり、レフェランについて言うと、それは知覚的、視聴覚的等々のコード化の様式の従属システムである[*103]（たとえば消費の対象の場合、貨幣的記号論――〈購買力〉と言ってもよい――や広告などによってアクセスできるかぎりにおいてしかそれを知覚することはできないのであり、それを見ないでその横を通り過ぎるなら、それは夢にすぎない）。

イェルムスレウにとって、形式－実質の対偶は表現－内容の対偶よりも先にくるものであった。それに対してわれわれは、言表行為の動的編成によるこの二つの対偶と〈レフェラン〉の表現の素材の節合を起点としなければならないと考える。表現の基盤は超越的形式化のなかにではなく、表現機械の構成のなかに求めるべきものである。表現機械の主体化の様式は、大なり小なり脱領土化され、離散化、デジタル化、統辞化された記号の貯蔵装置を作動させる記号的構成諸要素の動的編成にしたがって、多様な次元で、象徴的であったり、類比的であったり、有意的であったり、非‐有意的であったりする。イェルムスレウは、実際には、〈言語中心主義的〉なパースペクティブから完全に脱却していたわけではない。彼は、内容と表現を裏表の補完的関係、つまり表現の形式と内容の形式の完全な可逆性だけに注目したのである。しかしこうした全体的な形式主義の君臨は実際の作用因があらかじめ価値システムの変換可能性を確立しているという条件の下でしか打ち立てられない。それは第一に、国家権力が経済的・象徴的な諸価値のマクロなシステムの一般的交換可能性の場として機能する場合であるが、それだけでなく、あらゆる規模の社会的集合体と結びついた権力構成体や集合的装備の全方位的リゾームの機能する場でもある。こうした権力構成体や集合的装備はこの交換可能性を極小化し深化させて、欲望の諸価値にかかわるあらゆる特異的システムの体系的統制に到達する。たとえば〝マスメディア〟に依拠したショービジネス産業は、あらゆる想像上の表象の交換可能性の場を組織する。他方、家族や学校は、子どものあらゆる表現の意味論的翻訳可能性とそのシニフィアンとしての裁断を行なうのである。

表現から意味へ、逆に意味から表現へと移行するものは、相対的に脱領土化された形式であり、脱領土化が標準化されその潜在的なダイナミズムから切断された形式である。システムの交換可能性はつねに権力と無力化の同義語である。それは、欲望を局地化し、それに〈アイデンティティ〉を付与し、それを空虚な冗長性のシステムとして形式化するシニフィアン的な記号構成体の地層的権力による欲望の無力化である。たとえば、外国語を学習するさいのシニフィアンとシニフィエの完全な逆転について考えてみよう。ある対象がある未知の言葉を指示する役目を果たすということは、レフェラン（指示対象）あるいは表象のある要素がシニフィアンの位置に移行するということであり、音韻的または線描的な表現の鎖がシニフィエに移行するということである。このときなにが起きているのだろうか？　形式の伝達だろうか？　情報の伝達だろうか？　そうではなくて、これはむしろ新たな知覚的コード化の構成要素が設置されたということではないだろうか。ものが知覚された記号として、言われたことあるいはつぶやかれたことに応答しているのではないだろうか？　したがって、ここで問題となっているのは、単にある形式の翻訳可能性にかかわる言語学的テクノロジーではなくて、ある種の言表行為の動的編成であり、これがあれこれの言説のミクロ政治を可能にしたりしなかったりするのである。[*104]たとえば子どもは、言葉やものを自分の欲望する強度から断ち切ることなしに、きわめて巧妙に使いこなすことができる。たとえばハンス少年は、ペニスをめぐるパラダイムを形式化することを回避し、〈おしっこをする〉というその機能がいたるところで作動していることを語る。しかし、学校や家族という大人の権力がその記号化の様式の中心に据え付けられると、すべてが変化する。欲望のエネルギーは、言表の統辞化、対象としてのものや学級の特定、あらゆる種類の座標の同定に向かって備給されるところとなる。そうすると子どもは、自分の機械状の質問を諦め、凝固したものの秩序、つまり女性も機関車もおしっこをしない秩序体系を全力で受容しなくてはならなくなる。[*105]かくして言表行為の主体と言表の主体、話し手と聞き手、生命のないものと生きたもの、男と女、等々といった二分法に基づく構成体が固定化され定着するところとなる。しかし子どもにとっては、もともとそうした地層化のあいだに無数の移行通路が存在していたのである。

表現－内容の動的編成の四つのタイプ

動的編成の過程の個人化と他者の記号的識別化は、欲望の〈自然的〉領土性ならびに機械状の強度の内在的次元からの内容の超越的次元の離陸と相関関係にある。言表行為の〝分裂〟は意味作用の〝分裂〟と密接不可分である。言表行為の主体、〈他者〉、〈法〉、そして内容の次元は、つねに権力の選択的対象となる。内容はある世界を結晶化するが、それは普遍的世界ではなく、状況に応じた力関係の領野に刻印されたある世界性である。したがって、ここで、形式主義のさまざまな構造化の様式について、それらが表現されたものと表現機械をラディカルに分かつ自立化した表現の次元の存在をもたらすかどうか、よく識別しなければならない。というのは、イェルムスレウの言うさまざまな表現の〈素材〉の形式化の特徴は、それらが必ずしも翻訳可能な仕方で構造化されていないところにあるからである。それらが翻訳可能であるとしたら、それらは適切な様式で扱われたということである。しかし、さらにすすんで、それらが科学的命題あるいは常識的言表を対象としているかどうか、それらが審美的機械あるいは革命的社会機械によって遂行されているかどうか、等々にしたがって、さまざまな翻訳可能化の様式を識別しなければならないだろう。たとえば、バロック時代の音楽形式に与えられた構造が、ロマン主義音楽の発展の公理を〈潜在的〉に包含していると考えることは錯覚であろう。もちろんそこには、論理的な対応関係、変化しない恒常性といったものがあるだろうが、しかしひとつの時代から別の時代への移行は、それだけでは起きない。歴史的、技術的、社会的、等々の領野に及ぶ他の多くのファクターを勘定に入れなくてはならない。

	記号的構成諸要素	内容の機能	内容と表現の節合	言表行為の動的編成
解釈的生成文法	類比的	意味論的	解釈の領野	主観的、集合的、そして領土化
	記号学的 言語学的	シニフィアン的	意味作用の次元（二重分節）	主観的 個人化 自己中心的
非解釈的変形文法	象徴的 強度的	遂行的、指標的	漏出線と脱地層化	非－主観的遂行的
	ダイヤグラム的	非－シニフィアン的意味	一貫性の次元	非－主観的機械状

芸術の理論家や認識論学者の頭のなかを除いたら、さまざまな記号的地層化を凌駕するようないかなる形式的構造も存在しない。ある文体や理論あるいは公理系がドグマとして君臨し、一時代を画するように見える場合でも、実際の変化はつねに当該の領域からいたるところで食み出る構成諸要素の絡まりあいから生じるのである。したがってシニフィアンの実質とシニフィエの実質という構造的対偶が、内的な漏出線――ダイヤグラム的要素――の侵入によって脅かされるやいなや、表現の素材のすべての特徴がその権利を回復し、その内在的な形式化の様式に立ち戻ろうとする（これは夢や不安の記号的構成諸要素を考えたら明らかである）。したがってわれわれが提案するシニフィエとシニフィアンの伝統的対立の相対化は、必ずしも内容と表現の対立を別のタイプの構造的な動的編成に適用することを諦めようとするものではない。オズワルド・デュクロが示唆するように、意味論的現実と意味作用の同一視は絶対的に自明なことではない。なぜなら内容の語用論的次元は通常の語義での意味作用を越えるものだからである。*106

こうした条件下では、われわれが上の図で提案する記号的構成諸要素の分類に基づいて、意味論的内容とか意味論的分野といった概念の使用を類比的・解釈的な構成諸要素の特殊ケースにかぎった方が有益だろう。

この図から、以下のような〝構成的諸要素〟が得られる。

(1)〝類比的・生成的な構成的諸要素〟。この要素の〝意味論的内容〟は、それが解釈するレフェレン（指示対象）と〈包摂的〉な諸関係を取り結び〝解釈の領野〟を生み出す。その言表行為の様式は〝領土化された集合的動的編成〟の管轄下に属する（たとえば言語〈以前〉の子どもにとって、古典的あるいは他動詞的に作用する）。

(2)〝言語学的・記号学的・生成的な構成的諸要素〟。この要素の解釈は内容の次元（〝意味作用の次元〟）の統辞的〈加工〉から出発する。ここではレフェレン（指示対象）は有意的表象から引き離されるため、言表行為の様式は〝個人化された主観的な動的編成〟の管轄下に属し、したがって(1)の場合よりも相対的に脱領土化されている（〝自己〟の機能性）。

(3)〝強度的・非-主観的・象徴的・変形的な構成的諸要素〟。この要素の内容はレフェラン（指示対象）と言表行為の座標系をスライドさせる（〝機械状の指標〟、漏出線、〝遂行的機能〟）。この要素は言表行為を脱主体化するとともに〈機械化〉し、個人論理的戦略を脱領土化するが、だからといって記号機械のダイヤグラム的脱領土化の過程を促進するわけではない。この要素は記号的構成要素の再-動的編成化を行なうが、まったく新しいものを生み出すわけではない（例として挙げれば、神秘的あるいは審美的な脱主体化）。この場合、ひとりの個人が自己表現する場合でも〝言表行為の集合的動的編成〟と考えることができる。なぜならそれは全体化しえない強度を持った多様体とみなされうるからである。

（4）非-主観的な〝ダイヤグラム的・変形的な構成的諸要素〟。この要素の〝非-シニフィアン的〟内容は言表行為の動的編成だけでなく、同時に表現機械や意味論的形式主義をも脱領土化し、レフェラン（指示対象）のさまざまな地層化に固有のコード化の様式と直接的な連携に入る（これはもっとも脱領土化された次元における共通の〈基準〉をもたらす。つまり〝機械状一貫性の次元〟である）。これは〝言表行為の機械状の動的編成〟であると言うことができる。

ところで、われわれが本書の第一部で取り上げたような集合的動的編成は、先のわれわれの分類図式のどの区分からも食み出るものである。この集合的動的編成は領土化されうるとともに、類比性を基調とした構成要素に属する（たとえば原始社会や青少年の集団など）。それは機械状の言表行為に隣接することがあるが（たとえば現代オペラにおけるオーケストラとコーラスの関係）、言表行為の個人化された構成に依存することもありうる（たとえば主体集団の従属集団への移行）。一般的に言って、われわれが提案する分割的区分は、記号論的な〈機械性〉の原子核的要素とみなされてはならない。というのは、それらのおのおのの要素は、ある特殊なダイヤグラム的機能を作動させて効力を発揮し（それがシニフィアン的機能を無力化するとしても）、ある段階において意味論的・シニフィアン的な指示機能を展開するものだからである。ここでは、すべてが動的編成、力点の置き方、基調的要素の問題であり、一言で言うなら記号論的なミクロ政治の問題である。したがって、すべてはひとえにこうしたさまざまなタイプの構成要素を結びつける複合状態の問題である。たとえば詩的な言表行為の動的編成は、さまざまな記号体制を結びつける主体化の様式や象徴的連結に到達するのだが、それは記号学的に形成される——部分的に非-文法的であっても[*107]——と言うことができると同時に、非-シニフィアン的である

――あらかじめコード化された意味論体内容を備えていても――と言うこともできるのである。

この図式に関して、次のような補足も加えておこう。すなわち、バンヴェニストの設定した解釈と意味作用についての言語学的カテゴリー――これはバンヴェニストにとってそれぞれ範列と統辞という基軸に対応する――は、ここで記号論的次元に移し変えることができるように見えるが、ただしそのためにはこの二つが互いに分離されるという条件がいる、ということである。そうすると、解釈は自立可能な構成要素となるとともに、

（1）強度を持った象徴的構成要素に個別的に適用可能となり、そこから類比的記号論を生み出すことができる（そのとき範列の軸と統辞の軸は交差することはないが、意味的解釈の領野と領土化された言表行為の動的編成の領野の発展をともなう）。

（2）ダイヤグラム的構成要素（たとえば言語的起源を持つ記号機械）に適用可能となり、ダイヤグラム的構成要素をシニフィアンの記号学に変形（あるいは再‐変形）し、自らも範列の軸と統辞の軸の交差――これは主体化（あるいは再‐主体化）の過程と相関関係にある――によって意味作用の機能を担う。

したがってチョムスキーの提起した文法性の程度は、シニフィアン的な言語学的動的編成を背景にして、象徴的構成要素に含まれる類比的・遂行的構成要素の〈隠された〉意味論的内容と、そこで作動する非‐シニフィアン的機械の〈潜在的〉なダイヤグラム的内容とのあいだに確立される依存関係と反‐依存関係の程度の関数であろう。したがって、ある言表の非‐シニフィアン性は二つの変形タイプに由来することになる。すなわち、ひとつは、形態素の次元において、シニフィアン的形式主義の専制支配を回避し、たとえば多義性あるいは同形異義性の増殖による新たな指標的〈負荷〉で豊か

になり、さまざまな方向性を持つようになるタイプ（これはシニフィアンの発生様式によって支配された記号的な動的編成が象徴的変形に移行する場合）。もうひとつは、表現の形成素の〈言語素〉の次元において、ダイヤグラム的変形によって支配された記号的な動的編成——そこでは内容はいっさいの類比的な表象システムやいっさいのシニフィアン的コード化を免れている——のなかに入り込むというタイプ。このとき、ダイヤグラム的言表は、もはや記号学的に形成された実質ではなくて、〈科学的に形成された〉あるいは〈音楽的に形成された〉非 - シニフィアン的な鎖列をなす表現の素材のしかるべき特徴を作動させることによって、ある機械状の動的編成に直接参与することになる。*108

このふたつのタイプの区別によって、われわれはパースが〃イコン〃という言葉を使って〈イメージ〉と〈関係的イコン〉を混合したために生じた曖昧性を払拭する方向に向かわなくてはならないだろう。つまりイメージは意味論的・指標的内容に属し、関係的イコンはダイヤグラム的内容に属するということ、あるいは語彙的意味作用と文法的あるいは関係的意味作用——この後者もやはり言語に固有のダイヤグラム的構成要素に属する——は対立するということ。われわれがここで提案する〃ダイヤグラム的意味〃は、クラウスが直観的意味に対置する〃操作的意味〃に近いと言えるだろう。*109 クラウスにとって操作的意味は、音素の連鎖や意味的形状を表象する記号の動的編成を作動させる。それに対して直観的意味は、表象された記号＝概念＝対象という意味作用の三角形に捕われている。しかしクラウスは、われわれから見ると、なお直観的意味を価値化しすぎている。つまり彼は直観的意味を操作的意味の一種の隠れた基準にしているのである。だから彼は象徴的諸関係は抽象的計算のなかにおいてあるタイプの意味を備えた操作であると正当な考察をしながらも、それはそれが表象する対象を操作しうるかどうかという点ではその可能性が〈それほど豊かではない〉意味であるとつけくわえるのである。われわれは逆に、記号のダイヤグラム的構成によって生み出された〝意味作用なき意味〟は、意味作用の記号学につきまとう袋小路から脱却することができると考えている。同時にそれは記号的な動的編成のなかに補足的な脱領土化の係数を導入し、記号機械が物質的・社会的な流れにかかわる関係的・構造的な結び目を模倣し、そこに〈重なり合い〉、それを実際に機能させることを可能にする。そしてそれが生じるのは、まさに人間中心主義的ヴィジョンの盲点においてである。

記号的従属

この十五年間チョムスキー的な形式化が及ぼした呪縛的影響力は、おそらくそこにトポロジー的構築が結びつけられたことに由来する。つまりそこでは樹木や象徴が使われ、曖昧さの明確化が行なわれた。たしかにチョムスキーの初期のアプローチは、言語のなかで機能する抽象機械の何かに一挙に達するものだった。しかし次から次へと提案されるモデルや、心理学者、意味論研究者、論理学者などによるシステム回収のくわだてによって、この抽象機械の非常に鋭利な性格が鈍摩することになった。チョムスキーの仕事のなかで最良のものは、おそらく彼の最初期の直観に基づくものであろう。*110 たしかに、現在、生成的意味論の信奉者は、容易に彼の深層構造と表層構造との対置に異義を申し立て、統辞論と意味論の連続性を主張することができるだろう。要するに彼らはチョムスキーを理性に引き戻すのである。しかし彼らにそれができるのは、ひとえに彼らがシニフィアンの記号学の枠内にとどまり続けるかぎりにおいてである。したがって、実際には彼らは、正統的チョムスキー派を従えようとしながら、ミクロ政治的語用論からもっとも離れた言語学のなかにはまり込むしかないのである。おそらくそれとは逆に、チョムスキーの当初の直観を深化させ、彼の最初の抽象機械のモデルは〝なお十分に抽象的〟ではなかったこと、そのモデルはまだ言語のシニフィアン的節合に捕われすぎていたこと、彼が把握しようと探究していた文法性は〈意味論的論理〉に身を委ねるものではなく、逆にもっとも脱コード化した資本主義的流れ（つまり非‐意味的で非‐シニフィアン的な流れ）によって作動する〝抽象的権力〟のある様態として理解されるべきであることを重視すべきであろう。*[111] 文法性とは何であろうか？ あらゆる文を支配する、S〔センテンス〕という記号、*[112] チョムスキー的な連辞の樹形図の生成的構造のこの最初の〝公理〟を支配し、すべての派生を唯一の起源に遡らせようとするこの範疇《はんちゅう》記号《きごう》は、何に対応するものだろうか？ それは単に文法的意味作用の最初の発生の核とみなされるべきものか、あるいはむしろ、あるタイプの社会に固有の非‐シニフィアン的語用論のもっとも根元的な特徴のひとつとみなすべきものなのだろうか？ それはおそらくこの二つの次元の性質を帯びているのだと思われる。〈S〉は混合的標識である。それはまず第一に〝権力の標識〟であり、次に〝統辞的〟標識である。文を文法的に正しく形成することは、〈正常な〉人にとって、社会法則に全面的に従属することへの予備手続きである。文法の原理は法と同様に誰ひとり知らない者はいないとみなされる。言い方を変えれば、文法の原理は、人間以下の人、子ども、逸脱者、狂人、社会的不適応者などのために整備された制度に属する。文法の原理は文法化のサブシステムに送り返され、そこで解釈され、翻訳可能化され、調整されるのである。

規範化された生産の作用因の循環は、各個人が社会や生産のなかで占める位置によって各個人に割り当てられた権限の様式と両立する言語的行動を採用することができる話し手＝聞き手としての個人の記号的従属から始まる。言語の最初のシニフィアン的原理としての公理S——文法性の規範に対応する文の生産——は、われわれから見ると、まずもって資本主義的諸社会の根源的なミクロ政治的原理に属しているように思われる。この諸社会は脱コード化した流れの専制を誰も法的に逃れられないように構成されている。それは交換価値の本質としての抽象的労働の流れ、資本の表現の実質としての通貨記号の流れ、規範化された人間相互間のコミュニケーション様式に対応する連辞化され範列化された言語記号の流れ、等々である。脱コード化された流れによる権力奪取の脅威は資本主義とともに始まるのではない。それはもっとも〈原始的〉な諸社会にすでに存在していた（もちろんその諸社会のなかで、ピエール・クラストルが言うように国家に属する社会と国家なき社会は区別しなくてはならないだろう。なぜなら、この二つは国家装置のなかにおける権力の蓄積に対して同じ防衛的態度に臨むのではないからである）。[*113] われわれがすでにこの研究の第一部で示したように、原始的・古代的社会はすでに資本主義的流れに浸透されていて、それを払いのけようとしている。西欧中世とルネサンスの〈断層〉が生じたとき、一種のバロック主義——経済的、政治的、宗教的、審美的、科学的、等々の——の波及のなかで、はじめて脱コード化した流れをコントロールすることができない社会が出現し、この過程が資本主義社会に至るのである。

資本主義社会がすすめる欲望の流れの記号的従属は、いかなる内在的コード化の自律性をも容認せず、いかなる欲望機械も国家のシニフィアン機械による超コード化を免れることはできない。国家語のシニフィアン権力と国家権力は合一していく。分子的な表現のセグメント（切片）が旧来の社会体の分離的構造に取って代わって内容の次元を構成し、これが道徳律や市民法の要請を伝達するのである。欲望の強度が古い領土から離陸し、主体と客体の極性を受容するのは、この次元の上昇によってである。こうして欲望の強度は媒介され囲い込まれ、社会的欲求となり、要求、必要、従属といった性格を帯びるようになる。欲望の強度は、一方でおのれの表現が権力の再中心化と資本化の場としての国家の組織原理と冗長的関係に入り、他方でおのれのなかに閉じ込もり、再解釈が可能になり、したがって結局、客体を持たない非－主体的なノマド的流れという本来の性格を放棄する、といった仕方でしか存在することはできない。

国家の記号的従属機械は、支配階級が生産の作用因と手段に及ぼす権力を確保することを可能にする根源的道具を構成する。一見、すべては公理Sを起点として生み出された二分法とともに始まるように見える。この公理が分割可能な文を人間の条件の根源的要請に対応するように見える名詞的連辞と動詞的連辞へと組織化するということであるが、実際にはそれは言説を述語的活動に従うように導くある特殊な記号学的変形であり、シニフィアンの変形にすぎない。しかし資本主義権力は強度を不定法にのみ依拠して記号的に動的編成をすることだけでは満足しない。[*114] 強意的不定法は抑揚をつけられ、述語的語用のために、そして支配的意味作用のシステム（階級序列的位置、役割交換可能、性的分割、等々といったもののコード化）と矛盾しない指呼的戦略のために役立てられねばならない。強度は支配的システムの規範の価値を認めなくてはならず、規範的コード化が抽象的になり内在化すればするほど、よりいっそう効果的になる。とりわけ、われわれが〈性的身体への生成〉と呼ぶものは、女性の疎外の主体的位置取りを公理化する代名詞と文法的性区別の体制との関係のなかに引き込まれる。[*115] しかしきわめて些細なディテールのなかにおいてまで、政治的・ミクロ政治的権力の構成は言語によって変動をこうむる。したがって、こうした言語の統辞的、語彙的、音韻＝形態的、韻律的な構成要素の生成と変形の様式にかかわる権力の抽象的経済（エコノミー）は、われわれから見ると、言表行為の語用論的領野の交錯、デュクロが言語の〈論争的価値〉（語源的意味における）として指示したものと密接不可分に結びついている。このことをちょっと考慮に入れただけでも、普遍概念に依拠しておのれの自律性を打ち立てようとするいっさいの思想は無に帰するしかないのである。

権力の道具としての言語能力

生成文法は言語能力を言説の創造的生産のために使われる一種の中性的道具としてわれわれに提示する。人は言語的普遍概念の天空にいっさいの社会的・歴史的状況設定の外部でアクセスするというわけである。そしてあいまいな点については、過去から引き継いだものの奇跡に委ねるのだ。しかしそれ自体として即自的に成立する文法性も、それ自体として即自的に成立する言語能力も存在しない。言語能力と言語運用はつねにある相対的関係のなかに置かれている。

規範としての、そして多様な具体的言語運用の枠組みとしての、言語能力のあらゆる結晶化は、つねに権力の位置取りの確定の同義語である。一般的な言語能力などというものはなくて、言語能力はつねにある特殊な現場——政治的、社会的、経済的、審美的、等々の——と結びついているのである。しかしそのことは、言語能力が抽象的手段、つまり抽象機械——それは人間の〈分枝〉の機械状の系統流に依拠した変化として現れる——を作動させないということを意味するわけではない。ただしその場合、言語能力は構造的普遍概念に基づいた文法に依存するのではない。（資本主義的政治経済学もまた、あらゆる可能な経済の一般文法として出現しようとしたことを想起しよう！）。たとえば学校における子どもの言語運用を例にとると、それはある時代のある社会の学校のミクロ政治の枠組みのなかに固定された言語能力との関係においてしか成り立ちえない。一般にあらゆる言語能力は、国家間、地域間、あるいは政治的階級、カースト、民族といったもののあいだの政治的諸関係を引き込む。言語能力の普遍性の理論は、ある個人の言語的生産能力はその個人の言説の実際的生産——つまり言語運用——を超えるという単純な考えに依拠している。それは言い換えるなら、個人は抽象的図式（シェーマ）を作動させる表現機械を備えていて、その機械はおのれが行なう一連の言表の生産の単なる総和以上のものであるという考えである。そうかもしれない。しかしこの〈言語能力機械〉とそれが行なう生産とのあいだの関係は逆転する可能性もある。つまり機械自身がおのれの行なう生産によって生産されることもありうるのだ。それ以外にありうるだろうか？　機械はどこから生まれるのだろうか？　言語の先天的な能力からだろうか？　そうではなく、言語能力と言語運用は恒常的な相互作用関係にあるのだ。あるときには、言語能力——表現の機械状の潜勢力——は、地層化されステレオタイプ化された言表の脱領土化の鍵を秘めている。また別のときには、ある特殊な記号的生産が過度に硬直化した統辞を脱領土化する。しかし一定の社会的空間——集団、民族、職業など——に領土化された言語能力は、下位の言語能力に格下げされ、その結果、それと結びついたさまざまなタイプの言語運用の価値を引き下げる。[*116] 次いでこの同じ言語能力は、現前する力関係の変化や欲望の局地的なミクロ政治の変化に応じて、より広範な社会空間で〈権力を奪取し〉、地域的、国家的、帝国的な言語能力となる。そのときあるスタイルが登場し、俚言が貴族の言葉となり、技術的言語が地方固有の言語に感染し、つまらない文学が普遍的な重要性を持つようになる……こうした政治的醸造の過程は、単に言語の形態素の普及に関わるだけでなく、言語のあらゆる原動力を作動させるものであるということをよく理解しておこう。

言行為の普遍性というものは存在しない。そして言語はこの行為と不可分の関係にあるのだから、〝言語の普遍性も存在しない〟のである。ひとつひとつの言語的表現のシークエンスにあらゆる種類の記号的つながり（知覚的、身ぶり的、イメージによる思考、等々）のネットワークが結びついている。かくしておのおののシニフィアン的言表は、社会的身体と個人化された身体で同時に機能する強度を持った無音のダンスを結晶化させる。言語から舌語にいたるまで、あらゆる移行が可能である。言語的な普遍概念はない。チョムスキー学派によって打ち出されたたとえば表現の次元における二重分節の形態＝音韻的組織化といったような普遍概念の例は、言葉の可能性の条件に関わるとともに音韻的記号論の創設の起点となる音声の節合体系と同じほど言葉に対して外在的な機械状の特徴を持っている。この自称普遍概念はある特殊な表現実質に固有の特徴でしかなく、その特徴はクリスチアン・メッツが〈表現の素材にふさわしい特徴〉と呼んだもので、ここを起点として記号的に形成された実質が構成されるのである。言語の習得の速さを説明するために、よく遺伝が持ち出される。しかし、たとえば音楽的記号に〈満たされた〉環境のなかで、四歳の子どもが正真正銘の音楽的能力の発現に達するという事実を考えてみよう。つまり、読み書きの能力や手仕事の能力――これはよく知られているように道具によってそれぞれ非常に特殊化されたものである――を遺伝的〈組み立て〉の範疇に入れることは馬鹿げているのである。

内容の次元における普遍概念に関わる仮説はさらに脆弱である。内容の組織化、同質的な表象の領野の構成は、つねに権力の構成体の結晶化に対応する。いかなるカテゴリー、いかなるカテゴリー化の様式も、そのまま普遍的なものとか、遺伝的コードによってプログラム化されたものとみなすことはできない。つねにある社会的領野、あるミクロ政治的領野が、内容の切り分けを超コード化するのである。遺伝的プログラム化は言語にとって外在的な地層においてしか機能することはできない。そのうえ、こうしたプログラム化がそれ自体として普遍概念のシステムに結びついているとみなすことを可能にするようなものは何ひとつない（たとえばゲノムのシステムはそのようなものとして考えられないことはないが、その場合、他の物理=化学的地層の演じる役割を無視することになるだろう）。普遍概念が存在するかどうかということが、実際にはそれぞれにさまざまな異質の地層のあいだの偶発的諸関係に依存しているとしたら、わざわざ普遍概念を持ち出してみたところで何の役にもたたないだろう。遺伝的コード化のシステムの事実上の安定性について言うなら、そこには、物質の構造と同様に、なんら普遍的なものは含まれていないのである。それが地層化していること、〈そこに戻る〉ということ、それをいたるところで見いだせるということ、こういったことは超越的形式主義の称揚をもたらすものではなく、突然変異的な抽象機械の作動につながるものなのである。

〈語用論の普遍概念〉は存在するか？

近年、ジョン・サール、ウンダーリヒといったような著作家が、言語のシステムから絶対に脱却しようとせず、したがって〈言行為〉、言語運用の研究に向かおうとしないチョムスキー的パースペクティブを拡張しようとしてきた。ヘルベルト・E・ブレークルは、語用論的次元の役割を彼がハーバーマスにならって〈コミュニケーション能力〉（あるいは〈特異的言語運用能力〉）[*117]と呼ぶもののなかの最重要の位置に置き、これをチョムスキー型の〈システムの能力〉に対置する。この後者は抽象的構造に依拠していて、形成・変形の規則が固定化されたあと、音声的鎖のなかに閉ざされる。それに対して前者は、〝ダイナミックな自動調節〟の関係にしたがって、コミュニケーション能力のファクターの総体に結びつけられる。このファクターの総体は、ブレークルによると、三つの次元において分節的に結びついている。すなわち、〈言語活動能力〉の次元、システムとしての言語の次元、そして発話（パロール）の次元（特異的言語運用能力）である。そして、統辞論、意味論、語用論にかかわるさまざまな問題は、これらの次元のすべてに属している。こうした見方は、少なくとも、言語能力と言語運用のあいだの諸関係を、ラングとパロール、あるいは表現と内容の伝統的な対置から解放するというメリットを持っている。つまりこれによって、最後まで解明しつくさねばならない記号的領域の特殊な構成に多様な次元でかかわりを持つことができるようになり、パロールの現実的行為をそのあらゆる具体的領域のなかで描写することができるようになるのである（われわれの見るところ、これはおそらく、チョムスキー的な二分法的樹形図のテクノロジー、つまり言語の擬似数学化との不可避的な断絶に至る）。しかし残念ながら、ここで言及されている、いずれさまざまな次元において統辞論と意味論の蝶番としての役割を果たすことになるであろう語用論は、現状ではまだ普遍概念に依拠したものとして構想されている。われわれの見方では普遍概念の存在は統辞論と意味論の次元におけるある錯誤から生じているのであり、したがって普遍概念を語用論のなかに持ち込もうとするのは、まったくもって常軌を逸したことであるとわれわれには思われる。かくしてヘルベルト・E・ブレークルは、ハーバーマスをいわゆる〈言語の普遍的機能〉という次元で捉え、〝あらゆる言説状況〟とあらゆるパロールの可能的行為の構成の一般的構造を説明しなくてはならない〈普遍的語用論〉というパースペクティブに行き着く。こうした語用論の普遍概念（〈対話の普遍概念〉！）に対しては、それこそハーバーマスにならって、普遍概念に属していなくて、逆に、〈社会規範によって規制されたりある種の文化のなかで制度化された行為や振舞を体現するのに役立つ〉ある特殊な種類のパロールの行為を対置しなくてはならないだろう。ここでわれわれに対して提起されている〈言説の一般的構造〉の普遍概念の例は以下のようなものである。

（1）遂行的・指呼的機能を持つ、ジュ（私）、チュ（君）、イル（彼、それ）などの人称代名詞。（2）呼格的形態、敬語的言い回し。（3）アフィルメ（断言する）、ドゥマンデ（求める）、オルドネ（命じる）、プロメトル（約束する）、といったような遂行的動詞。（4）クロワール（信じる）、サヴォワール（知る）

といったような必然的に志向性あるいは様態性をともなう表現。それにくわえて、語用論の普遍概念に属していないパロールの行為の例。(5)サリュエ(挨拶する)、フェリシテ(祝福する)、ルメルシエ(感謝する)、バティィゼ(洗礼する)、モディール(呪う)、ノメ(名付ける)、コンダネ(断罪する)、アキテ(無罪放免する)、といったような動詞に導かれる文。

これはまたなんと奇妙な普遍性概念なのだろうか! ジュ、アフィルメ、サヴォワールなどが、どうしてサリュエ、ノメ、コンダネなどよりも普遍的なのだろうか? そこでは、非-個人化された主体化の様式、子どもの他動性、狂気や創造のなかにおける支配的座標系の転覆(それは一方的なものであったり合意的なものであったりする)といったものに、どんな場所が用意されているのだろうか? こうした提起のなかでわれわれに興味深く思われるのはただひとつ、特異的・遂行的な言語運用という部分で、これを推し進めて深化していけば、ソシュールから彼らに伝わった〈言語活動能力〉といったような黴のはえたカテゴリーを放棄し、チョムスキーによって再活性化された〈普遍概念〉というこの強迫観念からきっぱりと身を解き放つことになるだろう。言語学者は、単に〈言語的行動〉の語用論的領域の分析において心理言語学的あるいは社会言語学的な問題構制に価値を認めるだけではなく、同時に欲望のミクロ政治学にかかわる諸問題に全面的に参入することを受け入れなくてはならないのである。

言語能力の自律性が、言語運用における語用論と同様に、普遍概念に依拠するものではないなら、それはおそらく個人的言語能力を規定するある〝言語状態〟の過渡的結晶化に対応するものであると考えることができる。

では、この安定化を保証する拘束、音韻論学者が言語に内在する構造のために、そして生成文法学者が遺伝的にコード化された普遍概念のために行なった拘束の性質をどのように説明したらいいだろうか？

言語的権力構成体の結晶化とは何だろうか？　権力を単に社会的上部構造として表象するなら、この問い自体がさっぱり納得がいかないだろう。権力は単にミクロ権力であるだけではなく、それはまた超自我の権力、自己自身に及ぼされる権力、恐怖でびびらせる権力、心身症状、神経症、自殺などをもたらす権力でもある。ある〈言語状態〉の安定性はきっとつねにこうした諸権力の均衡に対応するものだろう。そしてこれらの諸権力はもちろん互いにいい加減な仕方で配置されているわけではない。それは無定形なマチエールではない。したがって〈言語能力の地層〉の安定性は、次のようなさまざまな領域を同質化するという条件の下でしか説明することはできない。

（1）記号化の活動総体（内的知覚から〝マスメディア〟に従属するコミュニケーション様式に至るまで）。（2）ミクロ政治的次元（器官なき身体の形成に属する）。（3）機械状の指標と抽象機械の領域（機械状の系統流と一貫性の次元）。（4）おのおのの地層のなかで多様な切片性システムと多様な脱領土化する漏出線のシステムの和合に至る領域。

ひとつひとつの語用論的シークエンスは、あらゆる次元あらゆる種類の権力の構成要素を引き込む。その効果はそれが作動させる支配的記号化の様式、とくにダイヤグラム的記号が抽象機械（金融的、科学的、芸術的、等々の）の機能を解き放つかどうかにかかっている。かくしてわれわれは、ミクロ政治的な語用論を個人論理的言語学のあらゆる場所から食み出す――とくに〝下部〟から身体的強度に向かって、そして〝上部〟から社会体に向かって――記号化の様式の動的編成活動として定義することになる。こうしたパースペクティブの下では、語用論を統辞論や意味論の大いなる郊外とみなすことをやめなければならない。語用論は、より広大な記号論的語用論のある特殊ケースでしかない。われわれが生成的語用論（言語学的）語用論（言語学的記号論）として分類する〝シニフィアン権力〟の結晶化は、リビドーの地層化、表現の冗長性や内容の冗長性のシステムへのリビドーの自閉に対応する。表現の冗長性と内容の冗長性との節合は言表を無力化し、それを制度化された権力の世界、あるいはたとえば狂気や創造に従属する特異的システムのなかに閉じ込める。しかし、このようなミクロ政治的言語能力は、国語としてあるいは方言として安定化する以前に、まず集合的言語運用として実験される。したがって個人的言語運用の通り道のなかに、それがマージナルであれ錯乱的であれ、辞書や学校文法のような完全に硬直化したコード化にいたるまで、流動性のあらゆる段階が入り込む。言語能力と言語運用の乱暴な対置は、言語の基盤を標本化するだけでなく、言表行為の集合的動的編成――つまり言語の正真正銘の集合体――を、別の選択肢――個体化された主体性あるいは普遍的主体性――を利するかたちで〝圧縮する〟のである。文法性による判断は〈他のさまざまな判断と同じ行動である〉[118]と考えるT・G・ビーヴァーのような心理言語学者の立場は承認に値する。シニフィアンの（有意的な）文法化は、資本主義的社会的領野に関わる記号総体に権力を及ぼし、それを地層化するのであり、そのような記号総体は文法化を支配しているとみなされる普遍概念の上に打ち立てられているものにすぎないと言わねばならない。これは、神授権の正統性を自らの外見に付与しようとし、とりわけ資本主義的交換経済主義の拡張を〈正当化〉しようとしてきたあらゆる権力構成体が使う遡及的普遍化の手法と同じなのである。通貨的、言語的、音楽的、等々の遂行能力をつねに〈構造化する〉ことができるということ、そしてそれらをつねに言説化し二項化することができるということは、それらが〝つねにそこに存在した〟か、あるいはそれらの要素が〈資本〉や〈シニフィアン〉や〈音楽〉などの形式の胚胎の〈萌芽〉を内包していたという考えに導く。しかし、こうした形式そのものを定めて安定化し、その創造的潜勢力やその言表行為の動的編成とその主体＝集団の準安定状態を整え限定した権力の諸過程や機械状の変化は、〝絶対的に解体不可能〟であり、一連の離散的要素や言説の原理の体系に還元することはできないものである。ここで登場する抽象機械——これについてはもっと先で明示したいと思う——はつねに複合化され続けるものであり、変化するものとしての特殊性を失わないかぎり決して解体されることはない。したがってこの抽象機械は、小さな断片によって、あるいは学習や条件付けによって獲得されるものではない。これは全面的に組み立てられたかたちである過程に結合するものであり、自らがぴんからきりまで変化させることができるある動的編成に参入するのである。

したがって抽象機械は子どもの〈発達〉を区切るいわゆる〈発達段階〉とはなんら関係がない。ある年齢から別の年齢への移行は心理学者や精神分析家のつくるプログラミングに依存するわけではない。この移行は〝ア・プリオリ〟にその性質や連鎖の仕方を規定することができない多様なコード化と記号化の様式の再－動的編成と結びついている。つまり〈段階〉はなんら自動的なものではなく、個体化された有機的全体性としての子どもは、ひとえに子どもを貫ぬく物質的、社会－経済的、記号的な総合的多様体のあいだの相互作用として構成される。

たとえば思春期の生物学的構成要素が若者の人生に突如闖入するという事態は、その周りのミクロ社会的コンテクストと密接不可分に結びついている。つまりそうした構成要素は他所でつくられた一連の機械状の指標を発動させ、かぎりなく多様な使用域のなかに姿を現わす新たな抽象機械を解き放つ。そして自閉的な知覚的コードの再整備が行なわれ、詩的、宇宙的、社会的、等々の外在化が家族的諸価値に対置される。しかしこの発動は、実際には一方的なものではまったくなくて、他の〈外的な〉記号的諸要素もまた、思春期の生物学的な記号的諸要素の効果を加速化したり抑制したり方向転換させたりすることができるのである。このような条件下で、社会的なものと生物学的なものの相互作用はどこから始まりどこで終わるのだろうか？　もちろんそれは有機的全体性あるいは家族的集団の下部集合体としての個人という境界線から始まるのではない。こうした現象によって社会体のすべての機械が少しずつ問いに付されるとともに、他方、生物学全体がもっとも分子的な次元で社会的領野との相互作用に関わっていくのである。したがって、家族的、学校的、等々の有機的コンテクストのなかで考察された個人的次元における思春期の現われを、たとえば欲望の集合的流れをより広範な社会的次元で問いに付す社会的激変と切り離して考えることはできない。社会全体がそのもっとも奥深い繊維状組織のなかにおいて、次から次へと世代を通じて幼年期と思春期を倦むことなく押し流していくこうした生物学的脱皮現象によって絶えず貫通されているということを、どうして無視することができるだろうか。その繊維のなかを通っている欲望の流れは、たしかに家族や学校、医学、スポーツ、軍隊などのコード化、そして個人の〈正常な〉行動を律すると考えられているあらゆる規制や法規によってシステマティックに掌握されている。しかしながら、そうした欲望の流れが集合的な欲望機械を大規模なかたちで結晶化するに至ることもある（地域の仲間集団からウッドストックの大集会に至るまでの現象、あるいは六八年五月、等々）。そしてそのとき、散乱した〈機械状の指標〉でしかなかったもの、あるいはただちに無力化される脱領土化の兆しのようなものが、新たな欲望の記号的動的編成を引き起こすことができる〝抽象機械〟になるのである。

もう一度、別の事例をもとにして、機械状の指標、抽象機械、記号的動的編成といったものの相対的位置と機能を取り上げてみよう。はじめに三歳〜四歳までの子どもの描いた素描に現われる書かれたものの萌芽的状態を考察してみよう。この時点ではなんとなくなにかが書かれているという指標にすぎない。まだなにひとつ画定されず、結晶化もしていなくて、すべてがまだ可能な状態である。しかしこの指標が学校機械によって取り込まれると、ラディカルな改変をこうむる。素描はその多声性を喪失するのである。一方で絵は貧弱かつ限定的なものになり、他方で書記は全体として支配的規範と和合するように大人的な表現に押し向けられていく。学校の記号論の動的編成はどのようにして子どもの欲望の強度に権力を振るうに至るのであろうか？　この点、子ども〈の〉機械状の指標に対する権力装置の抑圧的作用を考察するだけでは不十分であることはすでに指摘したところである。ここで把握しなくてはならないのは、この抑圧が、ある場合にはなぜ目的に達することができるのか、そして別の場合には、それに失敗するのかということである。ここで再び、抽象機械が構成する媒介的審級を回避するわけにはいかなくなると思われる。抑圧を呼び寄せる抽象機械の結晶化が失敗に帰すれば、権力の動的編成もその効力を失い、主体は不適合をきたし、発達は遅延し、性格障害に陥り、精神病になるなど、秩序維持の信奉者たちが欠陥人間に分類するあらゆる事態が生じるのだが、それに対して、もともと非抑圧的な諸条件の下では、この同じ子どもたちが〈学校入学以前〉の記号的創造性を豊富化し続けることを容易に見て取ることができる。したがって学級における〈正常な学習〉の段階への移行、朗読や書記や計算等々に関する平均的能力の獲得は、言語活動の発達の多様な〈段階〉を通して内面化される感覚的図式の自動的な発動に依存するのではない。ここで問題とすべき段階論は、発達心理学的なものではなくて抑圧発生論的なものである。〈オイディプス・コンプレックスの衰微期〉に、運命のように子どもの生に区切りをつける〈潜伏期〉を考察するかわりに、具体的な社会的座標系やそこにおける特殊な記号的従属化のテクノロジーを研究する方がおそらく有益であろう。このテクノロジーは、子どもが〈人生に入る〉決定的な時点に、子どもを家族的・学校的環境に組み入れて包囲するのに貢献するのである（これはフェルナン・ウリの表現を借りれば、〈学校＝兵営〉コンプレックスと呼びうる状態である）。

いわゆる発達心理学的〈段階〉が作動させる抽象機械は、知覚、記憶、論理的統合、行動の構造といった次元における一般的図式には包摂することはできない。というのは、この抽象機械は雑多な混交的構成を結晶化させるものであり、〈退行的固着化〉と超－脱領土化された記号的構成を持ったアルカイックな領土化の様式とを交ぜ合わせるからである。たとえば遺尿症の子どもは、ある同一の抑圧的公式のなかで、自閉的方向に向かう体位の記号論と、周囲への依存に向かう情動の記号論、さらには教育的・療法的なサド＝マゾ機械――特殊なベッドからいわゆる〈いい応答の強化〉という行動主義的技術や精神分析的装置の専制的解釈にまで至る――といったものが結び合わされたある抽象的公式――器官なき身体――と衝突する。しかしだからといって、〈ベッドでおしっこをする〉抽象機械は、無言のダンスの特異性を失うわけではなく、このダンスはいかなる種類の療法士の抑圧＝言説的分析にも完全に還元することはできない。そのさい、子どもが仮にやる気を発揮しても、それ自体がつねに欠陥として扱われる恐れがある。したがって子どもがたとえ知らないうちに抑圧に加担したり、明白に抑圧に備給したりしても、この抽象機械のシステムの特異性は子どもがそこから部分的に逃れることを可能にするのである。

他方、抑圧は有機的全体性としての子どもを完全に制圧しようとするのではなくて、その記号化の様式を構成する諸要素に接続しようとする。したがって抑圧体制の総体が欲望する機械の総体に純然たるかたちで適用されることはなくて、社会体や個人を横断する抽象機械を通して媒介過程が進行するのである。遺尿症の子どもが、付随的症候として、たとえば学校で割り算ができないという場合、それは子どもの論理的能力の欠如を意味するわけではなくて――逆にそうした子どもがきわめて難しい抽象的問題を処理する能力を持っていることがことがよくある――、リゾームを背景とした抑圧的快楽――学校＝教師＝親＝成績採点システム＝抑圧的顔貌の特徴＝マスターベーションのタブーといった――が組織されていることを意味しているだけのことである。ある型の論証性に対する子どもの拒否は、そこで問題となっている動的編成を全体化しようという子どもの欲望を表わしているのである。そこでは、ある特殊な基盤に領土化された一種の超－身体的な性的興奮地帯がつくられる。かくして割り算の問題は、機械状の先端、潜在的な漏出線の指標となる。この同じ子どもが、別の状況においては、無言症になったり、ある問題の言表を読むときに射精をし始めたりするのであり、したがって家族的・学校的な権力機械は、実際には、必ずしも体系的に分類された症状形態を取らないこうした生物的＝心理的＝社会的な地帯に接続することができたときにしか効果を発揮することができないのである。たとえばどもりの地帯を領土化した子どもによって問題に付されている記号的結合を拡張したり規範化したりすることで成り立つ適応・回収的治療は、その子どものリビドーを相対的により脱領土化された地帯に向け直そうとする。たとえばある不安が学校の競争と結びついていても、完全には麻痺していないとき、それは可能である。

かくしてリビドーは、抽象機械を介して、社会的抑圧の審級と個人的記号化の審級とのあいだを流れ続ける。しかしこの流れは、自動的でもなければ必然的でもない。この流れが可能になるには二つの条件が結び合わされねばならない。（1）〈個人的〉欲望が、おのれの指標、おのれの機械状の先端を、抽象機械のなかに結晶化すること。（2）抑圧的社会体のいくつかの要素がこの抽象機械と接続すること。ところで、ひとつの抽象機械はひとつの別の世界の動的編成の可能性を空転させる。たとえば、若者は子どもから脱却するとき、今から自分が組み込まれその一部をなすところとなる新たな言表行為のシステムが秘匿しているあらゆる豊かさや脅威を閃光のように知覚する。したがって抽象機械は、欲望の強度と支配的な記号学的地層化とのあいだの根本的に準安定的な審級を構成するのである。しかしながら抽象機械は、抽象機械の結晶化に先立つ機械状の指標とはちがって、おのれが出現する道が強化されないかぎり潜在性の状態にとどまり続ける。指標はいつなんどきでも拡散し、旧来の地層が力づくで戻ってきて定着するのを放任するのに対して、抽象機械はいかなる状況いかなる場所においても、革命を起こそうとして指標を威嚇し続ける。こうして資本主義的抽象機械は、専制的国家権力が新石器時代（原国家）の大古的領土性から離陸した瞬間から、あらゆる社会的システムに憑依してきたのである。もっとも脱領土化された抽象機械は、一種の直接的な記号的感染を通して、あるシステムから別のシステムへと伝達される。しかし、大人の世界から子どもの世界〈に向かって〉は、そして文明化された世界から野蛮な世界に〈向かって〉は、抽象機械の潜在的伝達が行なわれるのに対して、大人〈なしの〉子どもの側、文明人〈なしの〉の野蛮人の側には、たとえば書記や資本主義的経済の指標しかない。この次元においては、絶対になにひとつ決定的になってはいない。すべては言表行為の集合的動的編成に依存しているのである。新たな動的編成は記号的論理化の閉じられたシステム――シニフィアン－シニフィエの二元論的実質――のなかに自閉するかもしれないし、あるいはそれはダイヤグラム的な反応を連鎖的に引き起こし、欲望の機械状の漏出線が〈意味作用の壁〉を越えて記号機械の脱領土化の先端と物質的・社会的な集合体の先端とを直接連動させるかもしれない。抽象機械はいわば三重の可能性を〈物質化する〉のである。すなわち（1）自らの解体を行ない、機械状の指標の〈アナーキー〉に回帰する。(2)意味作用の記号学の作動によって抽象化された形態の下に石化して、相対的に脱領土化された地層となる。(3)ダイヤグラム化の効果によって活発な脱地層化が起き、非シニフィアン的な記号＝粒子の流れが生じる。

欲望のミクロ政治学

したがって抽象機械は単なる〝ひとつの〟段階に属するものではない。それはなんらかの様態の下でいくつかの段階に同時に属するものである。抽象機械は、指標の次元においては、〈上位〉の段階の機械状の統合の潜勢力――それは地層によって回収されたりされなかったりする――を表象し、地層の次元においては、脱地層化的ダイヤグラムの潜勢力を表象する。潜在的脱領土化の純然たる量子としての抽象的機械性は、いたるところにあると同時にどこにもなくて、機械と構造、表象と指示対象、客体と主体、といった対立関係が結晶化する〝以前〟にも〝以後〟にも存在する。かくして抽象機械はまた、おのれが地層化の脱領土化的方向の増大の可能性を切り開く多様体に対して、これを全体として物象化する脅威としてものしかかる。内容と表現の分離された平面上に、記号、もの、表象といったものを配分する自立的な記号機械の出現とは切り離された抽象機械の存在は、われわれが抽象機械を数学的論理システムや〝ア・プリオリ〟な諸形態に還元することを禁じる。他方、シニフィアンの記号学の地層化の後における抽象機械の存在は、記号とものあいだのダイヤグラム的な通路として機能し、したがってわれわれが抽象機械を地層化や超越論的抽象化の単なる構造的不変物とみなすことを禁じる。地層は抽象機械にとって脱領土化の過程の一時的残存物にすぎない――実質という観点から見たらそれはそれ自体として無にすぎないのだから――にもかかわらず、地層は必ず姿を現わして絶えず自ら地層化し脱地層化し続ける。しかしだからといって地層は、決して形式対物質といったような無力化をもたらす対立にとどまっているわけではない。したがって、存在のなかに〈居着く〉地層の自閉的形式主義と、抽象機械によって領導される開かれた活動的な形式化――これは機械状の指標とダイヤグラム化の効果の次元で起き、脱領土化の過程の不可逆的な創造的性格を刻印する――との非対称が存在する。こうした条件下では、地層のホメオスタシス的均衡は決して保証されることはない。なぜなら地層は、改修や動的編成や新たな地層の創造に到達しうる抽象的機械性の間-地層的脱領土化の作用によって、〈外側〉から脅かされ、〈内側〉からは、地層をいたるところで横断する漏出線の代謝機能によって脅かされるからである。

可能的なものは、記号的構造や物質的な社会的地層化のなかに姿を現わす前に、純粋な論理的素材として存在することはない。それはまた何もないところから出発するのでもなく、一種の誘発性のシステムのなかで自由の量子というかたちで組織化される。そのシステムの分化と複合性は有機科学の鎖列や遺伝子的コード化の分化と複合性になんら劣るものではない。[*119]可能的なものの代謝は単に〈論理的マチエール〉に属するものではない。それは分化した表現の素材をその脱領土化の程度に応じて作動させる。機械状の潜勢力の無限の集合体を展開する一貫性の次元は、地層の内部における活発な脱領土化の地点の識別、選択、節合に敏感に機能する一種のプレートとして構成される。可能的なものは可能的なもの一般として存在するのではなくて、ひとえにグローバルで無差別的な無化と混同されてはならないある脱領土化の過程を起点として存在する。かくして一種の脱領土化の素材、可能的なものの素材が存在し、それが政治的なものの本質を構成するのであるが、ただしそれは人間横断的、性横断的、宇宙横断的な政治である。脱領土化の過程は、地層化――時間＝空間化され、エネルギー化され、実体化された――という形態、あるいは漏出線や新たな結合の生成の残留的可能性という形態の下で、つねに残余を残している。脱領土化は決して途中で停止することはなく、これがおのれのなかに自閉し地層化された現実の鏡となり無化されたものとして表象される虚無との違いである。かくして抽象機械のシステムは活性的な限界、いわばもっとも脱領土化された地層を越え出ていく生産的限界をなし、あらゆる過程の極限の手前にある。したがって抽象機械は科学の領分でもなければ、文化の領分でもなく、はたまたイデオロギーや教育の領分でもない。そうではなくて、それは主体と客体が特定化される以前の〝欲望の政治〟なのである。ここでは、人間の条件と内在的に結びついた自由、地層化された〝即自〟とラディカルに対立する〝対自〟の自由、したがって自らの無力以外のものとは一切結合しないような自由などは問題外である。ひとつの動的編成から別の動的編成に移行することによって、人は脱領土化的な結合の量子を受け取ったり失ったりする。脱領土化は必然的な因果律に同化することはできず、地層化の方向に向かって、もしくは開かれた〈可能性を切り開く〉方向に向かって自らを方向づける。

もう一度、フロイト派によれば子どもの〈発達〉を刻印するという〈潜伏期〉に戻ろう。この時期は六歳から八歳のあいだに〈子どもの健忘症〉として発現するが、それは子どものオイディプス的かつ前－オイディプス的な過去全体にかかわる抑圧に由来するとされる。しかしフロイトが言うには、だからといってすべての記憶が消し去られるわけではない。〈理解不可能な漠然とした記憶〉[*120]は残る。誰にとって理解不可能なのであろうか？　それは文明化された正常な白人の大人にとってだ！　これは実際には記憶の問題ではなくて、子どもの記号化の様式、子どもの感性、感情、性的衝動など、恐るべき〝ろうそく消し〟を被せられるものの記号化の様式の問題なのである。なぜ子どもの欲動の発展を内部から抑圧するメカニズム――これはやがてエロスとタナトスの普遍的対立に関係づけられる――が必要とされるのかというと、それはひとえに抑圧的な社会的動的編成の登場を隠蔽するためである。なぜ子どもの記号的〝政治〟が反転し、抑圧に与することになるのか？　なぜ先行する領土の均衡をゆさぶる脱領土化のファクターが、より広大な記号的創造性への過程を切り開くのではなくて、その過程を支配的システムの抽象化に向かって方向付けるのか？

発達心理学的決定論の図式的回答を放棄すると、この問題は向きを変えて豊富化される。子どもは家族や学校の抑圧的権力のコンテクストのなかで、いかなる特殊性にしたがって、抑圧の備給の〈くわだて〉に抵抗したり屈伏したりするのか？〈潜伏期〉の時期の場合、いかなる学校的抽象機械が、既存のシステムのきわめて具体的な場所において、子どもの抽象機械と結合するのか？　保育園で作動する記号論は、どういう点で親の〈教育的〉介入による〝ろうそく消し〟の作用を受け継ぐのか？（ちなみに、労働の時間と〈リクレーション〉の時間の分割が設定されるのは保育園からである）。学校におけるいっさいの生きた利用法から離れた文字の習得は、どういう点でのちに創造的ダイヤグラムとして発展する可能性を不毛化するのか？　学校的な時間と空間の記号体系（授業の時間と休暇の時間の分割、学級の空間、先生の空間、リクレーションの空間、街路といった分割、等々）、規律の記号体系（整列、採点、競争、懲罰、等々）は、どのようにして〈学校以前〉の子どもの記号体系を、ときには決定的な仕方で押しつぶすに至るのか？　そしてそうした学校的記号体系は、工場、事務所、兵営といった場所をどのように記号的に条件付けるのか？　すでにわれわれが明らかにしたように、義務教育機械の第一の目的は、情報、知識、〈文化〉を伝達することではなくて、子どもの記号的座標系を徹底的に変えてしまうことである。こうした条件下では、〈潜伏期〉の実質的な機能は、原始社会において完全な〈人間〉つまり集団の規範の要諦に呼応する大人をこしらえる〈イニシエーション・キャンプ〉の近代的等価物であるとみなすことができるだろう。[*121] しかし、ここでは、イニシエーション・キャンプは十五日間ではなく十五年も続くのであり、その目的は諸個人をその神経繊維のもっとも無用な部分にいたるまで、資本主義的生産システムに従属させることなのである。要するに、潜伏期と相関関係にある幼児性健忘症は、支配的諸権力のシニフィアンの記号学に従属しない記号体系の消滅をしるしづけるものであるということだ。神経症者が〈前‐オイディプス期〉の子どものようにこの支配のヴェールから脱却しているのは、これらの諸権力の包囲システムがなんらかの理由で神経症者を掌握しそこねたからである。そうすると、幼年期の強度が作用し続けて彼らを混乱させ、〈正常な〉意味作用や価値体系とは逆の方向に彼らを押しやることになる。記憶の役割——自分の幼年期をノスタルジックに思い出す大人の自然な記憶であれ、精神分析による回想のような人工的な記憶であれ——は、こうした幼年期の強度の最初の消滅期を反復し、規範にしたがった幼年期を認識し直すところにある。

即自的言語は存在しない

言説の動的編成が現実に接続するには、いかなる仕方であれ、自閉的システムとしての言語の拘束から身を解き放たねばならない。したがって、語用論が最低限問題化しなくてはならないのは、言語（ラング）と発話（パロール）の古典的な切断である。しかし、言表行為の言語学がこういう方向に向かっているにもかかわらず、実際には、集合的無意識や個人化された無意識の次元において生じるこうした動的編成のミクロ政治学的な分析は、それが社会科学と呼ばれるものに属するさまざまな専門領域を規定する諸概念をもっと根源的に問題にしないかぎり可能ではない。したがって無意識の語用論が構成されるには、それが単に支配的イデオロギーや心理学・社会学・精神分析などの普遍概念から身を解き放つだけでなく、表現の次元とか社会的実体にかかわる〝言語の統一性や自律性〟という概念、要するにソシュール言語学由来の〝既得物〟からも解放されなくてはならない。われわれとしては〝即自的言語は存在しない〟、つまり言語自体というものは存在しないと考えている。言葉という現象に特有のことは、まさに言葉というものは絶対に言葉自体に帰着するものではないということである。つまり言葉はつねに他のすべての記号化の様式に開かれているということである。言葉がある国語、方言、俚言、特殊言語、妄言といったものに自閉するのは、つねにある種の政治的あるいはミクロ政治的な働きに起因する。言語ほど論理的ではなく、また数学的ではないものはない。言語の〈構造〉は一種の化石化したがらくた箱であり、それは借り物、寄せ集め、凝固、誤解などの要素で構成され、一種の陰険なユーモアが全体を覆っている。言語学的法則や人類学的法則も同様であり、たとえば近親相姦タブーなどはその一例である。このタブーは文法学者や民族学者のような距離をとった立場から見たら、そこにはそれ自体としてある一貫した整合性があるように見えるが、もっと近づいてながめてみたら、すべてはもつれあっていて、それはむしろ多様な方向にあらゆる仕方で展開される一種の配備のシステムであることに気づかされるのである。

したがって具体的な記号的性能と構造的な言語能力とのあいだの関係の相対性、あるいは諸言語の内部における関係の相対性は、単に共時的次元だけでなく通時的次元にも認められる。ある言語の統一性はつねに権力構成体の生成と密接不可分に結びついている。方言地図には明確な境界線は絶対に見いだすことはできず、そこには隣接地帯や移行地帯が必ず存在する。祖語なるものは存在せず、集団や民族や国家による記号的な権力奪取の現象があるだけである。言語は小教区を中心にして安定化し、司教区を中心にして固定化し、政治的首都を中心にして定着する。言語は最初山間の川に沿って流れるように進み、やがて鉄道の路線に沿って流れ、ついには油のしみのように移動する（カスティーリャ方言の場合）。[122]

しかし言語運用－言語能力の関係の流れは、実際にはこうした方言のずっと手前にある。各個人は絶えずある言語から別の言語へと移行していると考えることができる。各個人は、次々と、たとえば〈父親が話すように〉、あるいは教師のように、はたまた経営者のように話すことができ、また恋人に向かって甘ったるい言葉で話すこともできる。さらには、眠っているとき夢幻的言説のなかに没入したり、電話が鳴ったら突然職業的言語に戻ることもある。そしてそのつど、意味論的、統辞論的、音韻論的、韻律論的な次元——言説の詩的、文体的、修辞的、ミクロ政治的な次元は言うまでもなく

——の総体が作動するのである。フランソワーズ・ロベールは、言語の変化を研究しながら、言語の変容は「言語現象そのものの漸進的変化としてではなくて、変化の頻度と変化の言語のなかへの定着による漸進的変化として」[*123]現れると指摘している。たしかに共時性と通時性の明確な区別によって突然断絶が生じるなどということは観察することができない（ソシュールは「共同体が刷新を刷新として受容した」[*124]ときにしか言語の刷新を認めようとしなかったが、これはチョムスキーがソシュールと一線を画そうとしなかった点でもある）。したがって個人的パロールの実践と社会体のなかにおける言語のコード化との断絶を主張し続けるなら、ミクロ政治学的な語用論の自律性を打ち立てることはできないだろう。フランソワーズ・ロベールも指摘するように、チョムスキーのように、完全に同質的な言語共同体に属する観念的な話し手＝聞き手の関係を基準にすると、事実上言語能力と言語運用の規範的機能の分離に行き着く。そしてこの規範は、最終的に言語学者自身の規範に帰着するのである。[*125]われわれの見るところ、ある言語の見かけ上の統一性は構造的な言語能力の構成に依存する。しかし言語は、ワインライヒによると、「本質的に異質混交的な現実」[*126]なのである。その同質性は、最終的に、構造的な分解とは無関係に同質性に働きかけることができる政治的次元の現象に属するものにすぎない。そして政治的出来事を特徴づけるのは、それが分解不可能な歴史的特異性を担っているということであるが、その歴史的特異性は分析しだいで他の領域、他の記憶装置（レジスター）に転置することができるということである。しかしものごとは、生物学的現象の化学的分析や社会的現象の経済的分析と同じような仕方で生起する。つまり資本主義的であれ社会主義的であれ経済や貨幣の性能に対する構造的規定力を持った管轄装置が存在しないのと同様に、生物学的な事象に対する化学的構造も、生物学的な性能に対する化学的管轄装置も存在しない。要するに生物学的な普遍概念も経済的な普遍概念も存在しないということである。しかしながら、これらのおのおのの次元で、抽象機械は機械状系統流のさまざまな分岐点でおのれを差異化しながら出現し地層化する。しかもそれは、いかなる超越的形式主義にも、いかなる遺伝性にも、いかなる言語の本質にも、いかなる経済的宿命にも依存することなしに行なわれる。抽象機械の変異的系統流に関するわれわれの仮説は、語用論の領域における二つの隘路を回避することを可能にするだろう。すなわち（1）マール〔ニコライ・マール（一八六四〜一九三四）＝ソ連のマルクス主義言語学者〕の言語学的ドグマティズムや現行の言語心理学的潮流に見られるように、言語学的機械を社会的構造にあっけらかんと押し被せること。（2）言表の生産と言表行為の集合的動的編成を切断する構造主義的あるいは生成文法的な形式化。

個人的動的編成あるいは集合的動的編成としての無意識

われわれが〝言語運用の透写〟と〝言語能力の地図〟と呼ぶもののあいだの差動的関係は、単に多様なコード化の切片性の次元で働くだけではない。われわれは、ひとつの領域と別の領域とのあいだの〈能力〉の相関的構造は、はじめの領域が二番目の領域のもっとモル的な構造よりも、もっと繊細、もっと機械的、もっと分子的、もっと脱領土化された切片性を作動させるかどうか——つまり〈運用〉的になるかどうか——に依存していると考えている。二重の切片性の序列関係はこうして打ち立てられ、それが狭い余白のなかで記号的刷新の可能性を決める。脱領土化の漏出線の出現（たとえば審美的、科学的等の領域における言語的起源の記号のダイアグラム的使用）だけが、こうした均衡を転覆することができる。記号的に過去化し空間化し実体化した地層の次元においては、均衡や力関係はもはや、少なくとも二つの切片性のシステムの和合（たとえば副次的節合による表現の形姿の分子的切片性）による相対的脱領土化を起点としてしか出現することはできない。それに対して、機械状の変化の次元においては、地層は、抽象機械のシステムによって量子化された脱領土化を作動させるダイアグラム的過程によって解体されるか再組織化される。しかしダイアグラム的な脱領土化の諸線は、切片的地層化を決定的に超越するわけではない。そうした諸線の地層化されたシステムとの相互作用から、既存のコンテクストにおいては実現不可能なとてつもない可能性のベクトルや、正真正銘の機械状の変化が生まれることがある。[*127]

すでに見たように、抽象機械は、単に、空間、時間、物質といったものからなる人間の座標系――指呼的言語運用と言ってもいいだろう――〈以前〉の歴史の外側にあるわけではないだけではなく、多様な記号化様式を統合するというものでもない。[*128] 〝抽象的かつ特異的な〟機械は支配的な意味作用や現実を解体しながら歴史をつくるものである。抽象機械は機械状系統流の出現と創造の地点であり要諦である。したがって、抽象機械の抽象的集合体があるわけではない。いかなる論理的カテゴリーも機械状の一貫性を包摂することはできない（われわれが指摘した論理的一貫性と機械状の一貫性の違いはここに由来する）。抽象機械は志向性の次元で分解不可能なので、外延のカテゴリーに組み入れることはできない。[*129] いかなる抽象機械も歴史を超越することはできないし、歴史の〈主体〉にもなりえない。

また機械状の多様体が通時的かつ共時的次元でさまざまな地層を横断しているので、その脱領土化の一般的諸線の運動が普遍的・同質的な傾向を表わしていると言うことはできない。つまりその運動は、あらゆるレベルにおいて、再領土化の地層によって中断され、その再領土化の地層のなかに脱領土化の微視的な萌芽が再び接ぎ木されるといった具合である。こうした条件の下で、無意識に対する語用論的アプローチは、次のような二つの隘路から脱出しなくてはならない。（1）言語的素材のみに焦点を合わせ、自己言及的な統辞的解釈格子に依拠した言表戦略（転移の政治）や意味内容のシステマティックな区割りによる行動や情動の〈意味づけ〉に向かう分析。（2）アングロサクソン的な家族的精神療法のように個人論理的戦略の分析への回帰、生きられたものや身体的解除反応への回帰。

抽象機械は、言表の生産や記号化様式の細部に入り込む前に、〝もっとも抽象的な〟レベルにおいて権力構成体や言表行為の動的編成の総体を創造しながらミクロ政治的な諸線を決定していかなくてはならない。言い換えるなら、おのおののケース、おのおのの状況において、抽象機械は無意識の地図――その地層、その脱領土化の諸線、そのブラックホールをともなった――を構築しなくてはならないのであり、その地図は実験的パースペクティブに開かれていなくてはならない（しかもこのパースペクティブは、他の先行するあらゆる袋小路、あらゆるシニフィアン的従属化の様式を共鳴させるだけのオイディプス的三角形化の無限のずれと対立的なものでなくてはならない）。というのは、われわれは、自閉的なコード化の地層の語用論的分節化は、ひとつの地層から別の地層への移行の可能性をつねに開くものであり、しかもそれは多様な領土化の様式を横断する抽象機械を介して行なわれると考えているからである。

したがって、さまざまなタイプの一貫性――生物学的、民族学的、記号論的、社会学的、等々の――

は、構造的あるいは生成的な超‐地層に依存するのではない。そうした一貫性は、分子的な機械状の連携によって〈内部〉からつくられる。機械状の一貫性は全体化をすすめるものではなくて、脱領土化をすすめるものである。それはつねにこのうえなく多様な地層化のシステムを可能にするのであり、そうであるがゆえにそれは語用論が構成される起点となる基盤的要素と言えるのである。

社会科学の規範化は、精神分析、言語学、記号論に依拠したあと、これから新たな戦場、つまり語用論の分野に移行するであろうか？　語用論はヘルベルト・E・ブレークルによって「発話行為の生産条件」という定義を与えられている。そしてそれはただちにコミュニケーション理論に結びつけられる。つまり語用論は言語におけるコミュニケーションの領域をなすということである。そしてこの場合、コミュニケーションは話し手＝聞き手の二極的基軸と不可分なので、語用論の運命は、個体化された主観性の地層の存在や、個人／社会体という位置と結びつくことになる。したがって、語用論の自律性を引き出すもうひとつの条件は、その特有の記号化の様式、権力言語の記号学的〈構造化〉の様式から脱却しようとするその特殊なやり方を、積極的に明示することである。ここで、シニフィアン的言表行為の個体化に対して機械状の言表行為の集合的性格が対立し、意味作用の政治に対して意味の政治が対立する。したがって、こうした語用論は二つの相貌を提示することになる。ひとつは語用論を主体化の地層に結びつけコミュニケーション理論に疎外するもの、もうひとつは語用論を機械状の過程に直接接続する言表を生産することができる集合的な動的編成に結びつけるもの。かくして記号化の様式の組み込みは語用論的構成要素の内在的な一部をなすところとなる。そして言語学者による言表行為の語用論は、非言語学的な記号化やコード化の様式全体に開かれた、より一般的な

（ダイヤグラム的な）語用論のひとつの特殊ケース――そこでは言語は無力化のなかに自閉することになる――にすぎないことになる。結局、語用論の自律性は、自らに固有の自律性を保証することが本質的に不可能であるということに依拠するのである。つまり、語用論は自らに擬似科学的な位置を与えようとするのではなく、ミクロ政治的な動的編成の活動として自己規定することによって、その自律性を保つことができるのである。

透写と樹木、地図とリゾーム

生成的・変形的な語用論の特徴とはどういったものだろうか？　まず第一に、その発生様式は樹木状ではなくて、リゾーム状（あるいは網状）である。ひとつの語用論的な網の目が、あるS（一点）から始まり、その後二分法な分岐が相次いで起きるといったような、いかなる〃ア・プリオリ〃な理由もない。さらに、おのおのの特徴が必ずしも言語学的な特徴に帰着するわけでもない。ある言語学的な網の目は、ある非言語学的記号学の網の目や、社会的、生物学的等々の動的編成に結びつくことができる。そのとき、切片的な地層化は脱領土化の漏出線と相関関係に置かれる。したがってリゾームは、定義上、論理的あるいは数学的な自己言及的言語を起点にして形式化されることはできない。リゾームはいかなる構造主義的あるいは生成的なモデルにも拘束されない。それはあらゆる種類の記号的網の目と結びつくことができるし、芸術、科学、社会闘争、等々に属する運動的な介入と結合することができる。リゾームは機械状のダイヤグラム化の過程として、表象システムに還元不可能であり、言表行為の集合的動的編成を作動させる。こうした動的編成に属する語用論のリゾームの作成は、実態の描写や間‐主観的な諸関係の均衡の回復を目的にするものでもなければ、記憶の暗い片隅にうずくまっている無意識の神秘を探索するためでもない。それは逆に、全面的に現実との接続の実験に向かっているのである。このリゾームの作成は、すでに隅々まで構成された無意識を解読するのではなく、〝無意識を建設する〟のである。それは諸領野の結合、空っぽになったり癌に冒されたりしている地層化した器官なき身体のロック解除、機械状の一貫性の次元への最大限の解放といったものに寄与する。このリゾーム地図の作成は、たとえば生物学的、感性的、知覚的な多様な記号論とコード化の様式、イメージによる思考、抽象的・概念的思考、身ぶりや言葉の記号論、政治的・社会的領野、形式化されたエクリチュール、芸術、音楽、リトルネロといったものを作動させるのである。スキゾ分析的語用論は、個々の言表、個々のリビドー的生産をそれらを超‐コード化するある構造のなかに誘導しようとする精神分析とはちがって、それらのなかの反復的諸要素をわれわれが〝透写〟のシステムと呼ぶもの——これが無意識の〝地図〟と節合することができるものである——のなかに囲い込もうとするのである。

ここで地図というのは構造に対立するものである。地図は外に開かれていて、あらゆる次元において接続可能であり、引き裂かれることもあれば、あらゆる種類の組み立てに適合することもできる。語用論的地図は孤立した個人によっても集団によっても作成可能で、壁の上に書くこともできれば、芸術として構想することもでき、さらには政治的行動や瞑想として書き進めることもできる。重要なことは、ある言表行為の特殊な動的編成、ある冗長性を持った透写が、あるタイプの言語運用を前提として、局地的な語用論的言語能力の無意識的地図を変更することができるかどうかを、どうやって決定するかということである。[*130] この言語能力地図は、より広範な言語運用に絶対的な仕方で依存するものではない。普遍的な言語能力が存在しないのと同様に、普遍的な地図作成も存在しない。ある集合的な言語運用（たとえば反－精神医学や政治的小集団の共同体などにおける）の指標となる地図は、別のある社会的集合体（たとえばフランスの精神医学の集合体や政治的運動の集合体）に対して言語運用的価値を持つことができる。

ここにおいて、主体集団か従属集団かというオルタナティブが登場するが、これは決して絶対的な対立とみなされてはならない。言語能力の諸領野のあいだの疎外的諸関係は、つねにある余白をともなっているのであり、その余白を局地化したり利用したりするのは語用論の役割に帰着する。言い換えるなら、〝いかなる状況においても、ダイヤグラム的政治はつねに可能である〟ということである。語用論は、いかなる類の宿命論――それが神的なものであれ、歴史的、経済的、構造的、世襲的、統辞的なものであれなんであれ――をも拒否する。ハンス少年における無意識の研究は、彼の記号的生産の総体を考慮しながら、彼のリビドーがいかなるタイプの樹木あるいはリゾームに基づいて備給されるにいたったのかを明確にすることを眼目としなくてはならないだろう。隣の家の木の枝がある時点にどうして切られたのか、またオイディプス的な木がどのようなやり方でちぢんだのか、フロイト教授と彼の脱領土化の活動の接続がどんな役割を果たしたのか、リビドーがなぜ馬への生成の記号化のなかに逃げ込まざるをえなかったのか、等々が問われなくてはならないのだ。そうしてみると、病的恐怖症は、もはや精神病理学的な〝産物〟ではなくて、家族主義的・精神分析的な変換から自力で抜け出すために他のミクロ政治的な解決を発見することができなかった子どものリビドー的な語用論として考えることができるようになる。したがって語用論は、第一に、無意識を発生論的段階とか構造的宿命とみなすいっさいの無意識概念の積極的拒否をもたらすことになる。語用論は、ある集団にとって、官僚主義的物象化やリーダーシップなどを座礁させることができる欲望の備給の恒常的な観測地点となる。集団の地図を〈加工する〉ことは、その集団の器官なき身体の改修や変換にとりかかるということである。しかしあらゆる種別化に〈先行する〉欲望の備給、ある対象を中心にしたあらゆる組織化に〈先行する〉欲望の備給を考慮することなしにそうすることは、必然的にそれらの備給とミクロ政治学を両立させるということになる。こうした語用論は重視するに値しないだろう。なぜならそれは、言語学、精神分析、社会心理学、さらには人文、社会、法律、経済等々の諸科学の総体のいっさいのヘゲモニー的使命を拒否するだけのことにしかならないからである。

生成と変形

われわれがその存在を軽く喚起した語用論の二つのタイプの構成要素——生成的要素と変形的要素——のあいだの関係の性質はいかなるものだろうか？　われわれがすでに述べたように、語用論はこれまで言語学に隣接しているにすぎない領域としてしか考えられてこなかった。このことはオースティンやサールにとってだけでなく、デュクロにとっても当てはまる——デュクロがコミュニケーションを言葉の本質的な性格として改めて取り上げているにもかかわらず、また言語学を新たなミクロ政治的領野に通じさせる彼の言語的前提の分析の豊かさにもかかわらず、*131 このことにかわりはない。われわれが検討している語用論は、主要には、非言語学的記号論の領野全体に狙いを定めているが、言語学的記号学との特殊な関係を保ち続けていることにかわりはない。なぜならこの領域は生成的語用論の領域として規定することができるからである。このように語用論は、二つの分野ではなくて、二つの構成要素に分割することができるが、というのも、これらの構成要素は次のような仕方で絶えず再構成されるからである。すなわち、記号論の〈言語学化〉の様式に対応する生成的語用論と、非言語学的・非シニフィアン的な変形的語用論である。

　問題はいわゆる〈類比的〉記号学の独立性という次元においてすでに提起されていた。この記号学は言語学的記号学に根元的に依存するものであるということを大半の記号論者と同様に認めなくてはならないのだろうか？　あるいはこの記号学は、ある条件下においては、〝シニフィアン的変形〟のコントロールを受ける自律的記号化の様式とみなすべきであろうか？　あるいは逆に、〈構造の公理〉（それはソシュール以来、言語活動の言語と表現活動の言語を分離する）と呼べるものは、偶発的な記号的接続の結果生まれる特殊ケースにすぎないとみなすわけにはいかないのだろうか？　象徴的記号論の最終的な標準的体制は、必然的に言語学的表現機械に依存することになるのだろうか？　われわれは、逆に、シニフィアン的変形は不可避的なものでも、普遍的なものでもなくて、個体化・言表行為・間－主観的コミュニケーションといったものの体制のある型式と結びついたものであると考えていることをすでに明らかにした。こうしたシニフィアン的変形は、それがあるタイプの非－シフィアン的表現機械に依拠していることからその力を引き出している(この機械は二重分節の機械で、連辞的樹形としてあるいはもっと抽象的に形式化されたものとして描写することができる)。シニフィアン的無力化機械の力は、あらゆる内容を粉砕し無効化する能力のなかにある。シニフィアン的変形はあらゆる種類の記号的生産をつくりだし構造化するという機能を持っている。ヘルベルト・E・ブレークルが〈コミュニケーション的言語能力〉と呼ぶものは、いかなる手段、いかなる制度的拘束システムによって規定されているのだろうか? 生成的語用論が答えなければならないのはこの問題である。

さて、われわれがわれわれの図表(一九九ページ)のなかで紹介したさまざまな記号的構成要素が相互のあいだで保っている諸関係に立ち戻り、とくに、非－解釈的(象徴的・ダイヤグラム的)な変形的要素が解釈的(類比的・シニフィアン的)な生成的要素のヘゲモニーを断ち切ることができるということを検討してみよう。

(1)〝強度的な象徴的変形〟

文化変容現象の人類学的研究は、シニフィアン的変形の設置が決して自動的に行なわれるものではないことをわれわれに示してくれる。原始社会はそれに対してむしろ積極的に対立する。神話学的システムのなかに、表現－内容の関係が連辞的・範列的な基軸にしたがって構造化される記号学の排他的支配に対して、長期にわたって抵抗することができるものがあるのはそのためである。神話、縁戚関係、政治的人類学、等々といった領域における象徴的記号学は、シニフィアンのエコノミーの二分法的対立に自動的に還元しうるものではない。たとえば縁戚関係における交換習慣を敷衍して民族学的与件を性急に〈構造化〉することには大きな危険がつきまとう。表象の不変的意味作用の確立は簡単にはいかない。[*132] 象徴的記号論における内容の諸次元は、互いに連鎖しながら相互に浸透しあうものであって、ひとつの構造化された意味内容の次元として組織化されるものではない。「意味内容の絶対的な安定性が指示関係の増殖の下に（……）諸形式の比較を打ち立てるために[*133]」決定的に君臨するようになったのは、ようやく十九世紀に資本主義がヘゲモニーを確立してからである。このようにあるタイプのシニフィアンの独裁は、ある歴史的コンテクストに結びついているのであり、したがってそれは不易でもなければ普遍的なものとも言えないであろう。〝変形〟はこのシニフィアンの権力を無力化したり転覆したりすることができる。それはたとえば現代のアフリカ社会で起きていることであり、そこでは部族的連帯の様式への固着化や、アニミズム的実践への突然の回帰などが西欧的記号学の拡張への歯止めになっている。さらに、個人的次元では、知覚的記号論や言語学的記号学などに対する夢幻的記号学の〈権力奪取〉が、睡眠や麻薬、性的高揚の効果の下に生じている。

（2）〝ダイヤグラム的変形〟

もうひとつの別のタイプの語用論的変形は、シニフィアン‐シニフィエの無力化ペアの記号論的解消を遂行することができる。それはすなわち〝ダイヤグラム的変形〟である。これまで一般に、イコンというカテゴリーで、二つのタイプの記号システムが混同されてきたが、パースがこれを区別するきっかけをつくった。[*134]

（a）〝イメージ〟。ここでは、記号が〝類比〟によって、直示的対象の喚起によって、機能する（空間的要素を起点として機能する記号の場合、イメージは一般に少なくとも二つの次元を作動させる）。

（b）〝ダイヤグラム〟。これは内容の形式の構成要素が、われわれが粒子－記号のシステム――これは直示的過程を一般に直線的コード化の様式にしたがって〝偽装する〟――と呼ぶものを使って表現の形式の次元に移し変えられるような仕方で機能する。[*135] パースはダイヤグラムを〈関係のイコン〉と定義していた。ダイヤグラム的記号は対象を模倣するのではなく、属性や機能を分節化する。[*136] 内容はその形式化の様式によって脱領土化される。そして象徴的な意味的冗長性とシニフィアンの記号学はその実質を抜き去られる（たとえば、音楽における多声的・階調的形式化、物理学における数学的形式化、数学における公理的形式化などを思い浮かべたらいい）。[*137]

したがってダイヤグラムは世界を客体化してその表象を安定化するものではなくて、新たなタイプの現実を動的に編成するものである。ダイヤグラムは支配的意味作用の組織化と断絶する。実際、ダイヤグラム的記号過程は、人間社会の機械状の動的編成に不可欠の構成要素をなすものである。たとえばそうした過程が起きなければ、科学的実験の動的編成（トポロジー的、数学的、公理的、情報的、等々の諸次元や描写という形態での）は考えることができない。記号機械が物質的・社会的機械のなかで明白な主体化の過程を経ずに直接機能することができるということは、日々明らかになっていることである。しかし記号機械や物質的あるいは社会的な機械の共通の本質が同じタイプの抽象機械から生じるということは、われわれにとって政治的語用論を打ち立てるために乗り越えなければならない決定的な一歩であるように思われる。実証主義的現実主義はダイヤグラムの創造的次元を粉砕して、それをアナロジー（類比）という一般的カテゴリーに還元するに至った。当初、ダイヤグラムはイコンの副産物として回収されたが、次いでイコンはアナロジーのカテゴリーのなかに回収され、さらにアナロジーが意味作用の副産物として回収されることになった。しかしこのことにこだわりすぎてはならないだろう。意味作用（シニフィアン－シニフィエ）の関係は、機械相互の延長作用のなかで機能する記号機械のメカニズムのひとつの特殊ケースにすぎない。この点に関して、ベッティーニとカセッティは、パースの著作の紹介のされ方がいかに還元主義的であるかを指摘した。なぜならパースのカテゴリーは、一般に紹介されているのとはちがって、決してそれ自体のなかに自閉しているのではなく、記号システムとその対象とのあいだに不可逆的な断絶はないのである。あるイコン的記号はつねに別の記号の記号でありうるし、対象システムはそれ自体として社会の知のなかの記号機械として機能し、パースが〈解釈的定義の漸進的鎖列〉と呼ぶもののなかに挿入される。実際、安定的な意味作用のシステムの創設は、つねに多様性をともなった象徴的記号学の庇護の下に置かれることと相関関係にあるようにわれわれには思われる。ロトマンが書いているように、「横断的コード化の過程のなかで相互に平均化された諸構造の距離が互いに遠くなるのにつれて、諸構造の性質はそれだけ異質なものになり、あるシステムと別のシステムの置換行為はそれだけ内容を多く含んだものになる」[*138]のである。

（3）アナロジー的生成とシニフィアン的生成

アナロジーはこの平均化の鎖列と翻訳可能化の遂行の最初の段階しか構成しない（それはおそらく〈類推推理の階梯〉とでもみなすべきものであろう）。アナロジーと意味作用は内容の再領土化と主体化の同一の政治の二つの様式をなす。しかしアナロジーが内容を相対的に領土化された言表行為の動的編成によって分節化された比較的非定形の領野として組織化するのに対して、意味作用はその二重分節の鎖列によって内容を資本主義的な社会システムに直接従属する個体化された言表行為の動的編成にはるかに厳密に結びついた範列的・連辞的座標系のなかに囲い込む。アナロジーによる形式化は意味作用の形式化よりも厳密ではなく、また脱領土化されてもいない。それは、われわれが〈解釈の領野〉と呼んできたものを産出しながらおのれに固有の一貫性を維持する表現の地層を提示する。ひとつの象徴は別のひとつの象徴を解釈し、その別の象徴がまたさらに別の象徴を解釈するという具合で、この過程はたとえば辞書のなかにおけるようにそこで意味が停止する最終的なシニフィエに行き当たることはない。またその連鎖は連辞的な連結の厳密な規則を固定化する文法性を尊重するように拘束されない。シニフィアン的生成の内容への働きかけは脱領土化の補足的段階を作動させるが、それはアナロジー的な動機に依拠するのではなく、非-シニフィアン的記号機械の〈恣意性〉[*139]に依拠していて、この機械が非-シニフィアン的記号を音韻化し、書記化し、形態化し、語彙化し、統辞化し、修辞化する。もちろん、アナロジー的変形は言表行為の動的編成のある特殊なタイプに特有のものではない。それは同様にダイヤグラム的記号論にも適用することができる。しかしその場合、同じ記号が二つの記号的・生成的・変形的な政治にしたがって処理される。つまりそれは、一方でアナロジー的様式にしたがって象徴として機能するとともに、他方でアナロジー的様式にしたがって表現の形成素として機能する。この混交的システムは、まさしく非-シニフィアン的機械を意味作用に奉仕させるシニファン的表象の様式に対応するものである。たとえば〈テーブル〉という言葉の音的あるいは書記的なイメージのような、意味的内容を欠いた空っぽの記号が、テーブルとして〈見られる〉[140]。つまりダイヤグラム化は、人工的な類同代理物（アナロゴン）を領土化することによって物同様（物に準じる物）の世界のなかに閉じ込めるのである。しかしこの世界は、象徴的表象の世界とはちがって、支配的な意味作用と命題が依拠する統辞と論理によって内部から〈加工〉される。それは一方で、われわれを〈自明の〉現実、日常的現実のなかに挿入し、他方でわれわれをわれわれの意思に反して語用論的な関連の輪舞のなかに引き込む。そしてそこにおけるシニフィアンの連鎖は、われわれをチャールズ（チャップリン）の『モダンタイムズ』のような巨大な社会的・技術的機械へと疎外する。こうしてリビドー全体が、資本主義的流れのエコノミーの要求にしたがって捕獲され、機能化され、主体化されるのである。

したがってアナロジーと意味作用の生成的構成要素は、象徴主義やダイヤグラムの変形的構成要素と同じ次元に置かれるべきものではない。そして〈アナロジー的〉記号論と〈デジタル的〉記号論[141]の伝統的な区別は維持すべきものではないとわれわれには思われる。要するにわれわれは二つの一般的タイプの構成諸要素を前にしているということになる。

（1）互いに異なった記号的領域を構成する象徴的・ダイヤグラム的変形の構成諸要素。その相違は後者の変化をしるしづける脱領土化の過程が発展するにつれて大きくなる。

（2）互いに異なった記号的領域を構成するが、同一の再領土化と主体化の機能から派生するアナロジー的・シニフィアン的〈生成〉の構成諸要素。この構成諸要素が先に挙げた二つの構成諸要素に課す拘束は、それらの構成諸要素が世界のある特殊なヴィジョンの価値体系ならびに座標系と両立する

変形		生成		記号学的領野
A　象徴的（例：夢）			↗	A. C.　解釈的記号学（例：魔術）
	↘	—アナロジー的（あるいは解釈的）	→	A. D.　シニフィアンの記号学（例：精神分析）
		—シニフィアン的（あるいは意味形成的）	→	B. C.　解釈的語標（例：土占い、タロット）
B.　ダイヤグラム的（例：書記素のシステム）	↗		↘	B. D.　二重分節の言語

記号的領野の構成体を変形的構成諸要素と生成的構成諸要素を起点として要約する図表

ようにすることを目的としている。この拘束は異なった諸世界の出現の可能性を衰退させることによってひとつの世界を生み出す。したがってわれわれはこの構成諸要素を語用論的変形（つまり象徴的変形とダイヤグラム的変形）――これはそれぞれの仕方で支配的冗長性のシステムを転覆し、ひとつの世界のヴィジョンを改変する――に対置して変形的構成諸要素と呼ぶことができるだろう。

言表行為の語用論的な動的編成は（それが作動させる記号的構成諸要素と同様に）、標準的諸要素による構成――たとえばラカン理論における普遍的な主体の位置（師の言説、ヒステリー患者の言説、知の言説、分析家の言説、といったような）――に還元可能なものではない。したがってわれわれが以前の図表（一九九ページ）で提案した分類は、まったく相対的なものである。つまり実際には、言表行為の領土化された動的編成はアナロジー的解釈の変形のひとつの基調にしか対応しないものであり、その動的編成は同時に象徴的・ダイヤグラム的・シニフィアン的な記号をも作動させるということである（例：原始社会の言説がシニフィアンの生成の還元的効果を〈拒否する〉のは、相対的に解釈的ではない象徴的技術に依拠するのであるが、この拒否は脅威をもたらすシニフィアンのエコノミーの存在を〈空洞化する〉ということ)。言表行為の個体化は、シニフィアン的変形の基調の特性であると同時に、脱領土化され超コード化された象徴的変形(図表=内容というタイプの)を作動させ、ダイヤグラム的冗長性機械は象徴的構成体を内容の次元にしたがって組織化する(意識的変形)。この二次的な形式化は欠如の効果と呼べるような新たなタイプの効果をもたらす。つまりおのおのの内容がある欠如と重ね合わされ、内容を超コード化する形式が〈欠如〉するのである。すると言語学的記号論の統一性はイェルムスレウが表現の形式と内容の形式のあいだにあるものとして明るみに出したシニフィアン的な形式の統一性になる。意識的変形のもたらす欠如の効果の根本的な準安定性は、極度の不安をもたらす耐え難い脱領土化の目眩のようなものを必然的にともなう。この欠如はただちに埋められなければならないので、そこで再領土化をすすめるいくつかの語用論的構成要素の介入が引き起こされる。すなわち顔貌性の変形、分身の変形、対偶の変形、パラノイア的知識の変形、等々。この絶対的脱領土化が体現する意識的変形の異常なベクトルは、こうして人工的な再領土化によって払いのけられるが、この再領土化は先に挙げた言表行為の領土化された動的編成とは区別されねばならない。ところで、われわれが起点とした記号的構成要素が現実的な優位性を持っていると考えるべきいかなる方法論的必然性もない。〈リゾーム的〉分析は、従来の意味ではもっと記号的ではない構成要素——たとえば、不安、顔貌性、権力構成体といったようなブラックホールを中心として結びつく構成要素——を起点としても行なわれることができるだろう。

ダイヤグラム的な語用論的変形の基調の特徴としての言表行為の機械状の動的編成についても同じ

ことが言える。つまり言表行為の主体の問題につきまとわれるのであるが、しかし言表の生産の虚構の中心としての話し手－聞き手という表象はしだいに抽象的なものになるので、個人の口を通して〈〝それ〟が話し続けている〉という事実はますます相対的な重要性しか持たなくなる。言表は、言表行為の真の発生源をなす諸個人、諸器官、物質的・社会的な諸機械、数学的・科学的な記号的諸機械、等々からなる複合的な動的編成によって生産され理解される。そうであるがゆえに、このタイプの動的編成は、これと相関関係にありつねに混合的な意味論のなかから姿を表わす言表行為の人工的再領土化と実際上切り離すことはできない。集合的な〈安心〉のシステムが言表行為の領土化を人工的に再生産するのは、意識的変形や脱主体化をもたらすダイヤグラム的変形によってもたらされる目眩をもよおすような主体の脱領土化に対する反作用としてである。かくして、領土化された家族共同体のシステムが崩壊したあとも、原始社会の言表行為の領土化された動的編成への回帰という幻想（〈自然への回帰〉、起源的意味作用への回帰、等々）が維持されるのである。こうして夫婦からなる核家族が人工的に再創造されるとともに、生産や市場の国際化を前にしながら、国家的諸問題、地域主義、人種差別、等々が大々的に回帰してくるという現状がもたらされているのである。

言表行為の集合的動的編成の三つの境界例

われわれが提案する体系的分類の恣意的性格を見失わずに、これからいくつかの極限的な動的編成

	言表行為の動的編成	機械状の審級	記号的構成要素
合成 a	領土化されている	指標	象徴的
合成 b	個体化されている	抽象機械	シニフィアン的（抽象化）
合成 c	集合的	機械状の動的編成	非－シニフィアン的

を、その構成要素の分割を起点として――今回は三つの要素の異なった次元にしたがって――規定すべく検討していこう。われわれはいま一度、現実的状況への専門的アプローチ――〈リゾーム的〉分析――は、複雑なことに向かうために単純なことから出発するといった類のものではないということを強調しておきたい。それは逆に、〈基本的な〉構成諸要素をあつかうときに、ひとえに〈基本的な〉構成諸要素のいくつかの特異な特徴をより繊細に探索することを可能にするような仕方で取り組むものである。そうすることによって言表行為の動的編成のより大きな複合性に到達することができ、より豊かでより開かれた創造的実験に取り組むことができるようになるのである。したがってここでわれわれが提案する三極的システムは、たとえばチャールズ・サンダース・パースのような方法と同一視されるようなものではまったくない。彼にとっては五個、七個、n個の構成要素の結合が原則的に好ましかったと思われる。しかしながら、われわれの言うシステムは境界例――人類学者、歴史家、経済学者などはおそらくこうした境界例を典型例や原型的構造とみなすだろう――を検討することを可能にしてくれる。

合成a：領土化された動的編成、機械状の指標、象徴的構成要素

多くの象徴的記号――子ども、狂人、原始社会などの記号――は、地層化された領土の存在と不可分である。したがってそれらの記号は、第一に、多様な記号化の様式を横断し統合する表現の実質に依存してはいない。それらの記号は普遍的な表現の実質の上昇のなかでコード化と形式化の様式の節合システムを構成する。たとえばいくつかの原始社会の領土化された動的編成のなかに神話的形式化の活動を見いだすことができるが、これは身ぶり的、知覚的、経済的な記号では翻訳不可能な表現の素材の特徴を起点として展開される。しかしこのことはこうしたさまざまな記号化の様式が互いに無関係であることを意味するわけではない。そうではなくて、この関係をつくるのは、まさしく集団の領土化であり、その内的なトポロジーであり、その領土の外側に向かっておのれを翻訳するという動きである。ここにおいて集団の領土化された動的編成は定着し、それはやがて言表行為の専制的個体化のシステムのなかでシニフィアン的実質の場となる。

原始社会はシニフィアン的実質を払いのけることによって、それが出現することを拒否する。原始社会の政治は記号的結合の集合体を〝発動させること〟である。これはすでに一種の語用論的リゾームであるが、ただしこのリゾームは脱領土化的漏出を抑制し支配しようとする。指標のシステムは、まさにこうした脅威、そしてシニフィアン的抽象や脱領土化された機械状の動的編成のなかに陥ることへの拒否を、リゾームのなかに刻印するものである。ひとつの指標は、たとえば、牝牛の死が最初は土占いへの訴えを呼び起こし、次いで土占いというやり方ではいい結果を得られなかったとき供犠

への訴えに変わり、さらに魔術や〈隠者〉などへの訴えに変化していくということである。しかもそのとき、こうした異なったやり方を綜合しようといういかなる動きもなく、またこれらのやり方の一般的意味作用を確定するようなパラダイムが引き出されることもない。

集団は記号を動的に編成するが、記号を解釈したり実験したりすることはない。この現実的移行は〝おのおのの表現の素材の特殊な特徴〟を尊重しながら行なわれる。さらに、これが脱領土化された機械状の系統流に依存するリゾームとの本質的な相違であるが、この領土化された動的編成は諸次元に序列をつけない。機械状の脱領土化は存在するが（例：文字表記の初期段階）、それは領土化された動的編成と同じ次元で扱われる。それはあたかも原始社会がいくつかの指標のなかに含まれる脱領土化の潜勢力を能動的に無視しようとしているかのごとくである。したがってこのタイプの動的編成はシニフィアンもダイヤグラムも排除せず、単に超コード化の審級や脱領土化の機械の権力奪取を拒否するだけである。宗教機械は普遍的抽象化作用を持っているが、それがおのれの領土——たとえばトーテム信仰——から出ることは妨げられる。宗教機械は資本主義的宗教のような一般的翻訳可能性を希求しない。また、象徴主義がイコンが構成するようなシニフィアン的翻訳可能性の等価物になることも回避される。脱領土化の微分係数がその領土やその本来的素材から引き出されることはない。

こうした社会は、首長への権力の集中とか、技術機械やエクリチュール機械のなかにおける記号的従属システムの集中といった形態をとるシニファン的対象の屹立に積極的に反対するたたかいを行なう。言い換えるなら、こうした社会は、あらゆる脱領土化システムが指標状態に、つまり量化されたりシステム化されたりしない質的指標の状態にとどまったり回帰したりするように仕向けようとするのである。こうした量化、脱領土化の効果のこうした累加が作動するのは、ひとえにこうした社会がシニフィアンの記号学や非－シニフィアンの記号論に支配された社会に〈移行〉するときである。

合成b：個体化された動的編成、抽象機械、シニフィアン的構成要素

この合成はいたるところから浸食する機械状のシステムによって貫通された旧来の領土の変化の過程に対応する。そこでは指標が連鎖し併合される。たとえばホピ族やプエブロ族の社会――レヴィ＝ストロースによるとこれらの社会における〈神権政治〉はアステカ文明の村落形態を喚起する――にあっては、指標は互いの関係性において解釈され始める。それは〈うしろめたさ〉あるいは〈罪責感覚〉の〈反復〉の時代の到来である。*142 抽象機械は指標を蓄積し、機械状の動的編成の構成に先鞭をつける。こうした条件の下で、これらの社会は資本主義的抽象機械に感染しやすくなる。しかしこのシニフィアン的権力が本当に自立化するのは、専制的国家機械を自立させる社会が出現してからである。資本主義的流れに抗する脱領土化の階梯、新たな防衛システムの階梯が登場し機能し始めるのは、どのようにしてであろうか？　そのとき、領土のなかでは可能ではなくなったものが記号的実質のシステムのなかで改めて可能になる。この実質の性格的特徴は無力化と二重性である。この実質によって支えられるのは強度としての強度ではなくて、強度の微分的性格である。この微分的諸関係の総体がまさしくシニフィアン的実質をなすのである。このシニフィアン的無力化は、意識の覚醒、分身の神

話の出現、人への強度の効果の全体化、ファロス的権力の二重性、さらにはすでに萌芽が見られる顔貌性の記号論や夫婦の記号論による従属システムの登場などと相関関係にある。この無力化が結晶化したとき、その実質は古くからのあらゆる表現の素材に感染する。そしてそれは強度の上に張り出した一種の天空のようなものとなり、蝶をピンで止めるように強度を固定化し無力な指標の状態に還元する。

この実質は領土化された動的編成に取って代わる形式的主体性を展開する。この主体性は領土化された動的編成とはちがって、行為化される必要はなく、微分的価値を持ったおのおのの強度のシステムに取り付く。そしてそれは〝差異の資本〟として機能する。それはあらゆる権力の資本化の母胎であり、国家、結婚を通した家族交換、経済的交換など、一般的に言うならわれわれが資本主義的と形容するあらゆる脱コード化の流れの資本化システムに関与する。言表行為の個体化された（あるいは個体化をすすめる）動的編成の記号的実質は、絶えず二つの下位システム――表現の実質と内容の実質――に分化するひとつの表象の表面を繰り広げるという点で二重性を帯びている。強度的効果の総体は形式化され、密かに表現の形式化の手中に握られる。逆に、それによって作動するダイヤグラム的機械は、内容の意味作用の最終的組織化の手中に握られる。このあらゆる強度の〝二重性を帯びた一義化〟の過程は、必然的に旧来の領土化されたリゾームのシステムの線形化、圧延化をともなう。

かくして、表現の形式化に寄与するあらゆる物質的強度は均質化しなくてはならない。もはや歌ったり踊ったりしながら話をすることは適切ではない。重要なことは新たな脱領土化された権力の機能に資する全体システムの微分的性格の動的編成である。こうした条件の下では、〈原始的〉パロール

（発話）の歌や身ぶりやしぐさや姿勢などに属している韻律的構成要素は衰退していくしかなくなる。人はひとつの要素から別の要素にある連辞的秩序にしたがって移行するのであり、もはや領土化された動的編成の一見無秩序な状態のなかにいるのではない。そして人はひとつひとつの形式的上昇の脱領土化の係数を比較し測定するのである。地層はそれに従属し、この移行を通して序列化される。もはや地形の起伏はなく、線形的な通路しかなくて、この通路がこうした比較やこうした序列化を遂行するためのもっとも経済的な手段をなすことになる。こうした無力化が欠如すると、強度のシステムが闖入する可能性が存続するが、シニフィアン的実質はヘゲモニーを維持していて、こうしたリスクを冒さない。

実際、シニフィアン的実質は準安定状態にとどまり続けるが、それはシニフィアン的実質が自らが依拠する権力の構成体の構造化や序列化を記号化するためにダイヤグラム機械を作動させねばならないからである。ただし新たな機械状の動的編成が発動されることによって内容の側においてもその影響が生じる危険性がある。このような条件の下で、こうした記号機械をどのようにして掌握することができるだろうか。あらゆる瞬間、あらゆる発話において、その記号機械から抽象化と形式的統辞のシステムのなかに固定されたものだけを保存することが必要になるだろう。たとえば、音楽の歴史のなかに、多声的次いで階調的な表記的要素が入り込み、それが音楽に一種のバロック主義の蔓延をもたらす恐れがあるとき、その動きは長い間宗教権力によって払いのけられてきた。つまり宗教権力は音楽的表現の特徴のなかから数学化可能な特徴しか保存しないように努めたのである。

こうして音楽家に影響を及ぼす権力構成体（教育、庇護、等々）と密接不可分に結びついた、一種の音楽表記の普遍的統辞法が確立される。近代音楽の進化が体現する持続的な分岐過程が始まるのは、もっと脱領土化された別の構成諸要素が登場して、逆説的にも〈バロック音楽〉と呼ばれる妥協状態を改めて問いに付し始めてからである。しかしこの音楽の記号的脱領土化は、宗教的、哲学的、科学的な領域のなかで世界の表象を加工してきた記号的脱領土化と不即不離の関係にある。そしてこの領域でもまた、抽象機械の増殖をコントロールしそれを一般的世界概念のなかで翻訳可能にするための再領土化のシステムを見いだすことができる。ここでは抽象化はリバウンドの場所、機械状のリゾームにしたがって組織化される記号システムの停止の場として機能する。この場合、抽象機械は、表現の実質と内容の実質のなかに現われるのはいわば同一の機械であるとするイェルムスレウ的な形式の直観に対応する。したがって抽象化を分泌し二分法的還元を行なう樹木システムのなかで強度を抑制するのは同一の二重性を帯びた実質であると言うことがきるだろう。しかしだからといって、われわれがパラダイム的変質と呼んだものから帰結する超越的形式主義にとって、それだけ二重の危険の脅威が減るわけではない。すなわち、内容の側では、強度を持った多様性が出現し爆発するかもしれず、他方表現の側では、記号機械のあくなきダイヤグラム化が出現するかもしれないのである。

合成c：集合的動的編成、機械状動的編成、非‐シニフィアン的構成要素

領土化された動的編成における形相‐実体、形式‐素材という対立関係、個体化された動的編成の

シニフィアン的実質の二重性は、ここにおいて不適切なものとなる。それは一見したところ、領土化された動的編成における表現と同じような多義的表現への回帰のように見える。しかしここで登場するのは、シニフィアン的従属システムを元にして身体や器官や領土が作動するという、局地化された人や技術や領土の動的編成ではなくて、専制的抽象化の超コード化がもはや同一的法則として機能しない機械状の動的編成であり、非‐人間的機械なのである。以後この記号システムの上に屹立するのは、領土化された動的編成や形式的主体化ではなくて、可能態としての機械状動的編成の総体としての〝一貫性の次元〟にほかならない。言表行為の機械状動的編成は機械状の指標を単に微分的レベルにおいてではなくて、強度のレベルにおいて再節合する。さらに、それは領土化されたシステムを脱領土化されたシステムに向かって分極しながら地層のシステムの方向を決める。したがってここで、領土化された動的編成の自立性の圏域や、個体化された動的編成のシニフィアン的実質の強度の相対的二重性の圏域に別れを告げることになる。機械状のリゾームは方向づけられると同時に方向づけるものでもある。脱地層化の過程の一般的方向づけが全体的序列構造に取って代わる。

しかしだからといって、自律化した機械状の実質が出現するわけではない。機械状の構成要素は地層化しない。それは作動するのにともなって、現状や現状に導いた歴史的・論理的連鎖だけではなく、自らのダイヤグラム的潜勢力をもともなう系統流を構成する。したがって来たるべき潜在性、理論性、実験性といったものが機械状系統流の一部をなすことになる。*143 したがってわれわれは、このレベルに物質的脱領土化と記号的脱領土化のあいだの二重性を再導入することはしない。なぜならわれわれは、このとき、ダイヤグラム化のさまざまな特殊な様式に対応する記号システムや表現のマチエールの多様性を前にしているからである。したがって、たとえば、一方の側に、エネルギー的、心理-化学的、生物学的、等々の強度を集中し、他方の側に、審美的、革命的、科学的、等々の強度を集中するにはおよばない。強度のシステムの多様性は自ずから結合し〈リゾーム化〉する。機械状動的編成は〈科学的に形成され〉〈審美的に形成され〉た素材のあいだの結合を遂行するが、その結合は自律化した記号機械から発生するものであり、この後者に特権があるわけではない。ひとつのシステムが別のシステムに対して当然のごとくに優先権を有するということはいっさいない。物質的構成要素が記号的構成要素よりも必然的により領土化されているということではない。ここで重要なのは、特殊な微分的指標でもなければ微分的指標の階梯でもなくて、作動する脱領土化の量の総体の動的編成である。そこでは、いくつかの強度のシステムは他の強度のシステムよりも量的にずっと強力であったりする。

数学的記号機械は、たとえば物理学において理論的構成要素や実験的構成要素と一緒に作動する脱領土化のシステムに比して一時的に非常に強力になることができる。逆に強度の効果は[*144]、理論物理学の一分野全体に比して非常に強力になることができる。指標と抽象機械は機械状の動的編成のなかに存在し続けるが、指標が一定の領土内の人間集団によって領土化された動的編成のなかで空転するとか、抽象機械が二重性を帯びた実質に照準を合わせ続けるということはなくて、それらは脱領土化をいくらかでも担っているかぎりにおいてしか機能しない。これはもっとも重要なことである。なぜなら、繰り返し言うが、指標、抽象機械、機械状動的編成といった三者のあいだには序列関係は存在しないからである。たとえばひとりの科学研究者の私生活、〈感情〉、その研究者が恋に落ちたり狂気に陥ったりすることは、彼の研究が構成する機械状の動的編成のなかに最重要の脱領土化の負荷を導入することになる。エロス的指標、リビドー的負荷といったものは、おそらく抽象機械のシステムや実験的な動的編成のシステムを解除することができるが、またそれを完全に狂わせることもできる。逆に、抽象機械は指標のシステムを豊富化することができる。研究者が恋に落ちたり狂気に陥ったりすることを〈決する〉のは、おそらく抽象機械が理論的あるいは実験的な次元で指標のシステムのなかに導入されたということであろう。芸術家や学者の情熱だけでなく、およそいかなる情熱も、その作品から切り離すことはできない。情熱はたとえばそうした作品を通して精神分析家の強迫観念である間－個人論理的戦略と関係するレシピを作動させるのである。したがって機械状動的編成は抽象機械よりも指標の負荷が少ないというわけではない。ある意味で、潜在的であれ顕在的であれ存在するのはひとえに〝機械状動的編成〟だけであり、領土化された動的編成と抽象機械がすでに潜在的な機械状動的編成であると考えることもできる。

われわれはここで、次のような事態を体現する限界状況しか考慮に入れていない。すなわち、（1）レベルaの領土化された機械状動的編成はレベルbの脱領土化を恐れ払いのけようとするということ。（2）レベルbの領土化された機械状動的編成は、別のかたちで抽象機械のシステムを通してレベルcのダイヤグラム的効果を拒否し抑止するということ。（3）レベルcの機械状動的編成は、一方で領土化された指標への回帰であるとともに、他方でレベルcの抽象機械を超えるものであるということ。というのは、それは指標に脱領土化を負荷し、そのことによって指標が〈シニフィアンの壁〉を貫通することが可能になるからである。

〈とにかくやること〉、これがミクロ政治学的語用論のスローガンになるだろう。チョムスキー支持者の文法性の公理は、もはや自明のものとして受け入れることはできず、一種の行動的反対の対象になる。あらゆる性質の記号的な動的編成は、必然的に支配的意味作用のシステムと矛盾しない文として組織化されるとみなすわけにはいかない。したがって語用論的スローガンは、意味作用を解釈したり再組織化したり、意味作用と妥協したりしようとしない。それは、冗長性のシステムの先では、つねに記号的な動的編成を変化させることが可能であることを前提としている。そこには語用論の第一の公理としての政治的決定がある。すなわち、支配的〈文法性〉の〈自明性〉によって表わされるシニフィアン権力を正当化することの拒否である。そのとき〈文法性の段階〉をどう評価するかは政治的事項となる。そしてシニフィアン的コピーの冗長性に囚われたままでいるよりも、新たな権威、新たな非–シニフィアン的ダイヤグラムの座標系をつくろうとする。レーニン主義者が社会民主主義者と断絶したときに行なったのはこれである。そのときレーニン主義者は、新たなタイプの党の構成を起点としてプロレタリアの前衛と大衆のあいだに亀裂が生じ、そのことが大衆の受動的な態度、彼らの自然発生主義、彼らの〈経済主義的〉傾向性をラディカルに変革するであろうと、いささか恣意的に決めてかかった。この〈レーニン主義的変形〉がのちにスターリン主義的官僚主義の冗長性の領野に陥ったことは、この領域では、地図とコピーのシステムはつねに逆転可能であり、いかなる構造的基盤もいかなる理論的正当化も、革命的〈権威〉の維持を決定的に保証することはできないことを示している。ともあれ、レーニン主義者はこうして、社会領域から新たな表現の素材、新たな政治的無意識の地図を出現させ、ブルジョワ的なものも含めてすべての言表の生産はこの地図との関係で自らの位置を規定せざるをえなくなる。革命的運動の無意識的地図のもうひとつの変形は、第一インターナショナルのマルクス主義者によってもたらされた。彼らはやがて始まる工業社会による社会学的変形に先だって文字通り新たなタイプの労働者階級を〈発明〉した。（というのは、マルクスの時代の共産主義運動が依拠していたのは本質的に職人とその同伴者から構成されていたからである。真のプロレタリア階級が登場し始めるのは十九世紀の終わりである）。ミクロ政治学的語用論は一見〈行き止まり〉に見える冗長性のシステムを決して既成の事実として受け入れない。ミクロ政治学的語用論は、ダイヤグラム化の過程、〈分析装置〉、集合的な言表行為の動的編成といった、個体化された主体化の様式を失墜させるものを出現させせようとする。そしてそれを出発点として、それ以前のミクロ政治的諸関係が手直しされることになる。しかしもう一度言うなら、それは単に組織化されたプログラム的あるいは理論的な道具ではなくて、根元的に社会的実践のなかで起きる変化にほかならない。

したがって革命的語用論の任務は、シニフィアンの生成の効果を抹消することができる変形的システム相互間の結びつきをつくりだすことである。かくして人は記号システムの総体にかかわるミクロ政治的な二つの方向を前にすることになる。したがってダイヤグラム的変形は、いかなる記号的圏域——象徴的記号学（たとえば模倣的効果や超越的効果などをともなった）であれ、シニフィアンの記号学（音素、書記素、弁別的特徴といった密かな諸要素体系に依拠した表現のシステムをともなった）であれ、さらには〈自然的な〉コード化の様式であれ——にも影響を与えることができる。語用論的目標は、おのおのの状況において、支配的な変形的構成要素を中心にして行なわれる権力の結晶化の性質を明らかにすることである。すなわちブラックホール、記号的接続、漏出線といったものの地図（たとえばアジア的帝国のなかにおける専制的なシニフィアンのエクリチュールの確立、あるいはパラノイア患者におけるシステム化されたシニフィアンの錯乱の出現）を描き出すことである。シニフィアン的構成要素の逆転と新たなダイヤグラム的構成要素の出現は、表意作用と個体化の影響力を縮小し、言表行為を機械状の動的編成の一要素にすぎないものへと導く（たとえば、詩や音楽や数学において、そのエクリチュール機械がシニフィアン的機能から解放されること）。語用論的変形は自らの構成を多様な政治的戦略に応じて共時的に動的編成を行なう。しかしそれはまた、自らの変容を機械状のリゾームに基づいて通時的に組織化する。その変化は全体として脱領土化の増大の方向に向かうが、しかし人工的な地層化に依拠したしだいに粗暴になる再領土化による区切りをともなってもいる。したがってそこから一般法則を引き出すことはできないが、それはそれでいいのである！

語用論的な動的編成は機械状である。それはいわゆる普遍的法則に依存するものではない。そしてそれは歴史の変化に従属する。したがって〈ロマン主義的複合体〉とか〈人民戦線の複合体〉あるいは〈レジスタンスの複合体〉とか〈実証主義的複合体〉などについて語ることが可能となる。これらの〈複合体〉は歴史的起源の外部においても影響を維持してきたものであるが、たとえば精神分析家がオイディプスの複合体（コンプレックス）に付与したりマオイストが〈修正主義〉の複合体に付与したりするような普遍性をそれらに付与することはできない。語用論の目印となるのは一般概念ではない。一般概念はつねに再審に付される。たとえば、相対的に領土化された切片性が相対的にモル的な切片性をコントロールする傾向を持つということを考察してみよう。なるほどそこには一種の法則性がある。しかしそれは、ある革命的状況が権限の地図を転覆して、従来の均衡を密かに蝕みつつある別の機械の存在を明るみに出すまでの限定的な一時期においてしか、有効に機能しない。しかしながら脱領土化の係数の微分化は、官僚主義的変形に対するたたかいのなかで政治的シークエンスを方向付ける——たとえばパラノイア的〈線〉に対してスキゾ化の〈線〉を方向付ける——ことを可能にする。しかしこのことから、たとえばある者たちがそれを〈アンチ・オイディプス〉を起点にして考察することができると考えたように、それは新たな二元論的二者択一の問題であるという結論を引き出すことは絶対にできないだろう。これはあくまでも一時的な方向性の問題でしかない。語用論のシステムのなかにはコピーの遂行や地図の運用などさまざまなタイプの参入が可能である。最初の場合は、リビドーの備給の行き止まりとして反復性が受容され、別の変形的遂行の起点となる器官なき身体の最小限の脱領土化を保証するために、そうしたリビドーの備給に依拠することになる（例：地域主義闘争のポジティブな面）。二番目の場合は、地層を粉砕し新たな記号的分岐を遂行することができる漏出線に直接依拠することになる。これを図式化し別の用語で言い表わすなら、前者はいわば癌にかかった空っぽの器官なき身体にかかわる生成的語用論と言えるだろう。それに対して変形的語用論は機械状の一貫性の次元と接続した満ち足りた器官なき身体にかかわるものと言えるだろう。しかしこの二つのタイプの参入を結びつけるのは、それらに関わる記号化の様式を導入すること、その潜在力を記憶すること、コピーを際立たせ地図を書くということ、そういったことそれ自体がすでにダイヤグラム的効果を発動するということである。たとえば夢を受け身的に解釈するのではなくて夢を書こうと決心すること、夢を描いたり模倣したりすること、そういったことだけでも無意識の地図を変形することができるだろう。精神分析の恐るべき罠のひとつは、言表行為の通常の条件の外部で話をするという単純な事実に体現される微小な変化に無意識の地図が依拠してしまうことである。精神分析の〈使命〉は、いままでのところ、転移の技術によってこの変化のダイヤグラム的効果を〈消滅させ〉、患者の言説をシニフィアン的冗長性の新たな解読格子に引き戻すことにほかならなかった。

言表行為の集合的動的編成の語用論は、この二つのタイプの記号的ミクロ政治のあいだで絶えず揺れ動き、一種の支配的意味作用の再問題化のテクノロジーをつくりあげる。こうした条件下では、言説そのものが、シニフィアン的冗長性のシステムの復活の絶えざるリスクとの戦争機械になることができる。

実際、変形的語用論の観点からすると、戦争機械と言語学的ダイヤグラム機械とのあいだに根本的な相違はないということを指摘しておこう。なぜなら一貫性の次元においては、記号的表現の実質によって表わされる抽象機械と、それより〈物質的〉なダイヤグラム機械の強度的特徴によって表わされる抽象機械とは区別することができないからである。これらはともに同じタイプのリゾームに属している。さらにつけ加えるなら、語用論的変形によってもたらされる冗長性の影響の評価も重要でなくはない。というのは、これは新しければそれでいいという政治、たとえばパラノイア的な線に対してスキゾ的な線を持ち出すという口実で狂気への模倣的変換を提案するということではないからである。地図とコピーにかかわる語用論的な動的編成は、本質的に表現の素材の特徴の次元において介入する。器官なき身体の製造と両立する帰納や粘性やブーメラン効果等々のリズムを決め、脱領土化の係数を規定するのは（器官なき身体を取り逃がさないための〈用心〉の動き）最終的にこの動的編成なのである。したがって、ここでの指標は理論的分析ではなくて、強度のシステムの構成である。結局、表現の素材の特徴の冗長性が生成的樹木に取って代わり、新たなリゾームが枝を伸ばす。もっとも一般的ケースとしては、樹木の微視的要素、根茎が、新たなタイプの局地的能力の生産を開始し、他方、生成的樹木のなかに超コード化されていた多様な記号的構成要素（知覚的、感覚的な構成要素、あるいはイメージによる思考、言葉、社会体、エクリチュールといった構成要素）のうちのひとつが弾け飛ぶ。そうすると、ある強度の描線がおのれ自身のために働き始め、錯乱的知覚、共感覚、倒錯的変化、イメージの動きといったものが解き放たれて、同時にシニフィアンのヘゲモニーが再審に付されることになる。[*145] チョムスキー的な連辞的モデルに則ってつくられ、ジム・マッコーレー、ジェロルド・サドック、ディーター・ウンダーリヒなどが言語学的語用論に適用しようと試みた生成的樹木[*146]がこうしてわが身を開き、全方向に芽を出す。たとえば遂行的言表、約束、命令といったものが、新たな変化の出現に応じて、ひとつの状況の〝射程〟を——そこにおける意味作用とは無関係に——変化させる。ひとつの宣誓が、夫婦関係、警察あるいは宗教における〈権力〉の変化をともなって言表されるとき、その宣誓が同じ射程を持たないことは明らかである。裁判官の前で〈私は誓います〉と言うことと、サイコドラマのシーンで〈私は誓います〉と言うことは、同じ機能を持つのではなく、また同じタイプの人物あるいは同じタイプの間‐主観性を巻き込むのではない。

問題はもはや語用論的変化がさまざまな異なった次元——意味論的、統辞論的、音韻論的、韻律論的、等々の——に介入するかどうかを知ることではない。そうではなくて、それがミクロ政治的次元において〝どのように〟介入するかを研究することである。そしてその結果がわからないとすれば、分析が完遂されていないということである！　これはまさに語用論的構成要素の役割を過小評価し、語用論的構成要素を回避できないときだけそれを考慮しようとする言語学者とは真逆の態度をとるということである。もはや統辞（論）や意味（論）が語用論的要素を包蔵しているかどうかを検出するためにそれらを問いに付すということではない。言表行為の動的編成の語用論的な記号的構成要素を問いに付すのは、そこでシニフィアン的冗長性のもたらす麻痺化作用を暴き出すためである。ブハーリンが自らの活動家としての立場に死ぬまで忠実であろうとして党への宣誓を行なったとき、その両義性は公式の報告書を読んだだけで感受することができる。そしてもちろん、彼が実際に行なった言説の統辞的、音韻的等々の分析が、彼の口頭表現に基づいて、〈モスクワ裁判〉の変形の効果とその国際的成功――このブハーリンの公式は長い間容認された――の理由を明らかにすることを可能にすることは十分に考えられることである（ただし、学校や法廷、党、家族などと結びついたこのような権力の変形を、たとえばある遂行的発話の意味作用を変える決定的なものとして典型化したり、あるいはそこから〈普遍概念〉を抽出しようとすることはもちろん馬鹿げたことではあろう）。

一般に市民的行為は家族的諸価値へのコミットとともに始まる集列性の到達点とみなされる。かくして、口頭的固着化のようなもっとも原始的なレベルにおいて開始される精神的組織化から、もっとも精妙な昇華作用のレベルにおける精神的組織化まで、その様式は段階化される。しかし、実際にはものごとはそのように運ぶわけではない。すべての〈段階〉は同時に作用するのであり、すべてがシステムのある一点に回帰してその一点を吹き飛ばすことができる。繰り返し言っておこう。成熟した支配的言語のいかなる生成的合目的性も、またそのいかなる一般的能力も、個別的な言語運用を全体性のなかに組み込む基準には絶対になりえないのである。生成的語用論の目標は、さまざまな地図はどのように符合するか、そこではいかなる分離が使われるか、一定のシステムに対するシニフィアンの権力掌握の射程はいかなるものか、言表と文節のコーパスを組織し超コード化するシニフィアンSに接続する権力構成体の性質はどのようなものか、といったことを規定することである。抑圧的文節は、たとえば、それがモル的・軍事的な言表行為によって編成されているか、あるいはミクロ・ファシズム的な分子的言表行為によって編成されているかにしたがって機能が異なり、同一の仕方で機能するものではない。おのおのの状況的リゾームに、方言だけでなく、特殊な個人言語までもが対応する。そしてそれらに、ある体系的な言語や一般文法が浸透している場合、たとえばフランスの旧植民地の土着言語に対してフランス語圏言語として機能する超コード化の支配的審級の問題が入ってくる。そして今日、このフランス語圏言語の超コード化が新たな権力構成体として登場しているのである。*147

第三部　語用論的構成要素の一例——顔貌性

顔貌性について

ある特殊な語用論的構成要素（これについてはあとで詳細な説明をしたい）としての顔貌性という構成要素は、記号的な再－脱領土化のミクロ政治のなかでとくに重要な役割を演じるように思われる。それはとくにこの要素が〈性的身体への生成〉と〈社会的身体への生成〉という変形のあいだにリゾーム的に挿入されたときに生じる。というのは、〈社会的秩序〉の有意的冗長性の組織化のなかには、許容されるものと許容されないもののあいだの限界を固定化するために顔貌の次元が介入する時間がつねにあるからである。そしてそれは、単に明瞭に意味のある顔の表情（たとえば〈目を大きく見開く〉といったような）を通して生じるのではなくて、もっとはるかに非－シニフィアン的な次元においても生じる。たとえば、ある種の話し方は〈誰かいい人が家にいる〉という気持ちを発動させるが、別の話し方はそうではなく、誰かよそ者、奇妙な人、風変わりな人、危険な人がいるという気持ちを引き起こす。意味作用の領土化は、ステレオタイプ化された中身と、アクセント、イントネーション、震動、リズムといったようなものを同時に作動させることができる機械を起点にして働く。かりに顔が現れていないときでも、声はつねに顔に関係付けられる。[*148] この領土化の要《かなめ》は、われわれの見るところ、他の諸要素の特徴を収集し、形式化し、無害化し、粉砕する、目＝鼻＝口の顔貌化の三角形の方に向かって求めなくてはならない。許容範囲内の偏差をともなった、ある顔貌性のモジュールが表現の中身と特徴の総体をコントロールする。かくして顔貌性は、さまざまな記号的構成要素の次元に存在するミクロなブラックホールの共鳴作用の中心として機能する。そしてそうした顔貌性の政治は、最終的に〈人（ペルソンヌ）〉を構成して閉じられる記号的全体化に同一化するところに成り立つ。この政治は根元的に二元論的である。なぜなら、要《かなめ》がこの声＝顔にほかならない人であるか、あるいはそれとは別のものであるか、そんなことはどうでもよく、問題はあるかないかだからである。つまり全自己か無か、なのだ。ユリシーズが答えるように、「それは人（ペルソナ）なのである」。記号の顔への従属は、空《くう》の政治、指示対象、形象－深層、責任化の政治である。そこでは、すべての流れ、すべての対象が、〝私の〟個人論理的全体性との関係において位置付けられ、すべての主体化の様式が、観念的物象化としての〝私の意識〟との関係において、あらゆる内容の〈汲み出し〉を空《くう》によって処理するこの政治のありえない関数としての〝私の〟意識との関係において位置付けられる。

　顔貌性がそうしたものとして〈意味する〉のは、内容の支配的意味作用への絶えざる送り返しの必然性によって表現される記号的再閉鎖のミクロ政治以外のなにものでもない。顔貌性は冗長性の冗長性であり、二次的な冗長性であり、空っぽではあるが領土化された冗長性である。空っぽの意味作用の素材は顔の上に構成される。顔貌性の最終的パラダイムは、〈それはこういうふうなんだ！〉というものであり、とにもかくにもそれは何かを意味するということを決定的に表わす記号的力業の表現なのである。人は〈もの〉を位置付け、それを多様な権力構成体の座標系のなかに局限し、それを手につかんで逃げられないように、そして支配的意味作用のシステムから漏れ出ないようにし、要するにそれが既成の社会＝記号的秩序を脅かすことがないようにする。もちろん、こうした力業は、たとえば社会－経済的、性的といったような他のあらゆる次元において行なわれる他の権力的機能と切り離して考えることはできない。われわれはここでは、一定の権力構成体のシニフィアンの政治として具体化される顔貌性という構成要素に力点を置くことにする。なぜなら顔貌性は一般に無視されるか二義的なものとして扱われるからである。しかし顔貌性の性的身体の構成諸要素との節合点、とりわけファロス的構成要素との節合点を明確にしなくてはならないだろう。図式化するなら、顔はファロスの裏側として機能すると言える。資本主義権力はその脱領土化の斜面においてファロス的機能を前面に押し出し、性的身体の情動や内容の総体を性の社会的分割という非－シニフィアン的作動システム――ファロスではないファロス――に従属させる。他方、資本主義権力はその再領土化の斜面においては、この単純な還元主義的操作を〈個人化する〉ために顔を持ち出す。そしてこれが微小な領土性を持った欲望に対して、微笑や瞼の皺といった取るに足らない絶望的な逃げ場を復元したり、父親や学校の教師の抑圧的なしかめっ面、さらには顔のない超自我の抑圧といったミクロな権力の防塁を復権させるのである。

反射的意識は一種の言表行為の動的編成、さらには資本主義的抽象機械を起点にして組み立てられるある特殊な記号的装置であるとみなさなくてはならない。というのは、あらゆる形式主義の〝ア・プリオリ〟な純粋形態の理想、空っぽの純粋な冗長性機械の理想は、普遍的な主体化の様式に属しているのではなくて、脱コード化された流れの経済に依拠した生産的機械、社会構造、表象のシステムといったものの総体に属しているからである。意識の主体的個人化は、資本主義的な〈生産様式〉に内在的に参与する物質的・記号的・社会的な流れに隣接してあるものにすぎない。したがって意識化の構成諸要素は、顔貌性やファロス的二項化の構成諸要素〈に次いで〉、シニフィアン権力の構成体の機械状の組み立ての根元的要素として三番目のタイプをなすものである。顔、ファロス、自己意識は、脱コード化した流れの再領土化を行なう同一の抽象機械を中心にして展開する。この抽象機械の機能は、限られた手段を使って、所有感覚や、〝対抗権力〟に限定された〝権力行使〟の様態をつくりだすことである。したがって顔貌性〝の〟意識やファロス〝の〟意識があるということではない。この三つの審級が担っている同一の分離権力の三つの様態——顔貌性の偏差、意識の志向的対象化、ファロス的二分法——は、繰り返し言うように、普遍的メカニズムをもとにして生じるわけではない。それらがいたるところで似通っているように見えるとしたら、それはこの三つの様態がヘゲモニーを握ろうとする権力構成体の働きによって規格化されているからである。しかしまた、この三つの様態は、それぞれその権力が転覆されたりゆがめられたりすることがありうるので、それぞれおのれを区別したり別の道を選択したりすることがありうる。したがってこれは〈象徴秩序〉のなかにおける主体の参入の一般的母型として考案されたラカン的な〈鏡像段階〉の機能の問題ではない。顔貌性の秩序のなかでは〈一般的〉顔貌性もなければ〈一般的〉参入というものもない。ここで問題となる特殊な顔貌性は社会的領野の相互作用の総体と密接不可分の関係にある権力構成体と結びついたものである。顔貌性になにはともあれ大きな重要性を付与する——現前する力関係の変化やそこにおける言表行為の動的編成の行なうミクロ政治的選択の性質にしたがって――のは、顔貌性の特殊な組み立てである。したがって世界と顔貌性は特異な諸関係を維持し続ける。顔はつねに風景に住み着き、風景を顔のなかに閉じ込めるための要《かなめ》となる。また、特殊な権力の力業で風景を痙攣させたり、あるいは風景をある漏出線、別の機械状の可能性に向かう出口に開放したりもする。私という存在は一日中ある顔貌性から別の顔貌性へと移行し続けてやまないが、ある時点に私を支配する顔貌性は必ずしも〈私の顔貌性〉であるとはかぎらない。それはなにか別の顔貌性であったりするが、必ずしも別の人というのではなくて、ある動物、ある植物、あるものの布置、ある親密空間、ある制度といったものの顔貌性――たとえば医者、狂人、憲兵などの〈ア・プリオリ〉な顔貌性――でもありうる。また、ひとつの同じ顔貌性は、それが記号的構成諸要素の樹木状の序列化の政治に向かうのに相応して、あるいはそれが記号的諸要素をそれぞれの表現の素材の特異性の特徴を尊重したリゾーム的地図にしたがって配置しそれらの諸要素が生み出す危険のある不安や罪責感のミクロなブラックホールを回避するのに応じて、その外観を変えることができる。

話し手と聞き手が自分たちが行なう言説の〈保証人〉になる――実際には〝彼ら〟を捉えているのは言説の方なのだが――という個人化の過程を経る言表行為の責任主体化は、その言説を実行する権力構成体と不可分の関係にある。ある遊びから別の遊びへと移行し続ける子ども、あるいはある性から別の性へと移行し続ける〈倒錯者〉は、この権力構成体の視野の外、範囲外とみなされ、彼らを補佐する任を負う社会的構成体に依存する位置に脱落する。彼らが自らの行為の責任を自覚しないということ、彼らがある役割や機能に決定的に同化しないということ、そして彼らがある同一の自己意識に基づいて彼らの記号的生産の総体を資本化しないということ、こういったことがすべて欠損や未成熟とみなされる。しかしまた、彼らの態度を支配的諸権力の座標系に対する暗黙の拒絶——おそらく一時的なものであろうが——の結果とみなすこともできるだろう。

シニフィアン権力は、リビドーの生命力と表現に寄与するさまざまな記号的構成諸要素の担うミクロなブラックホールの総体の共鳴化のなかにリビドーを動員し集中することによって、人を〈全体化〉し、特定化し、責任主体化する自らの力を引き出す。こうして、これらのすべての構成諸要素は規律化され、画一化され、翻訳可能化され、序列化される。そして、それらの諸要素が表わすすべてのことが中心的主体化の一点から発散するように見えるようにしなくてはならない。そのうえ、シニフィアンによる意識化の第一の機能は、記号的従属の過程に寄与する操作の発動と連鎖のなかに不可避的なものはなにもないということを隠蔽することであるのだから、この操作は自ずからなされるもので世界の秩序としての性質を帯びているように見えなくてはならない。自己意識とある〈母語〉に属しているという感覚は一体をなしているものであり、それはわれわれがある主体化の様式から別の主体化の様式へと、ある個人言語から別の個人言語へと移行し続けるにもかかわらず、そうなのである。意識の政治という現実支配の政治は、いかなる時点においても、おのれの行動の自由を掌握しようとする記号的諸要素を意識が掌握する操作を行なうように意識を導く。この政治はある顔貌性の特徴を排斥し、別の諸特徴の配置を変えて、おのれのリトルネロ、おのれのイコンを押しつけ、欲望の乱流を無害化する。この政治は、たとえばある時期には子どもの動物的な顔貌性を遠ざけたり変貌させたりして、母親や妖精、魅力的な王子、父親や王様といったような顔貌性を持ち上げる。しかし今日、領土化された動的編成の混乱や脱コード化された流れに対する資本主義的ヘゲモニーの登場のあとでは、いかなる〈自然的〉集団であっても自らの手段によっては分泌することができない儀礼的・トーテム的代用品を生産するのは〝マスメディア〟の役割に帰している。かくして、本質的に機能的な顔貌性の標準モデルによって満たされるのは、もはや領土でも民族でもなくて、視聴覚的空間の総体にほかならない。ただし、こうした資本主義社会による顔貌性のプロトタイプの利用は、顔貌性が疎外をもたらす支柱としての物象化的イコンのシステムに還元されるという結果を招くわけではない。メディアによる想像界の操作は、生産的動因の欲動を和らげ落ち着かせる鎮静的機能しか持っていない。

もっと根本的に言うと、こうした操作は資本主義的主体化の様式の特殊ダイヤグラム的機能に属している。この操作にとって重要なことは、主要な権力構成体の包含する記号的構成諸要素を集中しミニチュア化することができる言表行為のオペレーター（作用素）を定着させるということである。そのオペレーターはそうした記号的諸要素を縮小しながら、領土化された動的編成の残存物のなかに存続し続けているリゾーム的可能性を持つ無数の動物・植物・宇宙の目を無効化する。それはさらに、世界の多声的中味を捨て去り、ひとつひとつの視線の背後に空っぽの一点、ブラックホールを据え付け、そこを起点として、ある中心的な意味作用があらゆる局所的な意味作用のなかに広がるようにしつらえる。つまり、人間中心の世界の外部ではなにひとつ存在することはできず、なにひとつとしてシニフィアンによる感染作用――それは絶えず冗長性と自閉的な序列性からなるシステムや形式的等価性のシステムに帰着する空っぽの人間性を世界の中心として構成する――から逃れることができないようにするのである。こうしたシステムは、いかなる種類の領域においても、そこにおけるすべての行動、すべての生産、すべての刷新を方向付け掌握する。このような条件の下では、もはやシニフィアンの帝国主義の視線を逃れることができるいかなる神秘の一点も存在しえない。すべての景色はある基盤的顔貌性によって覆い隠される。その基盤的顔貌性は必ずしもビッグ・ブラザーやアミン大統領ほど華々しいものではなくても、そこらじゅうに遍在するものである。抽象絵画の極致とも言えるもののなかにさえ、そうした顔貌性が結晶化しているのを見ることができる。たとえば、「おや、これはドヴァーヌ〔ジャン・ドヴァーヌ＝（一九二一年〜一九九九）。フランスの抽象画家。一九四五年から一九五六年にかけてドゥニーズ・ルネ画廊のスター画家であった〕の時代の絵、彼のドゥニーズ・ルネ画廊〔サンジェルマンエ・デ・プレにある現代アートの画廊〕の時代の絵にちがいない」などと思うと、すぐにその絵の構成から発散するその時代のある顔貌性から呼びかけられる。「私がその頃知ったのはたしかに君なのか？　君は私を〝位置づける〟と主張していたが、そう言う君自身は私を裁き評価するためにたしかに同じ立場を堅持し続けたのかい？」〔ここでガタリは自分の青春時代を重ねているのであろう〕などという声が聞こえてくるのである。『失われた時を求めて』の語り手が、バルベックの海岸で、最初のアイディア――それは〝花咲く乙女たち〟の情熱的研究に打ち込むために海辺の景色から人間の存在をいっさい消し去ってしまおうという考えである――を放棄するとき、彼が長い間人間の顔貌性を放棄したあとに顔貌性に回帰するのだと考えてはならない。

実際、人はプルースト的記号化が展開される支配階級の顔貌性のシステムから一瞬たりとも外にでることはできない。そこには単に方向の転換があるだけである。たとえば、風景性＝顔貌性のあまりに固定的、あまりに古典文学的、あまりにロマン主義的、あまりに象徴主義的な政治を放棄して、〈社交界の人々〉のコードにぴんからきりまで縛られた登場人物の欲望の動きや一時的断絶をその〈発生状態〉において捉えるために、別のもっと辛辣な政治を発動するといったことである。[*149] ここで、ある特異な特徴の喚起を起点にして、文学的空間の通常の座標系を変形する記号的発芽過程を発動する手法は、麻薬経験に比較することができるだろう。麻薬経験もまた、知覚と内的感覚の領域において、音や言葉や動きなどを起点にして、日常世界の組織化を司る〈位階序列体系〉を奥深いところから修正する一連の欲望の強度を解き放つのである。[*150]

顔貌性はどのようにして記号的構成諸要素の総体の一種の鍵として、錠前として機能することができるのだろうか。原始社会においては、顔貌性はそれほど重要な役割を果たしてはいない。というのは、原始社会では、顔貌性は一方で仮面という手段によって自立し集団のなかで循環するが、それが普遍的顔貌性として定着することは決してないからであり、他方で、顔貌性の機能は、刺青や姿態、多様な人々のあいだで行なわれるダンスの演技、固有のリズムや舞台への参入の仕方などにしたがって作動するリフレイン的な生産活動をともなった身体の機能と密接不可分に結びついているからである。資本主義的顔貌性がシニフィアンの記号学のダイヤグラム的オペレーターとして機能することを可能にする二項対立化のメカニズムをもう少し明確化する努力をしてみよう。内容の世界は、〈出発点〉においては、原始的、狂気的、幼児的、詩的な言表行為の領土化された動的編成の枠組みのなかで決して同質的なものではなく、意味作用の平衡性を維持する多角形はいたるところに中心を持ち、どこにも輪郭を持っていない。それは世界全体を包摂しているのである。顔貌性は、表意作用のポイントの多数体を中心に引き寄せるために、この多数体を自らを中心の位置に置く不変の超コード的分布座標に関係付けなくてはならない。かくして次のような二重の動きが生まれる。

(1) 脱領土化された顔貌=風景の構成が、中心化作用を持つ樹木状の自閉的なブラックホールのなかに集中化され、このブラックホールが抽象的なものに移行して記号的座標系の総体を統合する記号の壁となる。

(2) パラダイムの普遍化、パラダイムの組織化のシステムの樹木化が強化され、すべての抽象機械が一神教のなかにその宗教的表現を見いだす一種の単一的主体主義を起点として活用変化するという事態に行き着く。

顔貌性のブラックホールは、いわば、空っぽの反射的意識が意味作用を行なう顔貌性の総体を中心化しながら構成する記号的スクリーン全体の隅々にまで広がる。ブラックホールは、記号化のあらゆる様式に伝染しながら、自らの位置を変え、世界全体に浸透し、いかなる強度の地点にも達して超コード化を行なう。あらゆる自閉的地点、あらゆる樹木状の潜在力が活用変化し、共鳴関係に入り、記号的構成諸要素が担っているさまざまな特異的特徴のリゾーム的圧力を中央のブラックホールに吸収しながらその発現を禁止しようとする。

したがって冗長性の中心的機械の構成は、主体的共鳴の統合とすべての局地的冗長性ならびにその範列的基軸の樹木状化という二重の現象に依拠する。この普遍的なものとして現出する意識の主体化機械は、実際は、特殊な権力システム――白人権力、雄の権力、大人の権力、異性愛の権力、等々といった――の具象的発現である。この権力システムが民族の領土的限界――南米先住民の〝シャボノ〟〔住居〕から街角のビストロまで、あるいはその他のあらゆる意味作用を支える多角形的様態にいたるまで――を解体するために展開する記号的スクリーンと、それが主体化の中心点のまわりですべての範列的システムを共鳴させる能力は、その他のあらゆる表現の素材を超コード化するシニフィアン的な表現の実質を生産する言表行為の個人化された動的編成の二つの根本的な要素を構成する。リゾームの可能性は顔貌性のこの〈段階〉において破壊されるか樹木状化を利するかたちで超コード化される。そして可能性の次元のすべてが、このシニフィアンの実質のなかに囲い込まれてしまうのである。

　かくして表現の強度の素材は、もはやリゾームとして自由に組織化されなくなる。人はもはや天空のなかや植物的・動物的生成のなかにn個の目を持たず、ひとつの中心的な目しか持たなくなり、そこからあらゆる空間的・リズム的・道徳的な世界の座標が放射することになる。このようにして普遍的風景が普遍的顔貌から構成される。資本主義的動的編成が遂行する顔貌性の人への収斂は、顔貌の三角形のシンメトリーの基軸――目‐鼻‐口――を利用し、心理学者が示したように、その基軸に乳児の最初の間‐主体的諸関係がくっつく。[*151] この知覚的・行動的脱領土化の収斂機械が、ひとつひとつの記号的構成要素に固有の主体化の黒点、そこにつながった多様な間‐主体的疎外の戦略、そしてさまざまな権力構成体といったものを〈フレーミングする〉ことを可能にする。かくして参照基準としての一般的表面は主体化の中央のブラックホールから発せられる一種の記号的脱領土化のレーザー光線によって一掃され、このレーザー光線が表現のマチエールのあらゆる〈デコボコ〉を無効化して、一種の白い円形のスクリーンを構成し、自己、他者、事物（対象）で構成される最初の物象化の三角形の二重の絶対的な対立関係を波及させる。世界、人間、親密界といったものは、形相的存在論、ジェラール・グラネルの表現を借りるなら〈埋もれた直観性〉の存在論の管轄下にあるのではない。*152 それは具象機械によって、つまり社会的領野のなかに局地化され歴史的日付けを持った記号化の動的編成によって生産されるものである。したがって顔貌性を、〈鏡像段階〉とともに発動し、その背後で〈大文字の他者〉が自己と他者のあらゆる連続的関係の母体として姿を現わす普遍的な心理的審級とみなすラカン派に追随するいわれはない。*153 欲望のミクロ政治と資本主義的流れへのマクロ政治的従属がつくりだされるのは、顔貌性の特異な特徴を起点としてである。主体、対象、他者を形而上学の基本的与件や〈無意識のマテーム〉とみなすことを放棄することは、必ずしも主体性の〈原始的〉――魔術的、アニミズム的、原始共同的――概念に逆戻りすることではない。それは逆に、現代世界の一連の記号的・経済的・政治的与件を、言表行為、主体化、意識化の過程のなかに本質的構成要素として参入させることである。

言表行為の〈客体化〉、〈主体化〉、〈他者化〉は、絶対に動かしがたい決定的なものとして与えられるものではない。それは特殊なコンテクストにおける特殊なミクロ政治から発生する。その核心は欲望の目にかかわるのであり、宇宙や社会体や〈内部〉においてわれわれを凝視するすべてのもの、〈われわれにかかわりを持つように〉仕向けるすべてのものにかかわっている。すべての漏出点、すべての欲望の線、すべての開口部、すべての可能な連携といったものが、言表行為の資本主義的体制のなかで、不安のブラックホール全体に反響する意味作用の中心点に集中する。そうすると、すべての地層、分離、抑制が、欲望の全般的無効化の政治、言表の生産と表現の構成要素の特異性の諸線との切断、創造的言表行為の動的編成のサボタージュ、去勢された主体や空っぽの有罪意識の上昇といった政治のなかで、互いに依拠しあうことになる……たとえば心理学者の四つの目を持つ機械は集合的装備として回収される。顔貌性機械は最初から子どもの主観的主体性のなかに、権力の樹木状の序列体系に依拠した現実、他性、内部性の造型の支柱として据え付けられる。しかし別のミクロ政治的コンテクストのなかにおいて、別の顔貌性の政治が出現するということも考えられないことではない。[*154]原始社会においては、主体の宇宙や生きた世界への節合は、社会的、宗教的、性的、遊戯的、等々の活動の集合的領土に対応する言表行為の領土化された動的編成を起点として遂行されるのに対して、資本主義的主体性の理念は表現の支柱のシステム的脱領土化を強制する。もちろんその場合、表現の支柱は、核家族とか社会的地位の理想といったような機能的代用品のなかに再領土化されることもありうる。脱領土化の一神教的神の多形的意図が空っぽの意識に向かって収斂するのは、もはや民族とか選ばれた民、あるいは十字架に架けられたその息子に依拠してではない。しかもその収斂は、豊かな国の白人の眼差しにつきまとう一種の第三のくすんだ目にも波及するのであり、ここにおいて欲望の創造的潜勢力が消滅し、権力のさまざまなエネルギーが結び合わされるのである。[*155]

二分法的顔貌性機械は、顔の動きの連続性のなかにおいて、ぎりぎりの限界への移行をキャッチし、スクリーンの許容限度からの逸脱状態を選別的にチェックする。たとえば次のような場合である。

○過剰な微笑が〝ある限界を越えて〟異常な渋面あるいは横柄なあざけりになる場合。

○過剰に装われた服従が陰険になる場合。

○規範を逸脱した仏頂面が軽蔑のしるしになる場合。

○過剰に皺がよった老け顔が恐怖を与える場合。
○褐色すぎる皮膚がメテック（異邦人）を思わせ、そこに異常なほどの言葉のアクセントがともなっている場合。
○性的なものが顔に明瞭に現れているか、それがファロス的支配権力にとって脅威に感じられる場合。
このようにして、局地的な場所で機能する権力構成体の多様な規範化活動を序列化し調整する普遍的規範が確立する。〈正常な〉世界のシニフィアンの座標系は、中央の顔貌性を起点として展開・調節されることになる。こうして〈正常な〉顔貌性に則って〈人間的〉になった世界は、ある社会的シンタックスのなかで抽象機械の総体をコーディネートする具象機械を起点として主体化されるのだが、この社会的シンタックスの法則は、ものごとの秩序と道徳的良識に緊密に結びついたある普遍的理性の管轄下にある。ここにあるのは、言表行為の領土化された動的編成の場合のような、単なるリゾーム的可能性の払拭だけでなく、シニフィアンの実質の独裁から逃れようとするあらゆるものの樹木状化、総仕上げ、〈因果律化〉、囲い込み、境界画定、未来限定である。支配的顔貌性を脅かすすべてのものが抑圧の対象として取り込まれるのである。

一九六八年には長髪の顔貌性が世界を揺さぶった。一時期、言表が〈躍動する〉ような印象を人々は持った。前代未聞の提案があらゆる領域で起こり、古びた自明性があっという間に意味を失った。新たな可能性の次元が姿を現わしかけた。人はもはやものごとを同じようには見ず、同じような仕方で愛することはせず、労働との別の関係の持ち方、環境との別の関係の持ち方が垣間見られ、さらには幼年期の別の捉え方、同性愛の別の捉え方といったものも浮上した。〈普通の時期〉、つまり現在のような時期においては——いまはいまで大きな混乱期を生きているのだが——、日常性の感覚が世界に対する知覚を支配する。そしてこの日常性は、そこを行き来する顔貌性によって絶えず調整され、その無関心な相貌によって、〈たいしたことは何も起きていない〉、すべては正常である、といったことを表わしている。平均的顔貌性は正常性の点滅信号として機能する。〈レトロ〉志向が魅惑する理由のひとつは、こうした一種の日常性の記録装置を一時的に狂わせるところにある——〈おや、当時は馬車のあいだをぬって歩いていくのが普通だと思われていたのだ。おやあの頃は、ドイツ人がいて、押し自転車、木靴があった……〉といった調子である。この正常性はなによりもまず、顔の上、視線の上に読み取れる。しかしまたそれは、事物の上、たとえば木製のラジオの上などにも読み取れるのであり、なぜならそこにはこの同じ顔、同じ視線が刻印されているからである。かくして身体、姿勢などを通して作動するすべてのことが、顔に集中する。そして顔貌性のすべての特徴が、意味作用の全生産の起源としてのブラックホールのなかに集中するところとなる。こうして正常な風景、正常な顔貌性が世界全体に伝染し、それ自体が空っぽの意味作用、自閉的な意味作用、いかなる表現の素材もそこから脱却することができない一般的表現実質によって世界が支配されることになるのである。そして相対的に脱領土化された価値システムが、すべての内容に投射され、あらゆる記号化の様式に内在するところとなる。ヤノマミ族のシャーマンがあるパラダイムを〈抽出〉していたとき、そのパラダイムが空に戻っていくのではないかとか、あるいはそれが恐るべき動物性のなかに自閉してしまうのではないかというリスクがつねに存続していた。しかし現在では、もはやこうした脱出が起こる可能性はいっさい存在しない。地域的パラダイムは、主体化のブラックホールを起点として展開されるシニフィアンの樹木状システムに完全に従属しているのである。

領土化された動的編成は、安定した可能性と不安定な可能性を分かつ内部と外部のあいだに切れ目を入れる（外部の一部が内部に入り込んだり、逆に安定した内部が領土の外側に出て自らに固有の回路をつくることもある）。かくして、切断はもはや内部と外部のあいだで起きるのではなくて、シニフィアンの鎖の内部で起きることになる。そしていつなんどきでも、人間の原型的な顔がどこからでも現出する。キリストの顔は雲のなかからも、不安の真ん中からも、ある時代のいかなる言表からも、テレビに写った〈大統領〉の顔からも出現するのである。内在的顔貌性は世界に住み着く。厳密に言うなら、各民族の特種な顔貌性を備えた領土化された動的編成のなかにあったような顔の他性はもはや存在しなくなる。そうすると他者は、一挙に奇妙なものとして動物への生成の方向に追いやられる。こうした領土化された対立関係に取って代わって、価値の対立関係が資本主義権力によって登場し、時間‐空間的座標系の総体に住み着き、正常な普遍的顔貌性と危険な逸脱的顔貌性を対置するところとなる。かくして、支配的顔貌性のもたらす法を知らない者はひとりもいないとみなされ、すべての顔はある規範との関係で判断や評価を下される位置に置かれ、社会的に軽視されたり、場合によっては治療や保護や再適応の対象になったり、さらには投獄されたりすることになる。*157

すべての冗長性は普遍的意味作用システムに集中化され節合されるので、そこに意味があるかないか、それは機能するかどうか、といったことを判断する任務は、最上位の顔貌性を表わすことができる場所にいる権力構成体に帰着する。もし権力の空っぽの目が否定するなら、空隙を塞ぎ側面に穴があくのを防ぐためにすべての連辞すべてのパラダイムの資源を急遽動員しなくてはならないだろう。

さもなければ、変動の流れがおのれ自身のために発動することになり、社会的無意識のなかで増殖する補完的顔貌性の相互的均衡が崩れる恐れがでてくる。意味は権力の顔貌性の同意を経てその単一的な目のブラックホールの縁の上で無限に循環するか、さもなければ不安のなかで自壊しそのなかに飲み込まれていく。意味か非‐意味か。それはすべてか無かである。これが根本的な二分法的断絶であり、これが生じたあとには取り返しがつかない。それはわれわれの味方なのか、われわれの味方ではないのか、それは何かに対応するのか、何にも対応しないのか、そう言えるのか言えないのか、それは立つのか崩れるのか、それはフランス人か異邦人――つまり敵対者――か、それは家族の一員か知らない人々なのか。顔貌性〈以前〉には、多声的近似の可能性はまだ存続していた。しかしそれ〈以後〉は、すべてか無化の法則が機能する。長談義、半分嘘、半分本当といったものは追放される。シニフィアンによる切断が、排他的な真理、つまり顔貌性の〝フィードバック〟システムを起点としてすべてか無かの真理を課す。言表は、中心にあるオシログラフ（振動測定器）の管轄圏にくっついているかぎりにおいてしか、その意味作用の重み、真理としての価値をもつことができない。言表がそこから遠ざかりすぎると、非‐意味のなかに落ち込み、修正と回収の全機械装置が作動することになる。

顔貌性は、支配的諸価値の二分法的指示器として機能するために、（1）まずおのれ以外の記号的構成諸要素から切り離されねばならない。そしてそれは基準的表面としての役割を果たし、その上に限界への通路が関係づけられ、移し変えられ、標準化されねばならない。（2）次にそれは、自らが代理表現し調整し序列化する構成諸要素と競合しないように無力化されなくてはならない。というのは、顔貌性が自立的な表現の素材として自分自身のために働き始めたら、すべては終わりだからである。その場合、〈原始的〉多声性――しかめっ面をしたり衒奇症状を示したりする分裂症者や〈自閉症〉の子どもなどに〈見られる〉それ――が再び姿を表わすことになる。したがって、シニフィアン的顔貌性機械によって制定される遮断と翻訳可能性と序列化のシステムは、一種の政治的選択素材を分泌し、その素材は来たるべきすべての可能性に浸透するだけでなく、いわば時間を遡るかたちで〈可能であったかもしれない過去〉にも影響を及ぼす。つまり過去においては、シニフィアンの登記簿に記録されたもの以外はなにひとつ可能ではなかったということになるのである。こうしてシニフィアンによって可能なこと、樹形システムによって可能なことが、あらゆるリゾーム的可能性を犠牲にして確立される。

これが〈すべての言表のシニフィアン的二分化〉の原動力であり、これによってあらゆる記号的生産はつねに顔貌性の道徳的意味作用に還元することが可能になる。シニフィアン権力が頭を振ると意味が現れ、眉をしかめてノンと言うと非 - 意味が現れる。そして範列的等価体系全体がおのれの囲い込みシステムのなかに自閉して、そこで提起された問題への解決を見つけることになる。かくして、いかなる記号的表示も、特異な顔貌や制度的顔貌性の次元で生じるあらゆることを共鳴させるひとつの内在的ブラックホールの周りでサイクロトロンのように組織されるこの顔貌 - 言語機械を逃れることはできなくなる。ひとつひとつの制度、ひとつひとつの機械（軍事的、宗教的、等々）に、それぞれひとつの支配的顔貌性が対応する。パロール（発話）がメッセージを運ぶ以外の機能を持たないとみなすことは、厳密に言って錯乱的である。言葉はひとりでに話されるものではない。言葉は顔貌性に媒介された権力構成体全体によって構成される領域のなかで自らの主張を動的に編成することができるときにしか話されない。言説はその言表とその主張を〈マネージメントする〉顔貌のなかにつねに把捉されている。顔貌が言表や主張に重みを付与し、支配的意味作用との関係においてその言表や主張に意味を詰め込んだりそこから意味を取り除いたりするのである。

ここで、とくに記憶機械が基準的間隔のなかに配置された記憶のシナリオに取って代わる以前の言説の領土化の様式の変化を示すために、記憶の歴史について行なわれた研究を再考する必要があるだろう。*158 イコン的支柱の事後的な脱領土化は、おそらく記憶の習得を二分法的な判断システムの方に向かってずらした。たとえば質問表による〈近代的な〉試験システムは、複雑な一覧表を暗唱させるところに成り立つというよりも、記憶による判断能力を統計的にコントロールするシステムである。受験者に要求されるのは、総体的な評価について、質問の特徴について、間違わないということである。つまりそれはどう聞こえるかとか、〈それは質問として成り立つのか〉ということである。実際、試験が最終的に選抜するのは、支配的システムの要請にほぼ順応する力を持った受験者である。そして一種の語用論的統辞法を起点として、共通文法を始めとするその他の記号的統辞法に関係するあらゆる時間‐空間的かつ行動的座標系が権力を持った顔貌性の周りに集中するのである。ヤノマミのシャーマンが〈ヘクア〉〔精霊〕を取りのがして、それが岩や空に向かって戻っていくとき、儀礼的統辞法は中断される。しかし、こうした普遍的統辞法のシステム、資本主義的な言表行為の機械状の動的編成による情報の囲い込みの際限のない交差の登場によって、もはやいかなる逸脱も不可能になる。シニフィアンはもはやおのれ自身にしか戻ることはない。ソシュールの直観にしたがうなら、シニフィアンはいたるところにありどこにもないある実体になったのであるが、それこそが資本主義的記号化様式の実体そのものにほかならないのである。

資本主義的顔貌性機械は、単にそれが構成する内容のグローバルな切断、大規模な二分化、そして二極化によって作動するのではない。その還元的二分化の作用はまた、そこに結びついた表現の素材の組成にも及び、表現の素材をシニフィアン的実質に変えることに寄与する。実際、表現の言語素の無限の階梯を起点として分節化される弁別的対立システムに依拠した言語システムのヘゲモニー的権力の奪取は、多様な強度的表現システムの粉砕の長い過程の結果なのである。音韻的、統辞的、語彙的等々の組織の入念な――大半は非‐意味的な――構造化のおかげで意味内容の世界から相対的に自立し線状化されたシニフィアンの鎖の優位性は、権力構成体とくに資本主義的顔貌性機械による記号的従属化の全予備作業を必然的にともなう（この点に関連して、われわれは、のちほどわれわれが〈リトルネロ機械〉と呼ぶものがここで演じる本源的役割を喚起することになる）。この過程は、いかなる表現的生産も〈情報量〉に沿った還元的単純化に、そして翻訳可能化に、つまり最終的にはコンピュータによって余すところなく処理されうる自動化した二分法的選択の構造化された連続体に順応するという事態に至り着く――あるいはある観念的パースペクティブにしたがってそこに到達することになる。

ここでわれわれは、情報革命と呼ばれているものが現在あらゆる領域で引き起こしている〈荒廃〉から、なにか〈純粋思考〉のようなものを保護しようと主張しているわけではない。人間主義的な科学構想が、情報科学の介入領域をあらかじめ人間によってつくられた与件の処理に還元する機械と学者との根元的・最終的な労働分業が可能であるという考えに執着するのは間違っている。機械状の記号化は、今日、人間の記号化に劣らず本質的に重要である。というのは、これまで専門的技術者の仕事にとどまっていて、かなり貧弱な数学の管轄領域でしかなかったコンピュータが、いまや言表行為の複合体に統合されつつあり、人間の介入と機械状の創造性のあいだの〈取り分を決める〉ことは不可能になっているからである。コンピュータは今後、記号化の手段の量的不十分によって中断されていた数学の諸問題を処理することになるだろう（たとえば、四色地図の着色に関わる積年の問題の解決が、四百億の必要作業を遂行するためにひとつのコンピュータに千二百時間の作業を求めることになるだろう）。[*159] そしてコンピュータは、すでに独創的な数学の諸問題を提起することができるようになりつつある。

したがって機械の記号的能力の限界は、〈人間的思考の本質〉の側に見いだすべきものではなくて、むしろその記号的能力の現在における機能を司り、切断と脱地層化と欲望の現象つまりすべての脱領土化をシニフィアンの二分法による単純化の網のなかに封じ込めるようにその〈処理能力〉を導く情報言語の性質のなかにこそ見いだすべきものであろう。たとえば、現在、生化学者のなかに、生命の起源に関する今日的理論に関して、熱力学や情報理論に属するグローバルなパラメーターからしか状況を計測しないその進化描写が突然変異的過程の重要部分の脇を素通りしていくとして、これを問題に付している学者たちがいるのだが、彼らの関心事もこのことと関係している。たとえばジャック・ニニミエは次のように考えている。「生命の起源となった前生物的な原始的スープの純然たる化学的進化を説明しているだけでは、自己複製や情報転移といった生物学の根本的カテゴリーをどこで導入したらいいのかわからなくなるだろう。前生物的システムを情報言語を使って代理表現しているだけでは、運動的機能のような新たな特性を数学的処理からどのようにして取り出すことができるかわからないだろう。もっと正確に言うなら、一見初発の説明の概念的領野の外部にあるように思われる特性でも、堂々と追求することによって出現させることができなくはないということである。われわれはわれわれが予想外のものを見ることができる手助けになる道具を必要としている。なぜなら素材を組織化する媒介状態が、現在の生命世界の論理とは全面的に異なった諸論理に従属していたということは十分に考えられることだからである」[*160]。

私が思うに、いつの日か未来は過去の〈傾向性〉からしか〈計算する〉ことができないという考えとは縁を切らなければならないだろう。あるいはまた、もっとも差異を含んだものがそれよりも差異のないものの支配下に落ちるとか、表現−生産的な動的編成は下部構造に依存する上部構造に分類されるという考えとも縁を切らなくてはならないだろう。素材と歴史についての機械論的、目的論的、観念論的、弁証法的等々の概念全体は、可能なものを二分法で分け、未来をあらゆる仕方で閉ざしてやまない。どうして現在の潜在的能力を発揮するように仕向け、〈新しいもの〉は過去の内部から出現しうるという考えに向かわないのだろうか？　科学や芸術、それに〈生を変える〉ためのくわだては、その最先端の研究において、未来を、そしてかつてないようなその可能性を、永久に自己の内部に閉じ込もり石化しているように思われる地層化のまっただなかで発見する——企画し発明する——以外に何かすることがあるだろうか。あらゆる相対主義的なくわだてにもかかわらず〈ア・プリオリ〉な普遍的与件として認識されている時間や空間というカテゴリーは、資本主義的思考様式がおのれの論理的・科学的・政治的なアプローチを極性化し、二分法化し、〈決定論化〉するように導く基本的用具である。思考様式と絶縁した〈機械状理論〉は、記号的過程と物質的過程との二分法を拒否することから始まり、場合によっては、時間や因果律を〈逆向き〉にするに至る（これはすでに理論物理学の分野でクォークの理論やボスコヴィッチの〝点原子〟の理論に見られることである)。そして〈機械状理論〉は、一般に時間と空間の脱領土化について、それを実行する動的編成との関係においてしか重視しない。人間界や動物界について考える場合、ユクスキュル〔ヤーコプ・フォン・ユクスキュル〕がまだ〈環境世界〉と〈内的世界〉に分割していた構成諸要素を同一のリゾームのなかで節合しながら記号化の動的編成を非客体化しなくてはならないだろう。*161

繰り返し言うが、顔貌性とリトルネロの構成諸要素は時間と空間〈一般〉をつくるのではなくて、〝ある〟エコロジー的、民族的、経済的、社会的、政治的等々のコンテクストのなかで、ある動的編成によって生きられる〝この〟時間、〝この〟空間といったものをつくりだすのである。〈内的な〉脱領土化——たとえば目を内的－外的世界に開く脱領土化や、性的エコノミーが他の構成諸要素に能動的に結びついたときに、その性的エコノミーが個人あるいは集団の知覚された世界や企図を変えることができる立場に置くような脱領土化——は、環境や歴史に働きかける〈外的な〉脱領土化と密接不可分に結びついている。〈外的〉リゾームは内的リゾームから切り離すことができないために、欲望されたパートナーは、同時に(そして連続的に)、権力の核心であり、冗長的顔貌性(個人的同定)でもありうるのだが、ダイヤグラム的顔貌性のある種の特徴の支柱は、逆に動的編成全体を深く改変し、再領土化をすすめるリトルネロを不可避的に押しつけ、〈新たな〉自己、〈新たな〉夫婦、〈新たな家族〉、〈新たな〉民族、等々を再具現化する。そこでは、予め決められたことは何ひとつなく、内部と外部、前と後、モル的なものと分子的なもの、上部と下部といったもののあいだのいかなる方向付けも、決定的な仕方で測定することはできない。かくして、視線のたくらみが『存在と無』におけるサルトル[*162]を活用して言うなら〈私を見つめる目の破壊を背景として〉現れることが本当だとしても、逆に視線なき目はいっさいの人間的ゲシュタルトから切り離された対他存在として、世界の真ん中に身を落ち着け、そこに亀裂を生じさせ、そこに君臨している主体化の様式を占有することができるのである。ジャン゠リュック・パランが、目を「われわれを取り巻く固体と同じ水準にある」ものとして描き出すとき、こうした世界を探索しているのである。そしてこの目は、おのれの前に虚空をつくる小型掘削機であると同時に、風景の窓を横切る鳥であり、〝空を飛ぶ機械〟でもあるのだ。[*163]

記号的構成諸要素のもたらすブラックホールの共鳴現象を隠蔽する再領土化——リトルネロ、目、顔、風景……——は、一般的カテゴリーにしたがってラベリングし分類することはできない。そうした再領土化は、いっさいの分類的体系化を免れるそれぞれ固有の型を持ったひとつひとつの動的編成に固有の特殊な配備のなかでしか組織化されえない。言表行為の動的編成の構成諸要素はすべてが同じ重要性をもっているわけではなく、それぞれの相対的重みは状況によって変化する。ある種の構成諸要素は互いに組織化しあって星座的布置をなし、循環的様式で再出現する（たとえば睡眠、覚醒、食事、等々）。そのとき構成諸要素は、同じ動的編成の回帰の規則性、日常的様式ならびにつねに〝同じ〟自己に引き戻される主体化の様式の一貫性をいわばプログラム化する樹形のある一点に集中し序列化される。また他の構成諸要素は〈場の攪乱者〉——あるいは〈現実の攪乱者〉と言った方がいいかもしれない——として機能し、シニフィアンによる巻き込みの樹木体制の境界線に身を落ち着け、リゾームを誘き出し、ブラックホールの共鳴現象を座礁させ、ある種のリトルネロや顔貌性がおのれ自身のために作動するようにうながして、顔、風景、日常性の全体化を図る冗長性を解体し、欲望のエネルギーが発動して動的編成が自らの外側に傾いておのれの慣習的機能を喪失し、その結果動的編成がかつてないような星座的布置にしたがって再編されるように誘う。一例を挙げよう。ヴァントゥイユのソナタの〈小楽節〉は、数ヶ月にわたってオデットへのスワンの恋の一種の〝ボルトの要石〟の役目を果たすが、ある日それは自分自身のなかに自らの身を開くことによって、文字通り前代未聞の潜勢力を顕在化させ、この恋を別の動的編成の流れの方に向かって誘っていく。[*164]

スキゾ分析の作業は、こうした記号的凹凸や脱領土化を進める記号＝点を持った変動的構成諸要素——これらの諸要素は動的編成の地層化を物理学者が描く〈トンネル効果〉[*165]のような仕方で〈横切っていく〉ことを可能にする——を識別することである。したがって重要なことは、現前するさまざまな観点の相対性、あるいは動物行動学者が言うような世界のなかで共存する〈矛盾平行的活動領域〉を外部から検討することではなくて、動的編成の内的変動やある動的編成から別の動的編成への移行を容易にするために能動的に介入することである。言い換えるなら、言表行為の動的編成が構成する樹木やリゾームとじかに接しながら作業するということである。時間の結晶としてのリトルネロ、空間の触媒としての顔貌性といったものは、動的編成の内側の諸関係と動的編成相互の諸関係によって構成される樹木とリゾームに同時に所属している。具象機械、十字路、あらゆる種類の選択的素材の実効化といったものは、創造的漏出線の方向にも保守的地層化の方向にも向かうことができる。意識化され、固体化されたシニフィアン的主体化の様式は、たとえば動物的顔貌性や妄想的な時間の収縮——精神分析家が幻想や反復強迫として位置づける——に〈固着化する〉ことがある。そうすると結局、意識や理性は動物性や神経症に向かうのである。それに対して、夢幻的あるいは精神病的な主体化の様式は家族的・疎外的な顔貌性を解体し、そこからある特徴を抽出して創造的なダイヤグラム的様式に即してその特徴を機能させることができる——夢のなかで行なわれる大きな決心が実際に生を変えたり、狂った幻視者の大いなる思いつきが世界を変えたりもするのである……。

こうした条件の下で、スキゾ分析の地図作成は、ある時点にある動的編成を構成し、それをある運動に向かって、つまりなんらかの樹木的あるいはリゾーム的連携の政治に向かって極性化する構成諸要素を、単に共時的に分析するだけで事足れりとするわけにはいかないだろう。この地図作成は同時に、動的編成の発生と変形の通時的な探知にも取りかからねばならない。しかしこの二種類の分析は絶えず交差する。というのは、どちらもが一連の同一の問いかけによって貫かれるからである。その問いとは、ひとつの動的編成はなぜ自閉するのか、いかなる記号化の構成要素がおのれのなかに〈閉じ込もる〉という機能を持つのか、さまざまな構成要素に隣接するいかなるブラックホール効果が共鳴をもたらしたり逆に共鳴をもたらさずに非‐樹木的な漏出線に向かって転換するのか、といったような問いである。それはまた、いかなる非‐記号的コード化の構成諸要素が動的編成の内部のホメオスタシス的均衡を断ち切るために働くのか、動的編成の内部には自らの内部に閉ざされた実用的地層化を再構成する閉鎖的回路（メトロで出勤＝仕事＝おねんね、といった類の）が存在するのか、逆にリゾーム的開放を触発する動的編成の連続的つながりが存在するのか、といったような問いでもある。われわれの見るところ、動的編成に分子的レベルで働きかけ、物理学者の言葉をもう一度借用するなら〈位相転換〉とか〈濾過効果〉*166を引き起こす、断絶と変化の真のファクターを識別することができる（したがってそのファクターに介入することができる）のは、ひとえに動的編成相互の間の変化を考慮に入れることによってである。加えて言うなら、自然的コード化の構成諸要素と互いにきわめて異なった記号的構成諸要素とを節合するシステム（それはたとえば、化学的コード化、遺伝子のコード化――これらは〈選択的圧力〉によって変化する再生産の動的編成と結びついている――、動物行動学的な〈足跡〉、ある〈危機的時期〉をもとにプログラム化された学習、集合的記号化、固体化され自立化した記号化、等々によって発動する）が作動するのも、やはりこの通時的次元においてにほかならない。

人間と動物における行動の序列構成

動的編成間の諸関係は、その関係がダイヤグラム的変形や局面の移行のなかで――単におのおのの動的編成の変更なしの横断的コード化のなかだけでなくて――、つまりある形態から別の形態、ある動的編成から別の動的編成への形態＝実質の地層化された諸関係の解体による移行のなかで特殊化され脱領土化された構成諸要素を出現させるのにともなって、より複雑になり適合性と創造性を増す集合体として組織化される。情報処理やシニフィアン的構造主義、〈樹木状〉の演繹によって機能する公理系などがシステマティックに――あるいはシステムとして――取り逃がすのは、まさにこうしたリゾーム的創造性にほかならない。しかし、そうした構成諸要素の共通点と思われるもの、つまりそうした構成諸要素の特徴を二分法的に還元する方法に話を戻す前に、動物行動学や、動的編成の内的・相互的な多様な組織様式のなかから、いくつかの事例を取り上げて検討していくことにしよう。

事例の選択は二つのタイプの関心に応じて方向づけられる。

（1）ティンバーゲン〔ニコラース・ティンバーゲン（一九〇七～一九八八）。オランダの動物行動学者〕の仕事から引き継がれている中枢神経系の序列構造に基づいた本能的行動の序列構造の概念を相対化しようという関心。

（2）顔貌性とリトルネロの構成諸要素の動的編成にかかわるいくつかの暗示的指標を記号的脱領土化の系統流のなかにひとまとめにして取り込み、その接続的役割の位置が、再領土化のシステムと、時間－空間的、エコロジー的、社会的等々の新たな座標系を生み出すダイヤグラム的過程とのあいだにあることを示すそうという欲望。というのは、動的編成間の諸関係の〈リゾーム的〉把握〔ティンバーゲンが彼の有名な図式で提起するような樹木状のものではなくて〕[*167]は、動物界の行動のプログラミングに刷新的な開放をもたらすとともに、場合によっては人間界の行動のプログラミングに〈決定論的〉な閉鎖をもたらすようにわれわれには思われるからである。他方、顔貌性やリトルネロの構成諸要素について留意すべきことは、それらの諸要素が動物や人間の世界に働きかけるとき、そこに先天性と後天性の硬直した対立を押しつけることはなく、また人間に虚構の自由を投射したり動物に狭隘な決定論を投射することもないということである。われわれの見るところ、〈動物行動学的誤解〉においては、ある構成要素の抑止的ファクターと先天的な始動的メカニズムの機械論的結合が君臨している。

行動の連鎖の樹木状の描写に至るすべての概念は、この基本的な二分法の操作——これはしかも情報理論の分泌するイデオロギー操作に近い——に依拠している。〈抑止するもの〉や〈始動するもの〉の性質をあまりにも明瞭に特定化しようとするあまり、ついにはこの連鎖に対して、ある合目的性、目的論的意味、ある魂の存在を仮定してしまうのである。つまり、出発点においてその連鎖を恣意的にメカニック（機械仕掛け的）にしたために、終着点においてその連鎖を機能させるための超越的構造を押しつけざるをえなくなるのである。それはあいもかわらず〈世界の背後にあるもの〉や〈深遠なものの性質〉を想定するありふれた政治であり、そのためつねに線状の因果律の再構成にしか行き着かなくて、抽象的機械性の担う重要な特異点を途中で失うのである。この特異点はおそらく化学の領域における触媒の働きに似通ったもので、それ自体が固有の化学的反作用をするのではなくて、分子的な連携のようなものを触発するのである。こうした行動の〈結晶化〉において重要なことは、おそらくあれこれの構成要素——ホルモン的、知覚的、エコロジー的、等々——の性質よりも、戦略や戦術を決定する空間的配置、〈自動的〉コード化を起点として安定したり突発したりする連鎖のリズム、そしてこの空間とリズムのあいだに記号的交換体や横断的コード化の橋をつくる（ダイヤグラム的な）脱領土化された構成要素の存在である。このような〈機械性〉、このような行動的＝生物学的〝エンジニアリング〟は、（おのおののシークエンスが意識的企図の総体をその上にそそり立つように仕向ける〈知識〉をともなわずに連結する）〈点対点的結像〉型の連鎖、あるいは〈即座の〉記号化をもたらす連鎖、志向的アーチの〈意味〉への問いかけ、さらにはブラックホール効果、つまり記号化や〈自然的〉コード化の要素が空転して〝なにものにも〟通じず、もはや別の抑止システムにしか共鳴しないといったような事態を生み出すことにもなる。おそらく抑止と〈突発〉とのあいだにおいて、絶対的にメカニック（機械仕掛け的）な〈二《に》対《つい》＝一義的〉様式で機能するものは何ひとつないのである。リゾーム的開放は、たとえそれが微視的な規模のものであろうと、たぶんつねに可能性の余地が残されているだろう。そして変化というものが最終的におのれにふさわしい道を見いだすのは微小な創造的漏出線を起点としてではないだろうか。

くわえて言うなら、抑止的なブラックホールとリゾーム的連携をあまりにも根底的に対立させてはならないだろう。というのは、まさにこのブラックホールからこそ、地層化されたシステムを脱領土化するこうした微小な漏出線が出発するしかないかもしれないからである。なんらかの刷新的過程が始動するためには、その過程が予めルネ・トムの言う〈カタストロフ〉[*168]にしか通じない――いっさいの〈建設的弁証法〉の外部における――袋小路やブラックホールに入り込むことがおそらく不可避であろう（例を挙げるなら、資本主義的大革命の初期における侵略、疫病の流行、百年戦争、等々）。そしておそらく顔貌性やリトルネロの〈装備〉は、まさに〈カタストロフのリズム〉と絶対的脱領土化のブラックホールからの脱出の前代未聞の代謝を調整する機能を果たすものなのである。ともあれ、動物界のいたるところに、遺伝的にプログラム化された分岐的行動の突発と結びついた抑止の鬱滞を見いだすことができる。それは一時的停止や止まった時間――ジャック・ラカンの表現を借りれば〈理解するための時間〉――、あるいは長談義や祝祭や供犠の時間といった形態で現れる。その〈華々しい〉例を挙げるなら、孔雀の口説き方である。孔雀の雄がありもしない餌をついばみにきた雌を遠くから魅惑しようとするとき、雄はそのブラックホールのような丸い目を少し前に傾けてその想像上の餌のある窪みに焦点を合わせる。そのとき何が起きているのだろう？　動物におけるオルガスムの存在を否定するむきもあるが、この孔雀の例はまさにオルガスムの存在を示しているのではないだろうか。これはイメージによってカップルの関係をつくりだす距離を置いたオルガスムであり、おそらくそのあとに続く出来事にとって必要なホルモン的構成要素を発動させるものであろう。生物‐化学的な因果律、種の延命戦略、欲望の術策と即興といったものは、絶えず同一のリゾームのなかで重なり合っている。それに〈立ち会う〉には、最初からどういう視点に立つか、どういう言表行為の動的編成のなかに身を置くかを決めなくてはならない。そのときはじめてものごとが理解できるだろう。選択的圧力はある過程を前進させ自動化する一方で、同時に別の過程を押しのけて痕跡の状態でしか存続させないようにする。しかしそれは、〈自らを探し求め〉自らの固有の法則を探索するマージナルな動的編成の存在を禁止するものではまったくない。また、有限性と死の意識に対する人間的直面を特徴づけるものと同じ種類の無償性に刻印された欲望の経済がそこで展開されることを禁じるものでもないことを認めなければならない。

構造主義的精神分析家が行なうように、人間の欲望は言語や〈法〉への特権的支柱であるという口実で、これを動物の欲望から切り離すのは馬鹿げている。動物の行なう慣例的幻惑行為もまた同様に、誇示的消費や無償の遊戯で味付けされた記号的拘束に依存しているのである。しかしわれわれは動物の欲望のなかに、人間の場合と同じような言表行為の個体化された動的編成や、同じようなシニフィアン的主体化の機能を見いだすだろうか？　たとえば、鳥のなかに、欲望の廃絶やブラックホール、エルネスト・ジョーンズの表現を借りれば〈アファニシス〉といったような人間的政治と同じ種類のものを見いだすことができるだろうか？　鳥における行動の突然の変化はしょっちゅう見られる（夜間の誇示行為のさい、アグレッシブな態度、服従の儀式、身づくろいの真似事といったような現象が突然出現したりする）。それはあたかも行動のシークエンスが分割不可能な部分のつながりとして浮き出てくるかのようであり、その動的編成の〈過剰に〉領土化された性格からしてまるごと受容するか見捨てるかしかないものである。実のところ、人間においても、これと同じ〈ひとまとまりの〉記号化の様式が見られる――たとえば、誰かが何かを朗唱していて偶発的に突然遮られたとき、朗唱者は〈最初に戻って再出発する〉ことを余儀なくされる――が、ただしそのひとまとまりは、人間界の場合それほど限定されていなくて、こぼれた刃のようにより開放的である。この相違はとりわけ欲望の人間的な動的編成において際立つように思われる。欲望の人間的な動的編成は、〈鬱病〉さらには神経症までもたらすようなブラックホールや袋小路と動物におけるよりもはるかに相性がいいように思われる。抑止や目眩、身体症状、分離――強迫神経症患者の過去への無限の回帰、恐怖症患者における記号化の袋小路、等々――などをともなった〈鬱病〉や神経症といった〈病理的な〉過剰にまで至らなくても、人間的欲望の習性が資本主義的社会領野において生産的中断であること、つまり〈理解するための時間〉であることをやめることは明らかである。そしてそのブラックホールのミクロ政治は、少なくとも個人化された条件のレベルにおいては、自らの空虚を絶望的に凝視する状態に完全に固定化されてしまうのである。*169 この空っぽの意識の堆積が、状況の急変の条件をつくりだすパロール、エクリチュール、宗教的・科学的等々の象徴体系のような超‐脱領土化された記号化の様式を発動するに至るのは、個人化を超えたもっと大規模なレベルにおいてでしかない。しかし、この意識の脱領土化の過剰、あらゆるものからの離脱、現実と欲望の脱‐短絡化といったものが、新たな現実と新たな欲望を生み出すことができるのは、最終的に革命的な集合的動的編成のレベルにおいて以外にない。したがって動物の〝環境世界〟と人間のそれとを分かつのは、おそらく人間においては記号化の構成諸要素の担う多様なブラックホールが、超‐脱領土化された記号機械の作動とより容易に共鳴状態に入り、それゆえ不安、孤独、耐えられない罪悪感などと引き換えに、構成諸要素総体の一般的翻訳可能化を容易にするということであろう。かくして中心的主体性が構成されるのだが、その主体性は焦点が孔雀の目の場合とはちがって脱領土化のレーザー光線のように同時にいたるところに存在する魅惑的な大きな空洞のようなものである。そしてそれが統制を行ない、あらゆる動的編成間の諸関係、あらゆる残存的領土を序列化するとともに〈マネージメント〉し、あらゆる可能性の芽をその萌芽状態において摘みとり回収するのである。動物界はそれよりももっと問題が少なく、ブラックホールの影響を回避して、それを非‐樹木状のリゾーム的様式に向けてきた（この点から見ると、ティンバーゲンの序列体系は人類中心的な投影とみなすことができるだろう）。意識の主体化を中心とする機械を起点とした人間的記号化は、たしかに介入の諸権力を無限に広げ、〈通常の〉変化の枠組からの一種の前方への逃走を通して例外的な延命の可能性を人間にとってつくりだしてきたように思われる。しかしそれはまた、あらゆる種類の全体的システムに帰着するものでもありうるのであり、そのシステムはそれを妨げるものがなにもなければ、工業社会の運命を蟻の社会の運命に近づける傾向性を持っているのである――生産のための生産、強制収容所の全体的波及、等々。

一般的に言って、動物界における領土化の集合的動的編成は、互いに非常に異なったマーキングの〈技術〉を作動させる――糞便や特殊な分泌物による臭いによるマーキング、〈領土内の仲間内の歌〉や威嚇による性的見せびらかし、等々。こうした動的編成間の多様な要素は、別々に考察すると、反射や走性で機能する生得的なコード化にしか属していないように見える。たとえばあとで詳しく触れるつもりの一例を挙げると、カエデチョウ科の斑点のある小鳥〔コキンチョウなど〕――K・インメルマンが研究したオーストラリアのすずめ[*170]――の極彩色の飾りの機能は、周囲との関係の抑止や一定の空間に個体をしかるべく分割する調整の役目に還元することができるように思われる（同じ種類の白っぽいものの場合は、こうした距離感は弱まり集団は凝縮する）。しかしここでは、選択的圧力が〈当てにする〉開放の動き、つまり漏出線の可能性を秘めた〈働き〉を垣間見させてくれる動的編成間の諸関係の脱領土化のいくらかの〈方法〉を検討してみよう（繰り返し言うが、これを検討するさい、こうした変化に進歩の観念はいっさい結びつけていなくて、この変化は、役割、性、種などの全体主義的な特殊化にも完全に行き着くことを前提とする）。

レミー・ショーヴァン〔フランスの動物行動学者・社会性昆虫の専門家〕によって広まった、スズメバチとランのあいだにつくられる共生の例に戻ろう。[*171]スズメバチはランの小嘴体の構成する形態的かつ嗅覚的な誘惑体との擬似的性行為を行ないながら花粉塊を発散させ、それを別の植物に運んでいって、この種の交差的再生産を確かなものにする。こうした植物と動物の往還を可能にするコード変換のシステムは、あらゆる個体的実験、あらゆる学習、あらゆる刷新に対して完全に閉ざされているように思われる。ここでは選択的圧力は、おそらく当初は事故的で即興的にすぎなかった遭遇のなかからいくつかのシークエンスを取り出して、それを種のゲノムのなかに地層化した自閉的な抽象的機械運動を起点としてシステム化し統制することによって、個体発生が解読とコピーによって自動的に行なわれるように働いているのであろう。しかしわれわれの見るところ、こうした動的編成間の横断的システムを、おのおのの種のそれぞれのゲノムが担っている一定量の情報の単なる〈共有化〉に還元するのは間違っている。では、先天的なもの、後天的なもの、経験的なもののあいだ、生物学的コード化、エコロジー的適応、集合的記号化のあいだの交通路を、どのように把握したらいいのだろうか？　実際は、われわれがこれから持ち出す事例から証明しようとするように、動的編成間の諸関係がこうした〈自動的〉コード化の構成要素を介入させるときでも（またおそらくとりわけそういうときには）、その諸関係は動的編成内部の諸関係に〈動き〉をつくりだし、新たな環境の次元が参入してくることを促し、いくつかのコード化や記号化のシステムの特殊化や〈縮約化〉の過程を発動し、刷新的な脱領土化の加速化の諸条件をつくりだす。要するに新たな可能性を切り開くのである。スズメバチとランの共生のようなものを二つの異質の世界の単純な〈連結〉に還元しては、おそらく得るものはなにもないだろう。この遭遇はわれわれが〈コードの剰余価値〉と呼んだもの、つまり現前するコード化の単なる総和（ランの性的合目的性＋スズメバチの栄養的合目的性）を超える結果を産出することはたしかである。新たな共生的動的編成は、スズメバチとランが合体した一種の突然変異体として機能し、それ自体のために変化しながら、それ自身の規範にしたがってそれ自身を起源とする遺伝的・記号的な構成諸要素（形態的、生理的、動物行動学的な構成諸要素、視覚的、嗅覚的、性的等々の擬餌の記号化）を再分配する。かくして新たな進化的漏出線が生物＝エコロジー的リゾームのなかに創出されるのだが、その漏出線はただちに遺伝的コード化によって隠蔽され囲い込まれ、そのコード化がその漏出線の機能範囲を新たに遺伝的に限定された種やシークエンスに限定するのである。

欲望の動的編成と社会的動的編成の建設的な――建設主義的と言ってもいい――ミクロ政治だけが、動的編成間を〈架橋〉する脱領土化的構成諸要素や、そうした横断性機能の〈素質を持った〉構成諸要素を識別可能にしながら、どんな領域においても、後天的なものと先天的なもの、生物＝化学的なものと〈適応的なもの〉、個人的なものと社会的なもの、経済的なものと文化的なもの、等々のあいだに設定された大ざっぱな対立関係を脱臼させることができるだろう。こうした動的編成間の脱地層化的横断性は、程度はどうあれ、あらゆる動物的系統流（フィロム）においてつねに見られるものであるが、もちろんもっとも〈進化した〉動物にそれをよりたやすく見いだすことができる。たとえばヒヒなどにおける、主に性的構成諸要素や脱領土化の構成諸要素を支配的な位置に置く三つのタイプの社会的な動的編成を考察してみよう。

（a）支配的な雄とマージナルな雄、雌、若者、等々の位置と権利を決める、ひとつの集団の内的な〈序列関係〉にかかわる特殊な動的編成。動物学者はこの動的編成の機能が引き起こしうる内部抗争は、外部との領土争いとは区別しなければならないことを強調する。アイブル＝アイベスフェルトが書いている例を借りると、[*172]「序列上の争いは領土の所有とは結びついていなくて、したがって序列の違うさまざまな競争相手同士が外部から侵入者に対しては共同行動をとる」のである。

（b）〝領土の集団的防衛〟の動的編成。雄のヒヒのなかには、集団に背をむけて領土の周辺部で歩哨としての役目を果たす者がいる。そのとき彼らは彼らの色鮮やかな性器を非常にこれ見よがしに見せびらかす（侵入者が近づくと、彼らのペニスは勃起しリズミカルに動き出すことがある）。しかし、この集団的動的編成は〝同じ種〟の隣接集団に対してしか機能しない。

（c）個体化された逃走的動的編成。これは、〈捕獲者〉が現れたとき、〈個々が自由を取り戻し、そっとばらばらになっていく〉場合。

したがって領土の防衛の集合的記号化は、動的編成の内部に〈起源〉を持つ性的構成諸要素と動的編成間に〈起源〉を持つ顔貌性－身体性の構成諸要素に結びついている（とくに、猿においては、目を凝視することが攻撃か服従かの始動装置として決定的役割を果たすことが知られている）。他の動物種においては、別の〈公式〉によってこの性と攻撃にかかわるベクトルの逆転がもたらされる。たとえば偽装された攻撃が誘惑の儀礼の一構成要素となる。ともあれ、厳密な分類しか許容しない人々の常識に逆らってではあるが、この場合ペニスは、単に生体の地層や再生産の機能にだけかかわるのではなく、また敵対的渋面はある社会的緊張状態やコミュニケーションの機能にだけかかわるのではないことを認めなくてはならないだろう。ペニスも渋面も特殊な動的編成のあいだの横断的構成要素として機能するのである――性とは現実には性の〝イメージ〟であり、威嚇の武器として、種に内在的な空間的に限定された動的編成のなかにおいてしか働かず、いわば〈社会的空間〉を構成するものであり、他方、捕食者／固有種という差動的顔貌性は、一種の〈延命差別〉として個体化された動的編成の次元においてしか働かないと言うことができるだろう。したがって性と顔貌性は、クライン的意味における部分対象、あるいはラカン的意味における〝対象a〟と見なされてはならず、オペレーターとして、〝ある外部〟を集団的・個人的に記号化する具象機械と見なされなくてはならない。それらは脱領土化の橋やトンネルとなって、内的序列の動的編成、集団的防衛の動的編成（領土の境界線、限界、そこを超えたら集団的記号化が機能しなくなってブラックホールが待っているへりの画定）、そして逃走の動的編成としての多様な個体化された動的編成といったものを有機的に構成するのである。

イメージによる同類の生物としての刻印（あるいは闖入的顔貌性による偶発的刻印）は、その時点で生じる多様な適合の習得様式に対して、作動的構成諸要素の融合を解体する実験的過程のなかにおいてのみこれと分離したり対立したりする。[*173] かくして動物の社会−生物学的な動的編成のリゾームを押しつぶさないようにしようとする研究は、〈遺伝学的選択〉、〈習得的選択〉、〈実験的選択〉といったものについて語る方向に導かれるように思われる。しかし幸いなことに、動物行動学者は、大部分の民族学者が陥っているゆがみ――それは自らの〈専門領域〉を密閉的部分（姻戚関係、神話の分析、政治的なもの、経済的なもの、といったような）に切り分ける――のなかにまだ陥っていない。そして民族学者のなかのある者たちが行なう精神分析学的くわだて――とくに、彼らがこの刻印をフロイト的精神発生学における〈小児的固着〉に類比する場合――がどうあろうとも、行動の総体を説明することができるシニフィアンの構造主義はあいかわらず誕生していない。（しかしながら、猿における〈激昂的交接〉と言われるものは大なり小なり抑圧された同性愛的欲動の文脈で〈解釈〉することができるかもしれない）。しかしこの領域における実態はまだ理論によって制圧されていない。服従の儀礼や儀式的求愛行動といった複雑な行動は、生得的なもの、刻印、習得、個的イニシアティブなどからなるリゾームのなかに組み込まれているものとして探究しなくてはならない。ここでは、戦争と性は、対立的欲動として分離されるには、なお欲望の経済としての共通性を濃厚に有している。[*174]

以下のような一見異質な領域に属している構成諸要素を同一の〈リゾーム〉のなかに組み込もうとすることは、それほど矛盾したことだろうか？

（1）それ自身の生物学的リズム、反射運動、条件づけ、即興、機能不全などをともなった個人のリゾーム。

（２）それ自身の儀礼体系、集団的動き、エコロジー的調整、習得やイニシエーションの様式をともなった集団のリゾーム。

（３）それ自身の遺伝的変化や転換、境界画定技術、[175]共生的選択、等々をともなった種のリゾーム。

ある合目的性、ある抽象機械性、あるいはある〈思考〉と言ってもいいものが、動物種の門〈動物的系統流〉の分枝のひとつひとつの進化を支配すると主張することは、それほど矛盾したことだろうか？　もちろんそれは個的に編成された思考ではなくて、n次元の思考であり、そこでは個も集合体も、〈化学的なもの〉も〈染色体的なもの〉も、生物圏も、すべてが同時に思考する。現在、霊長類学者のなかには、動物的行動の生きたリゾームに直面して、その方法論に含まれる矛盾はともかく、これまでの説を〈断腸の思いで見直そうとしている〉者がいる。彼らは観察された事実を説明するために、霊長類における〈利他的行動〉の存在を仮定するようになっている。それは〈個が親族のために自らの可能性を〝放棄する〟という犠牲をともなう〉[176]集団的行動である。これは言い換えるなら、個の機能の限界を突破するという意味で、モル的因果律にゲノムの分子的系統流が取って代わり、これが個や種や環境を横断的に貫くということである。

自由とは単に精神の自由ではなく、同時にリゾーム的な働きであり、動的編成のあらゆる構成要素の次元においても現れる。神経システムや消化システムの〈恩恵の働き〉も存在し、それは痙攣や胃痛として〈対当論証的〉にその存在を知覚することができる。遺伝的規制に託された記号化、あるいは階調的習得によって自動化された記号化は、もちろん永続的問いかけや、志向的アーチを蝕む連続的遮断よりも優位に立つ。〈機械状の自由〉は、単調なつまらないことが〈自ずからのごとくに〉生じる時点から、そしてまた、人が一方的な自動作用の広がりのなかに陥らずに、その生と記号化の能力を、動くもの、創造するもの、世界と人間を変えるもの、つまるところ個人的・集合的な欲望の選択に集中することができる時点から始まる。個体化された純粋なシニフィアン的主体性と、意識——たとえば階級意識——が外部からコントロールしなくてはならないような生物‐経済的な集合的運命とのあいだの対立はそのまま持続することができない。その対立は自由と生得性との対立と同様に、その対立を利用して創造的な動的編成を切断する権力構成体の働きを行なう。自由は、純粋な自己意識の絶対的脱領土化でもなければ、蟻社会の自動性でもなくて、物質的であれ欲望的であれ、あるいは個的であれ集団的であれ、さらには私的であれ公的であれ、ある動的編成の構成諸要素の〝総体〟が担う脱領土化——リトルネロ、顔貌性、等々——の量子を作動させたり座礁させたりするところに成り立つものである。そして、なによりも〈精神〉と〈物質〉をごちゃまぜにするというパラドックスに陥ることを恐れる研究者の強迫観念的な慎重さが、古びた教条的論争のがらくたの山しか残していないからといって、まったくアクチュアルな政治的争点を隠蔽してはならない。そこには彼らが取り上げようとしないテーマ、われわれがすでに、中央集権主義と自然発生主義とのあいだの、上部構造と下部構造とのあいだの、公的生活と家庭的生活とのあいだの、他者に対する意識的思考と私的無意識とのあいだの、偽のジレンマとして提起したテーマが隠されているのである。なぜなら今日、社会体と私的なもの、身体と〈精神的なもの〉、経済的なものと金銭化できない欲望、無意識ときっちりプログラム化されたもの、等々といったものを同時に引き込むことができないようないかなる解放闘争も考えられないからである。

鳥のなかには、燕雀類（スズメなど）、蹼足類（カモなど）、渉禽類（ツル、サギなど）のように、求愛行動のさいの雄による雌への草の茎（あるいはイネの茎や藻類）の提示が行動的シークエンスの連鎖のなかで特殊な役割を演じるように思われる種類の鳥類がいる。カエデチョウ科の小鳥の場合、最初、雄は歌ったり踊ったりして雌の注意を引きつけようとし、そのあと枝に立ってからだをゆすぶりながら嘴にくわえた草の茎を振り回す。次に、食べ物を探す若い鳥の仕種をまねながら、頭を横に傾けて草の茎を与えるようなふりをするが茎を離しはしない。[*177] いっさいの即興性から脱却しているように見えるこの草の茎の指標としての利用は、われわれの関心を強く引きつけるが、それはこの利用の仕方を、民族学者が〈恋愛遊戯的行動〉や〈もてなし行動〉について描いたような人間の顔貌性の特徴の機能の仕方に関係づけることができるからである。それはひじょうに素早い身ぶりであり、そのコード化はおそらく遺伝的に受け継がれているものであるが、詳細は低速撮影技術によってしか検出されえないだろう。その身ぶりには、とりわけ、十分の二秒か三秒しか続かないかすかな眉のつり上げや目の隙間の拡張といったようなものが含まれている。[*178] 鳥類における草の茎の儀礼は、もちろん人間における恋の戯れやもてなしの儀礼と同じような表現的構成諸要素を発動させるものではなく、こういった儀礼と人間における儀礼の比較については、顔貌性というよりもシルエットについて語るべきであろう。両者の相違は大きく、人間において起きることとは異なって、鳥類においては、動物的な顔に比して顔の脱領土化は起きない。つまり、唇が突出するとか、発声装置の動きにともなって顔の筋肉が動くとかして、身ぶりや姿勢あるいは音などによる表現の特徴全体が連動的に収斂して序列化されるというような、表面の刻印の脱領土化は起きないのである。ここで〈比較〉はおのおのの動的編成の特徴の分析をないがしろにする仕方で行なわれてはならない。鳥における草の茎と人間における顔貌性を精神分析的なアルゴリズム――ファロス、泌尿器、去勢といった用具（近頃少し流行遅れになった感のある部分対象とか移行対象といった概念も同様である！）を用いた――から解釈することはあまりにも安易であろう。

おそらく動物と人間に共通ではない抽象的機械性の存在を明るみに出すことができるのは、この相違を〈深くきわめる〉ことによってである。つまり、精神分析家の紋切型の解釈による分析ではなく真の分析を行なうことによってである。なぜならその抽象的機械性は〈コンプレックス〉とは異なって、誰ひとりに属するものでもなく、同じ脱領土化の過程、同じ前方への適応的逃走、同じタイプの記号的解決、等々へと参与するものだからである。われわれは、いくつかの系統発生的指標から出発して、この草の茎の儀礼の機能的進化の〈機械性の意味〉[*179]を把握することを試みようと思う。動物行動学者は、それは巣作りの活動に関連した昔からの習慣の〈残滓〉であると説明する。それは単になにかの代理表現、生理的刺激、反射的作動といったものに還元されるということではない。ここでは記号についてというよりも、具象機械（機械性の指標あるいはダイヤグラム的オペレーターとしての）について語りたい。具象機械というのは機械状の動的編成の性質を帯びているが、必ずしも反射的アーチの序列化されたシステムやシニフィアンの構造、あるいは明白な言表行為の動的編成に帰着するものではない。したがって説明しなくてはならないのは、偶発的特異性を〈局限化する〉ような普遍的前提について、互いに非常に異なった構成諸要素（遺伝的、獲得的、即興的、等々）を作動させ、いかなる一般的公式にも還元不可能な様式として結晶化する〈機械的なもの〉についてである。われわれが合理的な秩序や進歩のかわりに普遍的脱領土化を前提として〈一般概念〉の問題をはぐらかしていると言って、われわれに反駁する人もいるだろう。しかし、違いはこの脱領土化には〈一般的〉秩序などというものがなく、ものごとの秩序のなかに刻印された進歩の性質を帯びていないということである。[*180] 草の茎の記号論は、脱領土化の〈浄化〉、巣作りという領土化された行動から生じる。この局地的脱領土化は〈結果〉として、領土の記号化と性の記号化を節合する抽象的公式のなかにある変化をもたらす。しかしその変化は、それ自体として種の〈政治的〉進歩や個の欲望の解放をもたらしはしない。抽象化と弁証法的決定は、つねに記号的凹凸や、系統発生と個体発生の相互作用に由来する地層化、そしてそれらを〝明確化〟しながらも、なんらかの決定的に固定化されたコンテクストや進化に不可逆的にそれらを結びつけることはないエコロジー的・歴史的な〈偶発事〉といったものにつながっている。

　それはわれわれが〈抽象機械〉と呼ぶより広い社会性に向かうものである。いくつかの種においては、抽象機械が一連の構成諸要素の脱領土化を発動させるように見える――あとで挙げるアトリ科の鳥〔雀の一種〕の例に見られるように――が、そのことは抽象機械が〈進歩〉の概念と結びついていることを自動的に意味するわけではない。それは動的編成間で起きる変化の進歩の評価を、われわれ自身がリクスを覚悟して放棄しなければならないからではなくて、進歩というものがある一定の公式と一義的な関係を保っているものではないからである。もし進歩が存在するとしたら、それはリゾーム的過程全体の次元においてである。進歩は政治的なものであって規範的なものではない。言い換えるなら、進歩は超越性の管轄下にあるものではなくて（たとえば蟻の社会においては個的自由は明らかに欠如している）、それは動的編成のリゾームの拡張、その漏出線、その創造線、その解決法のエレガンス――数学者風に言うなら――に応じて評価されるべきものである。われわれは無責任な観念論の持ち主として非難されるような過程を回避することを断念したのだから、人間の目では捉えられない優雅や美に応じて進歩を評価することがあってもいいのではないだろうか。

鳥における草の茎の記号論は、人間における顔貌性の記号論と同様に、単に表象（代理表現）、起動、抑制といった機能を果たすだけではない。それは動的編成のリゾームの他のもっと〈地味な〉構成諸要素（ホルモン――これについてはリトルネロについて述べるときに取り上げる――、感情、知覚、そして領土や種の次元における〈政治的なもの〉にかかわる備給）とともに、生活スタイルの生産や世界の記号化に直接働きかける。この特殊なタイプの記号的構成要素の非‐シニフィアン的でダイヤグラム的な非‐表象性を説明するために、われわれはこれから二つの事例を検討することにする。一番目の例は非常に異なった鳥の種類から取られた例、二番目は古くからいるアトリの種類の多様性から取られた例。われわれの調査が徹底性を欠いたものであるにもかかわらず、この調査は草の茎の記号論の〈機械性の意味〉にかかわるわれわれの仮説を展開することを可能にしてくれるだろう。つまり巣作りの行動の象徴的儀礼としての脱領土化は、次のようなことにかかわる別の二つの脱領土化と相関関係にあると思われるということである。

（1）もっとも〈進化した〉種における領土の記号化様式。これは群居性の発展や社会生活の強化に向かって開かれる。

(2) 特殊なリトルネロの機能。これもまた、〈領土性〉を希薄化する方向に向かい、たとえば愛の儀礼のようにより〈親密的な〉動的編成のために働き始める。あるいは〈快楽のための〉孤独な即興を引き起こす。したがって、一方で社会体に開かれながら、他方で個に開かれる。

(一番目の例)

小共同体を形成しながら非常に厳格な領土防衛意識を持っているカイツブリなど蹼足類の場合、雄は発情期になると雌の協力を得て水に漂う巣をつくる。この活動の全期間、愛の儀礼は威嚇の表現をともない、そのあと身づくろいの真似事や植物のかけらを贈与する行為などが続く。この後者の行動が〝まだ十分に〟儀礼化されていないということは、この種においては社会性が比較的未発達であるためと見なすことができるだろう。*181

アオサギなど小集団を形成して（サギの群居産卵地には百もの巣があるけれども）暮らし、雀やハヤブサやトビなどとも問題なく共生する渉禽類の場合には、もっと複雑な儀礼的贈与が認められる。巣作りのための材料の積み重ねは、雌が雄の叫び声や挨拶、首振り、空に向かって嘴を上げる運動、羽の逆立てなどに関心を示し始めたときに、すでに開始される。雄はこのとき誘惑行為をやめて、自分のパートナーが実際に巣の製作に加わるように促す。雄は雌に木の枝を差し出し、雌はそれをつくりつつある巣に置きに行く。しかし乱暴な仕種や無器用なやり方をすると事態は一変し、嘴でつつきあう正真正銘の戦いが起きる。*182 したがってこれは象徴行為というよりも現実的行為により近く、ついでに言うなら、われわれがすでに指摘したように、夫婦的動的編成はまだ完全には〈遺伝性のレール〉に乗っていないということである。つまり先天性のコード化や刻印の習得に、まだ状況的な駆け引きや一瞬一瞬の即興が結びついているということである。

この二つの例はすでにわれわれに以下のような二つの状態のあいだの相関関係を示しているように思われる。

すなわち、一方における、(1)雄の〝環境世界〟の雌に向かっての開放の動的編成(求愛の儀礼)。(2)カップルにとっての領土の限定と子孫のために保護される空間の整備。そして他方における、(1)贈与の機械状の指標の脱領土化。(2)群生へのある種の〈傾向性〉。

燕雀類のなかでもっとも群居性の希薄な家族をなすミソサザイ科の鳥(寒さが厳しいときには暖まるために十二羽単位で身を寄せ合うことがあるけれども)の場合、領土画定の行動はポール・ジェルーデが〈オルゴール式のリトルネロ〉と呼ぶものを作動させる。つまり、決まりきった鳴き声が闖入者への絶えざる警戒行為として発せられるのである。雄は自分の領土を確保したあと、そこに巣を——ときには十二も——整える。そうして整えられた巣に雌が来ると、雄は鳴き声の強度を落とし、かそけきトリルになる。ポール・ジェルーデはこう言っている。「雄は巣の前の高いところに立って鳴き、伸びをし、広げた翼をだらりと下げ、おっぽを広げて揺り動かし、それから巣に入って外を見ながら鳴き、そうやって何度も出たり入ったりを繰り返す。明らかに勧誘しているのである。雌は承諾する場合、小さな声で鳴いてぎこちないお辞儀をし、〝最後に巣を注意深く調べる〟。しかし雌は必ずしも承諾を決定するわけではなく、巣が適切な場所になかったり出来が悪かったりすると、近くにある別の雄の巣に入ることもある。するとその巣の雄は大急ぎで同じようなやり方で注意を引きつけ、雌に逃げられた隣の雄はその境界線を悔しいけれども尊重せざるをえない」。[*183] このジェルーデの描写を長々と引用したのは、この求愛の動的編成の記号的相互作用の豊かさ、そしてここには贈与のシークエンスは含まれていないということを示すためである。これは巣の建設の身ぶりには〝まだ〟達していなくて、ただ出来合いの巣の提示にとどまっている。求愛の動的編成と領土化の動的編成は互いに独立的に行なわれているにすぎない。しかしわれわれがとくに留意しなくてはならないと思われるのは、リトルネロが〝通路的要素〟として果たす役割である。これは二重の意味で重要である。なぜならこの要素が二つの連続的機能を持っていることが見てとれるからである。この機能によってこの要素はおそらく、発声的記号体系のより明瞭な自動化とそのより個体化された主体的内化に通じる脱領土化の補足的段階を〈予示する〉ものであろう。

（二番目の例：オーストラリアのアトリ）

一般的に言って、アトリはアトリ科の鳥たちのなかでも特別の位置を占めている。というのは、アトリはこの種属のなかでももっとも〈領土性〉の強い種類が集まったものだからである。他のアトリ科の鳥たち——カナリアやウソなど——と異なって、アトリは一年のうちの一時期しか群れをなさない。繁殖期には領土化の要素が自動的に機能し、それが群れとしての要素にとって不可欠となる。奇妙なことに、アトリの雄は、この性的領土化の動的編成の時期を除いた時期にも度を越した群居性に身を委ねることがあるだけに、繁殖期には自らの〈領地〉をよりいっそう強固に守ろうとする。K・

インメルマンとM・F・ホールの研究したオーストラリアのアトリは、この鳥の行動の痕跡を通して草の茎の儀礼の変化をたどることを可能にしてくれる。その行動の痕跡はこの鳥のすべての種類に見られ、いわば一連の〈生きた化石〉をなしている。

（1）〈Bathilda と Aejintha〉という種類においては、雄は雌に求愛するときには必ず実際にイネの茎を嘴にくわえる。しかし逆に、巣作りに関しては真似事しかしない。

（2）〈Neochmia〉という種類においても、（1）と同じシナリオが展開されるが、ただし雄は巣をつくるときに使う材料とは別の材料を使う。したがって贈与の記号化は自動化されている。

（3）〈Aidemosyne〉という種類においては、雄は求愛の最初の局面においてしか草の茎を使わない。

（4）〈Lonchura〉という種類においては、雄が一時草の茎を運んでいくが、それは求愛することを決定する前の時点だけである。

（5）〈Emblema〉という種類においては、雄は草の茎をつつきはするが、使うことはしない。

（6）〈Poephila〉という種類においては、草の茎による求愛はたまにしか行なわれず、それも主に若い雄に見られる現象である。

こうしたオーストラリアのアトリの変化のなかで、われわれにとってとくに興味深いのは、贈与をますます象徴的なものにし、しまいにはそれをなくしてしまう脱領土化と平行して、新たなタイプのリトルネロが出現しているという事態である。つまり草の茎の視覚的記号化と求愛のリトルネロの音声的記号化の系統発生的節合が見られるということである。アイブル＝アイベスフェルトはこの点について次のように書いている。「雄の求愛行為における巣作りのための材料の運搬を起点にして、草の茎を使った行動が発展した。そしていくつかの種において、この行動はしだいに基礎的なものとなった。同時に、当初は領土を画定する役目を果たしていただけの鳥の鳴き声が、鳥が社交的になるにつれて機能変化を被るところとなる。つまり求愛を草の贈与に変えた雄は雌のすぐ近くで静かに鳴くようになるのである」[*184]。

われわれは前章において、動的編成の用いる〈表現の素材〉は、単に記号的形態あるいは情報理論で言う伝達の〈通信路〉の〈補填〉の役目を果たすだけではないことを強調した。この素材はあらゆる種類の様式にしたがって、造型、触媒、〈リズム選択〉、地層化、漏出線といったものに能動的に関与する……そのなかには抽象機械が住み着いていて、それがある連携を別の連携よりも〈選択的に選び取る〉のである。要するに、われわれが動的編成の構成諸要素について語るとき、そこで問題としているのは、単に情報や差異化の形態や量だけではなく、同時に、伝達の通信路の粘着性、リズム、惰性、生物学的・社会的・機械的な地層に固有のブラックホールといったような、他に還元不可能な物質的特徴でもある。機械状の動的編成、形成的な動的編成といった観点にわが身を置こうとした瞬間から、無定形な形式‐素材の大規模な対立は放棄され、形式にも素材にも働きかける脱領土化、したがって脱領土化的形式と変形的素材が優先されることになる。たしかに、〈純化された〉時間‐空間的座標系をもとにして運動の量や形式の移動を説明することはつねに可能である。しかし脱領土化の強度、変動、体制といったものを考慮することは、実質の座標系とも呼びうる別の〈存在〉の座標系の働きを引き込むことになる。顔貌性やリトルネロといったような通路的要素を特徴づけるのは何かというと、それらは規範のなかでも脱領土化のなかでも同時に作用することができるということである。そうであるがゆえに、それらはひとつの動的編成から別の動的編成に移行することを可能にするのである。顔貌性やリトルネロは空間や時間といったもの〈一般に〉属しているのではなくて、特殊な空間や時間を実現するのである。鳥類におけるシルエットとリトルネロに固有の〈物質的〉特徴に関するさきほどの例をもう一度取り上げよう。つまりシルエットやリトルネロの特徴が存在するがゆえに、そうした特殊な時間や空間の構成諸要素はときに同じ種類の機能を持ってはいてもーーたとえば求愛の儀礼においてーー、それらを横断する脱領土化に対してはそれぞれが同じタイプの関係を持ってはいないことを人は見て取ることができるのである。シルエットの特徴はいわば単作りの行動と贈与の儀礼にかかわる系統発生的脱領土化によって引き起こされるのであり、その特徴はそのあと指数的記号化に席を譲って自己消滅し、この指数的記号化は別の記号的構成諸要素（ダンス、姿勢、等々）に統合されることになる。結局、脱領土化は自立的動的編成としてシルエットの特徴を解体してしまう。したがってこの動的編成は当初はむしろ種の領土に〈密着した〉造形的なものであったのだが、こうして非常に異種混交的な構成諸要素（形態的、イコン的、身ぶり的、姿勢的、等々）、バラエティーに富んだ手順や〈道具〉（草の茎、枝、藻類、魚の贈与、等々）を作動させることになる。[*185] この状況は鳥の鳴き声の構成要素とは非常に異なっている。鳥の鳴き声もまた〈起源〉においては領土的なものであるが、それが脱領土化されるにしたがって洗練され、特殊化され、自立化する。そしてそれはしまいには、進化的選択の過程のなかで、あるまったく特殊な役割を演じるところとなる。なぜなら、たとえばある種の燕雀類においては、異なった〈方言的鳴き声〉の存在が結果として異なった個体群の〈動物行動学的孤立〉といくつかの種の分割をもたらすとみなすことができるからである。[*186] 鳥の鳴き声の働きの〈触媒的〉機能は、それが特殊内部的リトルネロ——領土や求愛に収斂される——を節合するだけでなく、それよりもはるかに特殊ではない警告の叫び声のシステムに回帰することもある。たとえばアトリは、猛禽類が頭上に来ると、別の種類の鳥の叫び声に寸分違わぬ叫び声を発し始める。するとこの別種の鳥は、それが聞こえる範囲にいたら、必ずこの警告情報を利用することができるのである。

他の鳥に似通ったこの叫び声の発動はだんだんうまくなり、猛禽類が叫び声を発している鳥を突き止められないような仕方で〈考案されている〉ように思われる。それに対して、この叫び声を発動する鳥の領土や求愛にかかわる鳴き声は、それぞれの種で異なっているが、そこで作動する鳴き声の周波数の違いがはっきりしているので、容易に確定することができる。したがってアトリの鳴き声は二重の次元で機能するということである。すなわち、警告の鳴き声と領土の妨害にかかわる鳴き声、あるいは特殊な鳴き声と領土を確定する鳴き声。しかし同時にこの鳴き声は、一種の非シニフィアン的言語となる結びつきをも可能にする。しかしまた、鳴き声の構成諸要素は、一種のシニフィアン的働きを持つ言語として機能するはるかに精巧なリゾーム的結びつきに入ることもできる。ミソサザイが領土的行動から求愛の行動へと移行するとき、そのリトルネロを屈折させること——強度の低下、トリルへの還元——をすでに見たが、この方向転換は同じ構成要素の内部における信号と発動のシステムをなすものである。またオーストラリアのアトリにおいては、系統発生的秩序のなかで、リトルネロが贈与のシステムに取って代わることも見た。したがってもっとも脱領土化された構成要素——この場合は鳴き声——は、動的編成のリゾームのなかに定着する傾向があると思われる。これがアホウドリの求愛行動についてのティンバーゲンの説明が、われわれに言明していることのように思われる――最後には鳴き声の一要素で〈締め括られる〉このアホウドリの求愛のシナリオは非常に複雑なものでもあるのだが。[*187] あるいはローレンツによるガンについての説明のなかにも、求愛の儀礼の最後にこの種の〈勝利の雄叫び〉――それは侵略的動的編成の武装解除とカップルのあいだでの〈防衛共同体〉の確立をしるしづける――が確認される。[*188]

振舞の動的編成の儀礼化は自動化の同義語ではない。記号化はメカニック（機械仕掛け）になることなくマシニック（機械状）になりうる。そしてあらゆる種類の近似、変異、漏出線、ブラックホールがつねに可能である。ここではミソサザイのしくじりやコウノトリの夫婦喧嘩などを喚起してきたが、シジュウカラによるノスリ（猛禽類）の鳴き声の模倣のような〈無動機の行為〉[*189]や、興奮の絶頂でムクドリが発する信じがたい鳴き声――それはこの鳥に模倣の才能がないためにツグミ、コウライウグイス、さらには家禽類などの鳴き声を同時に戯画化したものになる――をも調査しなくてはならないだろう。[*190] ナイチンゲールのよく知られた露出嗜好についても当然調査が必要だろう――ナイチンゲールはおのれの鳴き声の途方もない力量を最大限の範囲に届かせるために、地面から五～六メートルのところにわが身をさらすという危険をおかす。[*191]

しかしこうした儀礼化はまた、より〈決定論的な〉構成諸要素からの離脱や切断の同義語でもない。しかもこれは、儀礼化が鳥における鳴き声（人間の場合は、パロールや宗教的儀礼化の要素）のような超－脱領土化された構成諸要素を前面に押し出す場合ですらそうである。この依存関係、というよりもむしろ諸要素間のリゾーム的な内的関係システムを明らかにするために、動物行動学からさらにいくつかの例を借用しよう。われわれが最初に取り上げたカエデチョウ科の斑点のある小鳥の例に戻ろう。ご記憶と思うが、この鳥は求愛の儀礼の最中に、〈草の茎〉という要素と〈幼年期への回帰〉という要素を結びつける。そして自分の領土を配置し、ほかの雄を近寄らせないために、別の二つの記号的構成要素を利用する。すなわち、視覚的要素――極彩色の羽毛[*192]――と音響的要素――ステレオタイプ化されたリトルネロ――である。カエデチョウの若鳥におけるこのリトルネロの獲得は同種の鳥の近くにおける習得を通して行なわれる。しかし彼らのなかの一羽が縞模様の入った種類（小鳥屋がキンパラ類と呼ぶ種類）の家族のなかで育てられた場合、その鳥は養父から鳴き声を学ぶことになる。[*193]この学習は若鳥がじっさいに鳴くことができるようになるよりもずっと前の〈過敏な〉時期に行なわれるということに注意しよう。つまり、純粋な聴覚的記号化の局面（刻印＝刷り込みによる）と能動的な音声的記号化の局面とを区別しなくてはならないということである。そのうえ、この二つの要素の〈背後〉には、あるまったく異なった性質の生物学的構成要素が姿を現わす。このことは、〈通常は〉領土のための鳴き声を発しないカエデチョウの雌が、雄の性的ホルモンを投入するやいなやその鳴き声を獲得するという事実によって証明されている。そしてもちろんそのとき雌が再現する鳴き声は、生まれてから三十五日間の〈過敏な〉時期に影響を受けた鳥の種類の鳴き声である。[*194]

したがって、リトルネロのような構成要素が他の諸要素よりももっと脱領土化されているということは、それが習得や刻印あるいは内分泌的変形といったもっと〈決定論的な〉構成諸要素とのあいだに距離を保っているということではまったくない。そしてひとつの構成要素は脱領土化されればされるほど、行動や生そのもののより分子的な次元により〈密着する〉と予測することもできるだろう。

たとえば人間においては、言語的記号化は、その魔術的悪魔払いや社会的従属の機能と平行して、人間自体の振舞や環境そして多数の生物種に対する新たな種類の〈全能性〉を人間のために編成したことは疑いない。そして、生物的・言語的・社会的次元からの〈機械圏〉の離脱の連続的局面に体現される脱領土化の補足的度合いが大きな重要性を持つことになったために、今日それらなくしては、人間の延命は考えられなくなるまでにいたっているのである。（とりわけ生物的次元においては、工業社会の人間は、人間を攻撃する病原体を識別し、記号化し、人為的にダイヤグラム化する能力に頼ってしか〈生を維持する〉ことができなくなっている）。しかし、鳥におけるリトルネロのような記号的構成要素に関してわれわれが取り組んだ比較的初歩的次元においてはそれはどうなっているのだろうか。こうした領域においても、生物的構成要素と記号的構成要素のあいだの諸関係は一方通行的に機能するのではないということをいくら強調してもしすぎることはないだろう。R・ハインデがカナリアの生殖サイクルに介入するさまざまなファクターのあいだの相互作用を説明するために提案したグラフ[*195]を検討することによって、このようなタイプの関係の複雑性をよりよく理解することができるだろう。そこでは次のような諸要素が作動する。

（1）日の長さや明るさの度合いといった物理的構成諸要素。
（2）生物学的・形態的諸要素。ホルモンの産出、生殖腺、孵化板、卵管等々の発達。
（3）知覚的諸要素。雄のイメージならびにその態度の変化によって発動するイコン的〝刺激〟。
（4）産卵のような個体化された行動的動的編成。求愛や巣作りといったような社会的な行動的動的編成。

かくしてハインデは文句なしにリゾーム的な諸関係を取り仕切る〈原則〉を次のような四点を挙げて説明している。
(1) 性的行動の原因と結果は巣作りの原因と結果に密接に結びついていて、〃この両者を切り離して考えることはできない〃。
(2) 外部刺激(雄、巣)は内分泌的変化を生み、その効果は外部刺激というファクターの効果に〃加算される〃。
(3) ホルモンの産出は〃さまざまなコントロール〃に従属している。
(4) ホルモンは〃多様な効果〃を持つ。

表現の素材の特徴

われわれが行動的リゾームの内部で、記号化の動的編成と記号的諸要素あるいはコード化の諸要素とのあいだに設定した区別は、まったく相対的なもので、ひとつの審級の別の審級へのいかなる優位性も、いかなる〃ア・プリオリ〃な序列性も含まない。ある動的編成は別の動的編成の構成要素として地層化したり自動化したり〈整列〉したりする。それに対して、ある構成要素は〈芽を出し〉始めて、新たな動的編成を産出したりする。さらには、ある超−地層化は記号的崩壊ゾーン、ブラックホールをもたらし、次いでそれが超−脱領土化された漏出線をもたらす源となる(例:一九〇五年と一九一七年の〈永遠のロシア〉)。

したがって、あるリゾームの内部における動的編成と構成諸要素との連携は、必ずしも、予め決められた秩序にしたがって――たとえば〈物理的なもの〉、〈化学的なもの〉、〈生物学的なもの〉、〈記号的なもの〉、等々のあいだの脱領土化の秩序によって――つくられた段階の存在を尊重するわけではない……。たとえば、ある横断線は、動物的秩序のなかで、〈もっとも社会的なもの〉を〈もっとも生物学的なもの〉や〈もっともエコロジー的なもの〉に結びつける。しかしリゾーム状のこの組織化が、もっと目に見えにくい序列構成――もはや動的編成や構成諸要素にかかわるのではなくて構成諸要素の組成そのものにかかわるような――と〈二重構造〉になってはいないだろうか。これはわれわれが言語素論学者たちのあとを受けて、表現とコード化の素材の特徴と呼んだものである。この点に関連して、われわれが集合的なミクロ装備として分類した社会的顔貌性――〈受容可能なもの〉と〈合法的なもの〉とのあいだの権力の範囲限定の明示はここに帰着し、またこれは支配的意味作用の担う二分法的選択のグラフを全体的に記憶する役目を果たしてもいるものである[*196]――は、実際上、目下動物行動学者が研究している先天的顔貌性の特徴に依拠するものとみなすことができるだろう[*197]。また別の考え方をすると、心理‐生理学者によって明るみに出された二つのタイプの記憶――情報を数十秒しか蓄積しない短期の記憶と長期の記憶――はともに、情報を十分の二秒から十分の三秒くらいしか維持しない感覚的記憶に全面的に従属していると見なすことができる。しかしこうした分子的記憶もまた、それに依拠していると思われるよりモル的な記憶にどこまで依存していないと言えるだろうか？

顔貌性、リトルネロ、観念的過程、抽象機械といったような、もっとも脱領土化された存在物もまた、〝明らかに〟物質的な過程に劣らず現実的であり、同じように現実に〝接続している〟ということを認めようとしない科学者の拒否は、直線的因果律のシステムや、化学的なものから生命に〝向かったり〟、物質から精神に〝向かったり〟する二元論を〝ア・プリオリ〟に過大評価するに至る。これらの存在物がなんらかの現実性を持っているとしたら、顔貌性やリトルネロの構成諸要素が脳となんらかの関係があることは疑うことができない。また、それらの構成諸要素を、脳の側頭葉の前方左側に、この同じ側頭葉の右方向に〈局地化されて〉言語に影響を与える言説的記憶の構成諸要素と対置するかたちで、視覚的・触覚的な記憶の他の構成諸要素とともに近似的に〈局地化〉することもできるだろう。*198 しかしその代わり、逆に顔貌性の構成諸要素、音楽などもまた、身体に影響を与え、脳を変え、代謝を変化させることができるという仮説を提起するのは、いまのところほとんど非科学的なように思われる。しかしながら、動物行動学的研究がその草創期の病（分類学、反射学、行動論、生気論、等々）と手を切るときに向かうのは、おそらくこの方向であろう。結局、われわれはつねに次のような同じ問いに戻ることになる。すなわち、何が動的編成や異質混交的構成諸要素をまとめ上げるのだろうか？　時間－空間的形態の超越的序列構成なのか、物理－化学的効果による補強なのか、あるいはコード変換や脱領土化という専門的機能を〈引き受ける〉ある構成諸要素の偶発的組み立て（われわれが〈通路的構成諸要素〉とか〈ダイヤグラム的構成諸要素〉と呼んだもの）なのか。

われわれの立てたリトルネロという問題の奥に、新たな化学――時間生物学――の構築に至る以前に多くの形而上学的発展を引き起こした生物学的リズムの同時化（シンクロナイゼーション）の問題がある。筆相学の創始者のひとりルードヴィヒ・クラーゲスは、たとえば生命的リズムとより文化的なテンポとを対置するに至った。彼は人間だけが基本的リズムを自由な時間的・空間的テンポのなかに寄せ集めることができると考えた。彼は次のように書いている。「〈生〉はリズムのなかで表現される。〈精神〉は逆に、韻律的テンポを使って、生のリズミカルな動きをおのれに固有の法則に従わせようとする」[*199]。しかし時間生物学は、リズムの横断性を精神や文化に〈くっつけようとする〉のではなく、逆に、それを分子的な基礎的リズムの構成から引き出そうとする。かくして時間生物学は、現在、概日性のリズム[*200]は、A・ラインベルクが〝分子的発振回路の集積[*201]〟と呼ぶものの全般的連結――抑制作用をともなった――に由来すると考えている。ここに、われわれがすでに記憶に関して示した〈分子的群れ〉の研究方法と同じ方法を見いだせるのは興味深いことである。

この〈群れの論理〉は、われわれが〈生〉、〈精神〉、〈物質〉といったような形式的カテゴリーから脱出することを助けてくれるが、だからといってクラージェスが生命的リズムとより複雑な〈リズム〉との節合について提起したような問題の解明を前進させてくれるかどうかはわからない。異種混交的システムが同じタイプの分子的要素――たとえば下位‐生物学的な分子的リズム――によって〈横断〉されているということは、それらのあいだに〈内部からの〉節合システムが存在していることを示していると言えるだろうが、モル的次元において質的な差異を結晶化させるもの、そしてわれわれが通路的構成要素と呼んだものの機能を特徴づけるものについては、われわれに明らかにしてはくれない。この種の困難を示すために、最後にもう一度、鳥の比較行動学の例を借りよう。W・H・ソープはアトリのリトルネロについての研究のなかで、二つのタイプのリズムとメロディーの内的組織化を区別するに至った。すなわち、鳴き声を三つの節に区別するものと、それを一定の順番で節合する（〝真の鳴き声〟）ことを可能にする構造的な〈仕上げ〉にかかわるものとである。[*202] しかしこの区別は、あとで見るように、クラージェスが行なった基礎的な生命リズムと社会化されたリズムとの区別と一致するものではない。というのは、ここで基礎的素材はすでに〈音楽的〉に錬成されたものであり、遺伝的プログラミングに属するものと社会的プログラミングに属するものを明瞭に切り分けることは不可能だからである。孤立的に育てられたアトリの雛たちは、基礎的な節のシラブルの数や長さを自然に見いだすが、彼らは同時にこれを身につけるために、あるいはソープが強調しているように、自分たちが模倣しなければならないメロディーを〝選択する〟ために、一種の〈秘訣〉を持っているのである（彼らの感受性の強い時期にいくつかの鳴き声の録音から選択させてみたら、彼らは〈鳴き声の調子や節の形式において彼らの種の鳴き声にもっとも似通ったもの〉を覚えるであろう）。反対に、三つの基礎的な節の提示順序のような組織的な要素は、社会的学習にしか属していない。さらに、即興や競争の問題も考慮しなくてはならない。なぜなら、ソープも指摘しているように、最終節の細部は、装飾音なども含んでいて、どうやら学習して身につけることができるようなものでなく、集団の他のメンバーなどと一緒に〈練習してつくられる〉もの（〈歌合戦によってつくりだされるもの〉）だからである。したがって、ここでは、コード化のダイヤグラムは、遺伝、学習、実験、即興といったものの絶えざる絡み合いによって発現するのである。そしてこの例を通して、ある領域から他の領域に〈移行する〉ものは、単に基礎的素材とか普遍的図式ではなくて、高度に分化した形式、ある領土やある種を開いたり閉じたりする一種の特異な鍵のようなもの、われわれが抽象機械と呼ぶことを提案したものであることに気がつくことができる。

このことは、基礎的諸要素――たとえばリズムや顔貌性の――の分析的・量的・統計的研究の段階の次に、動的編成の特殊化のより質的な段階、そしてそれと相関的に形態の変化と構造の変動に至る機械状の〈過程〉の決定段階が必然的に続くことを、われわれに示している。分子的分析によって分子の群れや記号の群れの配置換え――これが化学的、生物学的、エコロジー的、技術的、経済的、等々の構成要素の総体を同一の機械状物質系統流に結びつける――が明るみに出されたあとは、生きた社会的なものがこの群れの回路やリズムを選別し、編成し、規範化する道を決定する仕事が残されている。しかし生命がその本質を〈物質〉の側と〈記号〉の側に同時に〈結びつける〉ことが本当だとすると、時間‐空間的な局限化、全体化、地層化の〈復興〉の問題は、必然的に強度的な分子的領野の同質化の最初の時期から提起されるということになるだろう。〈分子的機械〉は、流れのリゾーム的連携や動的編成の交差の全般化と平行する未分化の連続体（デカルト的な〝拡張されたもの〟）[*203]のなかにおける物質的・記号的凹凸を粉砕して単純化したくないなら、動的編成が〈起きる〉ようにすることができる相互作用の型を実際に明るみに出さねばならないだろう。われわれはここで、この本の第二部で喚起したのと同様の問題に行き当たる。つまり、われわれはそのとき、記号の領域において〈生成〉と〈変形〉のあいだの区別を相対化するに至ったのであるが、そこで課題となっていたのは、最終的にこの場合と同じミクロ政治的な〈選択的素材〉の問題だったからである。さらに、記号的な生成／変形の関係は、モル的／分子的の関係――これはわれわれが〈機械状の命題〉と呼んだものの総体の次元で確立される――の一特殊ケースにすぎないと考えることもできるだろう。モル的なものと分子的なものの相互作用は恒常的なものであるが、それはある場合にはモル的状態の〈目に見える〉通路的構成要素の〈力〉を優位に置くが、別の場合には〈目に見えない〉分子的過程を優位に置く動的編成から生まれる。

精神的なものと身体的なものの古くさい分離を乗り越えるための〈ゴールドスタインの〈有機体の構造〉やメルロ＝ポンティの〈行動の構造〉からラカンの〈象徴的構造〉などに至るまでの〉構造主義的試み、そしてフォン・ヴァイツゼッカーが生における〈存在的なもの〉と〈感受的なもの〉と呼んだものを節合するための試みが、いかに重要なものであろうとも、それらの試みには古典物理学の認識論モデルが〈一杯積み込まれて〉いた。*204 そうした試みは、一方における物質の法則と、他方における生や精神や社会体の法則との対立を当然視し、これを強調しさえした。物質的な動的編成、生物学的コード化の動的編成、言表行為の動的編成、命題の動的編成、等々といった現象的に区別された諸世界をなすものは、彼らにとって過ぎ去った形而上学への回帰でしかなく、したがって彼らはこうした経験にかかわる〈諸領域〉のすべてを貫く〈機械状のもの〉の探索に乗り出すことを拒絶した。こうした物理－化学的な法則と因果律への自閉のシステムは、同時に、有機体や社会体やシニフィアンが正真正銘の仕方で現実に対して開かれることを禁じた。われわれの考えでは、構造主義理論の根元的な無力、そしてまたその政治的責任はここに由来する。構造主義者は、彼らが物質的、生物学的、社会的なコード化の構成諸要素の次元において直面する地層化の立場にあまりにも安易に与した。彼らと一緒にいたら、超越的コギトに依拠した言表行為の動的編成や主体化の優位性から脱却することはできない。

しかし、このタイプの主体性に実存的な例外規定の原理を当てはめてみたら、たちまち、要素と要素を結ぶいかなるダイヤグラム的連携も、なんらかの仕方でこの主体性に取り付くことなしには成り立ちえないことに思い至るのである。〈主体〉、〈構造〉、〈シニフィアン〉は、現代思想のなかにおいて、生命のない物質——これは実際的な科学的研究に照らしたらありもしない想像的なものになっているのだが——に抵抗するために交互に入れ代わってきた。ラカン的シニフィアンのヘゲモニーは、〈あるシニフィアンは別のあるシニフィアンに対して主体を体現する〉という有名な定式ゆえに、主体性をあまねく増殖させることになった。しかしそれはどんな主体性でもいいというわけではなく、個体化された言表行為の主体性、シニフィアンに焦点を据えた主体性、自己に働きかける〝権力〟の主体性——象徴的去勢による抑制の神話——といったものに限られ、要するに資本主義的権力構成体や集合的装備の四方八方に広がるネットワークを仲介する主体性にほかならない。しかし繰り返し言うように、主体はもちろん、自立的個人、意識的言語、責任性を帯びた論証的言説などが存在するところにだけ存在するものではない。まさに精神分析こそが、主体は意識や責任性を帯びた論証的言説の行使と符合しないことを指摘したのではなかったかと反駁する向きがあるかもしれない。しかし、無意識を本質的にパロールや言語領域の機能に依存させることは、[*205]無意識的主体性を解放すると称しながらこれをばらばらに切断することにほかならないのだ。集団的主体——領土化されていようといまいと——もあれば、たとえば証券取引所における経済のなかの主体、政治や工場のなかにおける主体もある。さらには、生体構成物質のなかで展開される主体化の機能もあれば、人間の手やコギトがかかわっていたりいなかったりする機械のなかで展開される主体性の機能もある。そしてもちろんその場合、ひとつの構成要素から別の構成要素へメッセージや決定や法則を奇跡的に伝達するような同じ主体がかかわっているのではない。私の頭のなかの小さな主体は、ビルディングのてっぺんにあるちっぽけなマネージャーのようなものである！　主体化の過程は、複雑な動的編成、さまざまな異質の構成要素を結合する脱領土化の結び目に対応する。したがってそれは、純粋かつ普遍的なシニフィアン的実質が同様に純粋かつ普遍的な内容の素材に対置されたものではまったくない。おのれと世界の主人としての白人、男、大人の意識主体の大量生産と大規模な輸出の対極には、本質的にいっさいの焦点化、いっさいの樹木性を免れた強度の多様体がつねに従属的に置かれていた。しかし、記号化の動的編成への暗黙の参照基準としてのコギトのモデルやその派生物を放棄することを決めた瞬間から、機械状の指標、脱領土化の諸線、抽象機械、主体化や反射性や論証性の様式の無限の多様性[*206]などの現実的動きを見定めることが可能になる。そしてそのとき、分子的群れやその集合体が、おのれ自身の次元で、ある創造的仕組みをつくろうと〈企図する〉ことをなんら驚くべきことではないと感じるようになるのである。

われわれの概念道具が対象を二分化し問題を〈樹木状化する〉単なる包丁として機能し始めないように、よくよく注意しなくてはならない。この場合、〈モル的なもの〉は、もっとも大きくもっとも受動的なものがもっとも小さくもっとも能動的なものに対置されるのと同じような仕方で、〈分子的なもの〉に対置されてはならない。受動的なモル的顔貌性――イマーゴや精神分析的自己同一化のような――も、能動的なモル的顔貌性――スキゾ分析的顔貌性の特徴のような――も存在する。〈機械仕掛け〉の分子的顔貌性――動物行動学のそれ――も、知覚や欲望の座標系を変換する分子的顔貌性――たとえばプルーストが描く、最初の接吻の瞬間に次々と語り手に近づいていくアルベルチーヌの変幻自在の顔のような――も存在する。しかしまた、人はある動的編成を保護するためにある構成要素から別の構成要素に移行していくこともある――われわれはもう少し先で、スワンがリトルネロと顔貌性のあいだを行ったり来たりすることを検討する。さらに、表現の素材の次元において、直接的な――強固な動的編成や実体化された構成要素の〈手前〉における――相互作用が存在する。したがって人は、〈じっとその場にとどまり続け〉、ある意味作用、ある堅固な冗長性のシステムのなかに置かれているという印象を持ちながらも、諸要素の戦争状態のなかで引き裂かれてもいるのである。

このことは、話し言葉における聴覚的な構成要素と顔貌性の構成要素とのあいだの干渉についてのイギリスの研究者たちの業績が明証してくれていることでもある。彼らは唇から読み取られるメッセージと声から聞き取られるメッセージとの関係を突き詰めることによってこのことを明らかにした。[*207] したがって、二つの分析に真正面から取り組まねばならない。すなわち、分子的集合体（強度的素材）の分析と動的編成（形式と実質）の分析である。コード化の構成諸要素や記号的構成諸要素は、それ固有のものとしては、この二つの分析次元に属していないが、それらの構成諸要素のなかのあるものは、〝ある条件〟において、〝ある機械状の公式〟（抽象機械）にしたがって、動的編成のなかで本質的に重要な役割を演じることがある。たとえば顔貌性やリトルネロに属する通路的構成諸要素は、新たな情念的動的編成を発動して、新たな構成要素を増殖したり、また別の構成要素を妨げたり、ブラックホールの効果を共鳴させたり焦点化したりする……。しかしこの同じ構成諸要素が、別の状況においては、動的編成内部の構成要素、地層化された従属的な構成要素の位置に戻ったりする。記号化の動的編成、主体化の動的編成、意識化の動的編成、〈他性化〉の動的編成といったものは、領土化された自然的な動的編成あるいは人為的・技術的な動的編成と同様に、脱領土化（記号的・物質的）の系統流全体のなかに局限化され、地層化のリゾームのなかに領土化された機械状の組み立て装置から生まれる。つまり、地層化の通時態と脱領土化の共時態を〈合体した〉抽象機械の一貫性の次元から生まれるのである。かくして、主体一般という問題の立て方、あるいは〈他者（大文字の）〉とか、意識といったような問題の立て方はできないことになる。そうしたタイプの動的編成はブラックホール効果、集合的あるいは個人的な領土化された主体、従属といった効果をもたらす。空っぽの意識の主体化としてのコギトはブラックホールの動的編成に対応するものであり、資本主義的流れの増大の記号的な露出に対応する。それに対して、フロイト＝ラカン的無意識の主体は記号的脱領土化の補足的段階――ここで記号素は音素や書記素や〈マテーム〉にしだいに席を譲る――を示す。しかし他の政治、他の社会、他の組み立てが、もっと社会的あるいはもっと分子的な他の主体化、他の記号化、さらにはもっと動物行動学的あるいはもっと革命的な主体化や記号化を同時に編成することもできるだろう。

すでに見たように、ホルモンの流れは、リトルネロに関して予測できない構成要素を〈発動〉することができるし、DNAの流れは記憶化の過程を変化させたり、概日リズムを拡張することができる。一見予測不可能なとてつもなく〈反－自然的〉な交錯、結合といったものが、つねに可能であるように思われる。しかしそれが可能なのは、組み立て装置がいわゆる普遍的なものではないような機械状の命題構成と矛盾しないという条件においてである。なぜなら、その組み立て装置には〈日付〉があって、脱領土化の系統流に則って不可逆的選択を行ないながら、その選択に一種の〈現実の閾〉を押しつけるものでもあるからである。[*208] 抽象機械のこの偶発的機制の必然的帰結は、あるタイプのいかなる分子的個体群も、いかなる普遍的韻律も、いかなるエネルギー的等式も、〈動的編成の変換器（コンバータ）〉と呼ぶことができるものの無限の多様性を説明しきることはできないということである。このコンバータのあるものは基本的に単純なもの――たとえばE・フォン・ホルストが描いているような他のものにリズムを課すという効果を持つリズムの〈磁気効果〉のような[*209]――のように見えるが、それとは別にたいへん複雑なもの――人間の脳のような――もある。つまり、図式やリズムを選択してそれを脱領土化された精神的表象や〈行動への移行〉の誘導システムとしてパラダイム化するだけでなく、それをさらに無限の豊かさを持った結合関係に適合させるということである。これはこうしたコンバータの複雑性の段階が系統発生的進化とパラレルであるということなのだろうか？そうではまったくない。というのは、一見もっとも未分化、もっとも〈進化していない〉次元においても、異質的諸要素の相互作用の極端に洗練されたシステムが存在するということが知られているからである。またそれとは逆に、もっとも分化し、もっとも〈進化した〉次元において、嘆かわしいほど貧弱なメカニズム――たとえばファシズム的群生のような――が出現することもあるからでもある。[*210]元素、二元的なもの、フィードバック、ブラックホール＝廃棄といったものは、進化的段階に固有のものではない。複合的なコード化は個人化され意識化された言表行為とはまったく異なった道をたどる。なぜ機械状の無意識が存在すること――たとえば運転手が自分の車に従属する場合――を認めないのだろうか。鳥やわれわれの情熱――またわれわれの知性――にとっての草の茎、リトルネロ、顔といったものは、工場のなかにおける話された言葉、書かれた言葉、数字、グラフ、設計図、方程式、情報的記憶などと同じ次元で、理解や実用的オペレーターの道具なのである。世界の意味作用、欲望の意味は、支配的冗長性の外部でそれを把握しようとしたら、われわれの記号的手段の幅を拡張しなくてはならない。千にものぼる無数の機械状の分節的命題が、個人なるものを、その語る主体を超えながら、また語る主体の手前で、絶えず加工しているのである。*211 われわれが人間の欲望の通路的構成諸要素のなかにおける顔貌性やリトルネロを強調するのは、それらの主要な特性のひとつが、いわば他の構成諸要素を〈逆さまに捉え〉、そのリゾーム的連携を短絡させてブラックホール効果に引き寄せ、そしてそれらを互いに共鳴する状態に置くことだからである。

資本主義的主体化の本質的構成要素は、時間と空間に対するある抽象的知覚——労働と社会体の結果を通しての——がこの二つの要素の制定に依拠しているために、欲望の強度（欲望の価値）が予めその実質を奪われていること、そして世界の凹凸が支配的規範や冗長性に応じて（使用価値と交換価値のカップリング）縮減され囲い込まれていることに従属している。われわれは別の場所で、たとえばカフカのような作家が、新たなタイプの官僚主義的資本主義の欲望の座標系を探索するために、どのようにして動物への生成、音楽的、知覚的等々の脱領土化に導かれたかということを示そうと試みたが、ここでは、プルーストの作品において驚異的な分析作業の行なわれているページを手がかりに、二〇世紀初頭の資本主義の変動が愛の情念に及ぼした影響——シャルル・スワンのオデット・ド・クレシーへの恋愛感情——を検討することにしたい。

人間行動学はこれまで、主として動物行動学の延長線上で展開されながら、人間行動のもっとも可視的かつ領土化された構成要素の研究に専念してきた。*[212] しかしこの依存関係の逆転は考えられなくはないことであり、W・H・ソープのような動物行動学者が、発声言語、数概念の操作、象徴の使用、芸術的創造や鑑賞といったような人間行動の根源的特徴は、動物世界にも不在なわけではないと言明したところに、*[213] すべての希望の明かりがともると言わねばならない。この数十年における生物学の驚異的な発展は、主要にはその化学的・細胞的基盤にかかわっていたが、現在おそらく生物学をもっとも複雑な行動や社会性の様式の研究の前面に導くような状況の逆転が近づいているのではないだろうか。それは現在生物学が、動物学や社会的エコロジー、社会的生物学なとと接続していることが証明しているところでもある。こうした新たな方向づけは、実際に、生物学を人文諸科学総体に対する〈先導的科学〉の位置に置き、構造主義者が言語学に付与しようとしたこの役割を接収することになるだろう。たとえば刺激－応答という対偶に依拠した機械論的な行動へのアプローチ、あるいは味も素っけもない精神発達学的説明、といったものは、〝生体内〟的研究や、情報を単純化して切り縮めるよりもこれを実際に豊富化しようとするモノグラフ的な記述に席を譲ることになるだろう。そして、人間行動学の基礎的資料としての観察、調査、分類といったものにおける（とくに行動のもっとも脱領土化された構成要素をめぐる）大きな遅れを認識しなくてはならない。人間行動学は、偉大な自然主義者たちが中世の出口において近代の生物科学に遺贈した知識の蓄積をまったく使いこなしていない。それはむしろ〈普遍概念〉に依拠する心理学や精神分析学に一面的に引き継がれた。したがって感情と思考の問題はほとんどゼロから出発しなくてはならない。かくしてわれわれとしては、あまり認識論的遠慮はしないで、人間の情念にかかわる顔貌性とリトルネロの構成要素の節合や重合について考察するために、プルースト――彼はもっとも脱領土化された精神的対象のこのうえない専門家である――に関心を向けようと思う。小説家や詩人のエクリチュールは、言葉や思考の領分である以前に、おそらくまず第一に、小説家や詩人が属する言表行為の動的編成の特異な位置にかかわるものであったと思われる――その動的編成の歴史的、経済的、性的、知覚神経的、等々の構成諸要素のひとつあるいはいくつかが例外的な脱領土化に刻印されていたためにである。そう考えるとわれわれは、現在われわれが実際に使うことができる人間諸科学の分析手段がいかに貧弱なものであるかということに思い至る。

本質的事実の収集における大きな遅れを例証するためにひとつだけ例を挙げておこう。いまから半世紀ほど前、フォン・ヴァイツゼッカーが〈知覚交叉〉――神経的知覚過敏、共感覚、共視症、感覚変態、等々――のシステマティックな研究に着手することを推奨した。しかしわれわれの知るかぎり、幻覚剤による中毒症状についてのいくらかの神経学的あるいは物理病理学的研究を除いたら――しかもこれらの研究はまったく無味乾燥なものである――何もなく、まだアンリ・ミショーの〈研究〉やアメリカの〝ビート・ジェネレーション〟の作家たちの〈仕事〉に依拠した方が、この問題についての最小限の情報を得ることができるという現状である。したがってわれわれとしては、主体化や記号化の様式の多様性についてのわれわれの地平を広げることが、第一に重要なことであろう。この点に関して、非常に簡略かつ図式的な指標を示しておこう。他に方法がないのでシェリントンの古い分類法に依拠するのだが、カフカとプルーストというこの二人の作家は、彼らの〈突然変異的〉な知覚的構成諸要素のなかのいくつかの要素の特殊なポジションとの関係で〈位置づける〉ことができるだろう。というのも、知覚神経的座標系のゆがみ、拡大、移動、重合等々といった動きは、とくに次のようなことにかかわっていると思われるからである。

（1）カフカの場合、これは、姿勢、平行感覚、筋緊張、血圧等々といったような、時間と空間の膨張と収縮をもたらす自己受容的構成諸要素（彼が疲れたときや無食欲のときに〈麻薬を使う〉といった非常に特異な流儀も含めて）にかかわる。

（2）プルーストの場合、これはまず外部知覚的構成諸要素（触覚、熱、痛み、光、臭い、味覚、音などの受信）、そして副次的に内部知覚的構成諸要素（とくに呼吸）にかかわる。[*214]

スワンはオデットへの恋愛感情を一般心理学あるいは精神分析に属するような内的な心的実質から〈構築した〉のではない。彼がその恋愛感情に〈賭けた〉のは、カジノのギャンブラーたちが〈つきがまわってきた〉と呼び[*215]、最後の混乱の極みのなかで〈ノイローゼになりそうだ……〉（I、317）と彼に叫ばせることになる類のエスカレーション的変化のなかにおける、彼のもっとも精神的かつ社会的さらには物質的な側面における彼の全存在なのである。

非‐言語的な（そしてさまざまな仕方で非シニフィアン的な）二つの構成要素が、こうした情念の動的編成のなかでもっとも重要な役割を果たす。すなわち現代音楽の短いシークエンス――〈ヴァントゥイユの小楽節〉――とボッティチェリのフレスコ画から複製された女性のポートレートである。前者は、脱領土化的表現の素材として、新たな連携を切り開きスワンの日常世界の座標系を変化させる通路的構成要素としての機能を果たす。後者は逆に、情念の動的編成をイコンや自閉的な感情的領土に還元し再領土化する方向に向かう。審美家的な恋とでも言えるだろうか。あるいは昇華のメカニズムと言ってもよかろう。われわれとしては、逆に、このスワンの恋は、女性の顔に組み合わされて〈人間化する〉以前に、出発点からはっきりと非人間的な性表現の領分に属していたことを明らかにしようと思う。スワンの対象は、両親コンプレックスでもなければ、前性器期的部分対象でもなくて、彼の時代にしては革命的な機械状の音楽的公式であった。音楽は、この場合、昇華作用をもたらす〈代替手段〉でも、リビドーから派生する象徴的現象でも、あるいは審美家の技巧様式でもなくて、別の現実の生産道具、新たな記号的構成諸要素を触媒する機械である。この機械は脱領土化の潜在的力を最大限発揮し、それと引き換えに、自己の痙攣、神経症的儀礼を触発する。そしてこの神経症的儀礼は、ある種の社会学的〈慣性〉をもたらす。

プルーストは、無形のものや抽象機械の理論を明示的にくわだてることはしないが、〈音楽の効果〉、もっと一般的に言うと芸術作品の効果というものは、想像の領域ではなく現実の領分に属していることを強調してやまない。「この音楽は私の知るあらゆる書物よりもなにかしらもっと真実味のあるものに思われた。それはなぜかということを私はときどきこう考えた。つまり、われわれが人生から感じ取るものは観念のかたちをしていなくて、それの文学的つまり知的な翻訳はそれを叙述し説明し分析するのだが、しかし音楽のようにそれを再構成することはない。音楽にあっては、音が存在の抑揚を帯び、感覚の極限的な内的尖端を再現するように思われる。そしてこの内的尖端こそが、われわれがときどき経験するあの特別の陶酔感を与えてくれる部分なのである。われわれが〈なんていいお天気なんだろう!〉とか、〈なんてすばらしい太陽なんだろう!〉などと言うときに、同じ太陽、同じ天気がこれとはまったく異なった震えをもたらすであろう隣人には、絶対に知らしめることができないあの陶酔感である」(Ⅲ、374)。『失われた時を求めて』という作品全体がこの種の分類不可能な現実に直接向き合っている。プルーストはときにはこれをある物質的実体に同一化し、ヴァントゥイユのような音楽家の作品をラヴォワジエやアンペールなどの仕事になぞらえている(Ⅰ、373)。また別のときには、彼は観念の現実性へと傾いている。「……スワンは音楽のモチーフを、別の世界、別の次元にある真の諸観念——知性には浸透不可能の闇で覆われた未知の観念であるが、それでも互いに区別することができ価値と意味が等しくない諸観念——として捉えていた」(Ⅰ、349)。しかしときには、彼は〈ヴァントゥイユの小楽節〉の表現の素材を、二〇年後にプラハ学派の音韻論学者が唱えることになる弁別対立を想起させるような仕方で分析したりもしている。「あの冷たく収縮したような喜びの印象をもたらしたのは、この小楽節を構成する五つの音符のかすかな隔たりと、それらの音符のなかの二つの音符の絶えざる喚起によるのだということを彼は理解した……」。しかしプルーストは、あたかもその後にやってくる構造主義的解釈が引き起こすことになる〈還元主義的〉悪弊に気づいていたかのごとく、すぐに気を取り直して、次のように付け加える。「実際には、彼〔スワン〕は、楽節そのものに基づいて思考していたのではなく、彼が知覚したその楽節の神秘的な実体を自分の知性で都合よく置き換えた単なる等価物に基づいて思考していることを知っていた」(Ⅰ、349)。

プルーストはあるひとつの理論に決して身を委ねることなしに同じ難問のまわりを回っている。彼は自分を襲う感覚の、うつろいやすさ、曖昧さ、漠然性を受け入れることができない。読者は記憶されていることと思うが、彼の作品の劈頭の出来事は、コンブレーにおけるあの馬車での散策であった。その散策の最中に、彼は〈自分の印象の果てまで〉到達したのである(それは、マルタンヴィルとヴィユーヴィックの鐘楼の相対的隔たりに秘匿されている、あの〈なにかしら愛らしい楽節に似た何か〉を言葉で表現しなければならないということだった(I、180‐181))。この発生しつつある現実から、プルーストは少なくともひとつのことを断定するのだが、それはそのような現実が、人間の言語活動によって支えることができる論証的分析の領分だけに属しているのではないということである。逆に、人間の言語活動を豊かに実りあるものにし、われわれが欲望の経済と呼ぶものと直結する新たな論証性を生み出すためにわれわれが向かわなければならないのは、この現実そのものにほかならない。プルーストは、やはり〈ヴァントゥイユの小楽節〉に関して述べながら、人間の言葉の消去は一般に信じられているように空想を君臨させるのではなく、むしろ空想を排除したのだ、と書いている。「話される言葉には、これほど断固たる必然性はないし、これほどまでの問いの妥当性、答えの明証性はない」(I、351)。そして『スワンの恋』を書いてから数年後、プルーストは『囚われの女』のなかで、彼にまとわりついて離れなかったと思われるこの問題に回帰することになる。「これらの小楽節について、音楽学者たちは他の大音楽家たちの作品のなかに類縁関係や系譜を見つけることができるかもしれないが、しかしそれは直接的印象から感じ取られたものではなく、むしろ推論によって巧妙にひねり出された外面的相似とか類似性といった付随的理由によるものにすぎないだろう。このヴァントゥイユの楽節の与える印象は他のいかなる印象とも異なっていた。それはあたかも、科学から引き出すことができると思われる結論がいかなるものであろうとも、個人的なものが厳として存在しているというようなことである」（Ⅲ、255‐256）。個人的なものの科学、これこそがプルーストの思想が行き着いたものであり、おそらく彼は、その当時いわゆる科学の世界よりも哲学や文学の世界で支配的であった物質についての科学主義的思考に影響されていたのであろう。ともあれ、彼の宗教は少なくともある一点の上に組み立てられている。すなわち、人間の主観的主体性は、外部から満たされ活性化されるような、なにか未分化の空っぽのものとみなすことはできないということである。[*216] プルーストの全分析は主体横断的・客体横断的な抽象的機械運動の把握へと彼を導いていく。この運動について、彼は言うまでもなく最高度に洗練された表現で、厳密な描写をわれわれに提供してくれている。「彼がその小楽節のことを考えていないときでも、それは彼の精神のなかに、われわれの内的世界を多様な仕方で飾っている豊かな財産である、光、音、遠近感、肉体的快楽といった他の比類なき諸概念と同じような仕方で、潜在的に存在していた」（Ⅰ、350）。こうした描写はときとして、われわれが言表行為の動的編成と呼ぶものに接するところまでわれわれを導いていく。なぜならプルーストは、この小楽節を三人称に見立てて語らせることもあるからである。

そして〈ヴァントゥイユの小楽節〉が三人称で話し始めるとき、われわれの眼下で構成されるのも、やはり言表行為の動的編成ではないだろうか。そのとき小楽節は、『失われた時を求めて』がスワンの恋、語り手、そしてペンを手に持ったプルースト自身の強度的多様性を展開する起点となる主体の三角形、さらにはわれわれ自身の欲望に開かれた作品のたどる過程といったものに、おのれのリトルネロを課すことになるのである（I、348－349）。

スワンがオデットのような女性を熱愛するようになる素因は何ひとつなかった。社交界の名士たちが出入りするサロンの常連であったスワンは、社交界への自分の過剰に排他的な愛着を自粛するために、「健全で豊満な薔薇色の肉体を持った」召使いたちを口説くことで、上流社会の女性たちとの関係とのバランスをとることを原則としていた（I、195）。したがって彼がオデットと出会ったとき、彼女が高級娼婦であること――そのことを彼は知らなかったか、無意識的に知ろうともしなかった――は、彼が彼女と〈情事〉をすることにとって、なんら〈ア・プリオリ〉な障害ではなかった。彼を彼女から遠ざけたのは、文字通り彼にとっては〈気に入らない〉類の彼女の身体的な美しさだった。「彼の気に入るには、［オデット］はあまりにもくっきりした外形、いかにも脆弱な皮膚、突き出すぎた頬骨、やつれすぎた顔だちをしていた。彼女の目は美しかったが、大きすぎるために自ずからたるんで、そのため顔の他の部分を損ない、いつも顔色が悪く機嫌が悪いような印象を与えていた」（I、196）。彼女がずっとあとになって語り手に告白するように、オデットの方が先に彼に惚れ込んだのである。そして彼女は彼のもとをおとずれるために、あるいは彼女の家に彼を引き寄せるためなら、どんな口実をつかってもかまわないと思った。しかもそれは長いあいだ続いたが、なんの成果ももたらさなかったのである。スワンに対する彼女の最初の成功は、〈社交界〉における彼女の庇護者であり唯一の支えでもあったヴェルデュラン夫人の家に行くことを彼に承諾させたことである。社交界のサロンは、当時、支配階級を構成するさまざまな部族の〈通過儀礼の場〉として機能していたように思われる。そしてスワンは、民族学者がある未知の民族を訪れるかのようにヴェルデュラン夫人のサロンを訪れたのである。というのは、このサロンに出入りしていたのは、彼の身分よりもずっと下の人たちだったからである。しかし、いささか野卑でときには滑稽きわまりないこのブルジョワ・サロンこそが、彼の全存在を覆すような〈記号的コンバータ〉、さらには恐るべき機械になっていくのである。[*217]

この転換の働きはとくに二つの点にかかわっている。オデットの顔とヴァントゥイユの小楽節である。この二つの点のどちらが優位かを言うことができるだろうか。たしかにリトルネロは顔に先だってあり、スワンのなかで結晶する新たなタイプの恋愛の動的編成はまずリトルネロに――彼がヴァントゥイユの音楽を初めて聞いたとき――固定された。しかし音楽の楽節への恋愛――オデットと出会う一年前の――は、スワンにとって〈一種の若返りの可能性〉（I、210）のきっかけでしかなく、オデットへの情熱とともにしか現実化し始めることのない機械状の糸口か指標にすぎなかった[*218]、とプルーストはわれわれに説明している。このリトルネロの先行性は脱領土化の過程として考えるべきではなかろうか？　たしかにわれわれはこの観点からリトルネロの構成要素を顔の構成要素よりも優遇する傾向性を持っている。というのは、少なくともスワンにあっては――もちろんこれを〈一般的ケース〉にしてはならないが――、動的編成の総体を動かすのは、そしてとりわけ顔の構成要素をうがち解体するのは、リトルネロの構成要素だからである。しかしこうした依存関係を取り仕切っているいなかる本質的必然性もなく、脱領土化機能を持つひとつひとつのリトルネロ――それはこの場合、その後の動的編成の地層化のなかで非常に重要な役割を果たす――、そして再領土化機能を持つひとつひとつの顔を、機械的に分類してみたところではじまらない。オデットの顔もまた脱領土化の固有の線を持っている。たとえばスワンの恋が始まる頃、オデットの顔はゆるやかな変化の過程を示し始める。ある理想的なオデットが明確になり、自立化し、ついには現実に出会ったときのオデットを接収して、孤独な夢想のなかに〈住み着いて〉しまうのである。[*219]

明らかにスワンは、ヴァントゥイユの小楽節の担っている機械状の変化によって不意討ちされる。スワンは当時ヨーロッパ音楽が経験していた奥深い激変を知らないわけではなかったが、音楽家ではなかったのでそれを〈内側〉から生きていたのではない。それに対して、イコン的構成要素に対する立場は非常に異なっている。なぜなら彼は自分が出入りするサロンで聴衆の多い芸術批評家のひとりであり、発生期の近代芸術の変化を注意深くフォローしていたからである。したがって彼は新顔が現れても長い間戸惑うということはなかった。彼は新顔を〈定着させる〉ための特別のやり方も心得ていて、その顔を自分がよく知っている絵に結びつけて魅力を付け加えてやったりもした。それは「彼の人生を社交界との関係だけに限定していたことへの悔恨」を払いのけるための彼流の方法であった、とプルーストは説明している(I、223)。彼は軽薄な社交界を芸術のなかに押し込めることによって悪魔払いをしているような気分になっていた。しかしこの方法はまた、同時に、彼が自分の世界から〝本当に〟抜け出すように導くことになる――単にヴェルデュラン家のサロンの民族学者として、あるいは召使の小娘たちの尻を追いかける男としての存在から脱するだけでなく――熱狂的恋愛から彼を庇護するという目的をも持っていたと考えることができるだろう。彼は自分の出会いを〈審美化する〉ことによって、あらゆる記号的凹凸、あらゆる機械状の指標、あらゆる漏出線、そしてイコン的次元の欲望の負荷といったものを回収し、無害化する。そして彼はオデット・ド・クレシーに対してもこの方法を実践しようとするのだが、オデットはやがてヘテロの娘ゼフォラになり、彼はオデットから、ボッティチェリが若きモーゼの七つのエピソードの顕揚のために捧げたシスティナ礼拝堂のフレスコ画のポートレートを引き出すことになる。スワンはこのとき、一種の私的儀式をも敢行する。すなわち彼はヘテロの娘の複製をながめ、それをナイトテーブルの上に置き、それがオデットの写真であると想像する（I、225）。そして〈フィレンツェの作品〉という一種の呪文を唱えながら、「オデットのイメージをそれまで入り込むことができなかった夢の世界に入り込ませる」ことに成功した、とプルーストはわれわれに言う（I、225）。彼の情念はこの儀式によって悪魔払いされ、夢の時間と現実の時間の往復運動のなかに押し込められたはずなのに、情念は逆に増大していくばかりである。「イェンセンの『グラディーヴァ』[*220]のレリーフ（〔フロイトが分析しているイェンセンの『グラディーヴァ』の主人公はローマの美術館で若い女性の全身像のレリーフを見つけて惚れ込み、そのレプリカを作って書斎に置いていた〕のように、オデット＝ゼフォラの顔＝イコンは自ずから活気づき変化していく。そして自らの軌道を統御していると思われたレールから離脱し、あらゆる既存の動的編成システムを解体していくのである。現実のオデットの顔、部屋にあるその複製＝イコン、ヴェルデュラン家のこのうえなく静かな夕べといったものへの再領土化と、別の可能性、別の音楽、別の階級関係、別の生活スタイル——たとえばスワンを人種差別的な高級ブルジョワジーのユダヤ人マスコットとしての役割から切り離すような——といったものに向かう欲望の脱領土化とのあいだの揺れ動きは平衡点を見つけることができない。それは嫉妬の刺激の下で逆に加速化し、この関係が当初うまく維持していた感情的両価性は逆に情念のブラックホールのなかに崩れ落ち、それがスワンを狂気の危機に陥れることになるのである。

しかしこのイメージの転移はいったいどういう性質のものだろうか。スワンにとってそれは母親的人物への退行的自己同一化なのだろうか。それとも、彼が去勢を適切に〈引き受ける〉ことを禁じたであろう父親的象徴が彼のなかに欠如していた結果なのだろうか。精神分析的錯乱が発動するには格好の話だろう。結局、このゼフォラは彼女の父親である神官によってアブラハムの神への返礼としてモーゼに与えられたのではなかったか。そしてあのシスティナ礼拝堂のフレスコ画はイエスの生涯とモーゼの生涯の対位法として着想されたものではなかったか。そこにいささかの疑いもさしはさむ余地はない。スワンは娼婦的な性悪の母の等価物に自らを着床させるが、それは法を課し秩序を再建してくれたであろう唯一の存在、彼の原父を探し求めても得ることができないからである。実際、ドレフュス事件を契機にスワンが自らのユダヤ人としての身分を引き受けるに至るのは、オデットとの結婚のあと、つまり彼の近親相姦的情念が昇華され始めてからではないだろうか。そうであれば、あの顔の特異性について、あの音楽の楽節の表現の素材について、あのサロンの動的編成について、あの政治的会話の場面について、これから問いに付すことになんの意味があるだろうか……ということになる。少しばかりの権威とたくさんのはったりをもって、人はつねにこうしたディテールを精神分析の基本的解釈の枠組みのなかに押し込めることができるだろう。誰にとっても問題にならないように思われる、こうしたすべてにとって都合のいい説明を疑問に付すことになんの意味があるだろうか。われわれはそうした説明を改良しようとは思わないし、そのつど正しい〈答え〉を見つけることを保証してくれるような解読格子の置き換えをしたいわけでもない。われわれが改めて問題に付したいのは、こういった解釈の原理そのものである。無意識の分析は、危険を顧みずに、動的編成がいかなるものであろうともそれが構成するリゾームのあらゆる線、無意識の構成要素の表現の素材、そしてそれが引き起こすブラックホールの効果といったものをたどっていくことにおいて成り立つのだということを断言することが重要だとわれわれには思われる。そしてさらには、そのような過程が引き起こすかもしれない連鎖的な反作用を先入見なしに問題に付すことである。われわれは、たとえばスワンの場合、彼が何者であるかなどはどうでもいいことだとは言わない。われわれはそれを特殊な動的編成の枠組みのなかで特殊な素材を起点として機能するある特殊な過程から生まれるものであるとみなすだけのことである。[*221] 同一化をこの過程から切り離して考えたら、それはいかなる関心をそそることもなく、またいかなる〝ア・プリオリ〟な解釈を引き起こすこともなく、さらにはいかなる普遍的イマーゴにも帰着しないだろう。はたしてこのようなイコン的同一化という構成要素こそが、ダイヤグラム的役割、通路的構成要素としての役割を演じるものだろうか。それは、いつ、どこで、いかなるコンテクストのなかで、どのようにして遂行されるのだろうか。いかなる種類の構成要素がその働きを引き継ぐのだろうか。こういったことこそ、われわれが問題にしようとしていることにほかならない。

〈ヴァントゥイユの小楽節〉はスワンの恋を構成する連続的な動的編成の標柱となる。それは非―シニフィアン的な機械状の指標として、オデットと出会う一年前からこの恋を予告する。それは恋の発動の本質的構成要素であるが、時間がたつにつれて退化し、スワンのヴェルデュラン家の領土への参入を示す〈指示記号〉となる。そして最後には、無為のために魂が死に、サン＝トゥーヴェルト夫人のサロンに戻る日、彼の白鳥の歌となる。そしてスワンが死んでからずっとあとになっても、語り手はこの小楽節の潜在的力について問い続けている。「世界のヴィジョンが変わり、純化し、内なる祖国の思い出によりふさわしいものになるとき、それが画家における色彩の変化と同様に音楽家における音色の変化によって表現されることは実に自然なことである」(Ⅲ、257)。しかし芸術作品によって変化させられるのはむしろ世界そのものであり、芸術家が〈市民〉として住まうこの〈知られざる祖国〉ではないだろうか。いずれを選択するか、この選択の含意は決定的である。というのは、人が芸術的変化を世界の変化や精神内部の諸審級の変化の結果とみなすか、あるいは芸術的変化が全面的に世界や精神の変化に参与することができるということを認めるかに応じて、人は自閉的で全体論的な分析的解釈に向かうか、あるいはこの変化の〈リゾーム〉的・建設的なヴィジョンに向かうかのいずれかになるからである。一方は隅々までくまなく〈満たされる〉ことを待望する全面的に構成された構造を自らに付与しようとし、他方は動的編成が分泌する思想、動的編成を全体化し地層化するシステムを超越的手段に訴えることなしに解体しようとする思想を受け入れる。スキゾ分析にかかわる問題の一例を挙げよう。すなわち、ヴェルデュラン家のサロンは諸人物や諸問題がひっかかっているだけの空っぽの額縁のようなものにすぎないものとみなすべきだろうか? それはむしろ能動的なモル的動的編成、一種の記号的サイクロトロンであり、スワンの恋のさまざまな局面で顔貌性とリトルネロの分子的構成諸要素の相互作用を加速化したり無効化したりするものではないだろうか。あとで見るように、彼がこの二つの構成要素を包摂することを妨げ、ブラックホール効果の下にこの構成要素を従属させるサン゠トゥーヴェルトのサロンの特殊な構成要素とは何だろうか。他方、ヴェルデュランのサロンはいかなる種類の軌道の上で進展し、ドレフュス事件のなかで重要な役割を演じるに至るのだろうか。ディアギレフやニジンスキーといった人物、急進的ブルジョワジーの政治的台頭、軍部や貴族階級の人種差別の激化等々といったものと、スワンの欲望の秘密の庭園とのあいだに関係はあるのだろうか。しかしこういったことは、精神分析家にはついに説明できないだろう。

いかなる種類の抽象機械的変化が、プルースト的分析が探索する一九一四年の戦争前の時代のリゾームの異質混交的諸線を加工しているのだろうか。この分析はたしかに直線的な機械論的（メカニスト）解釈に頼って行なわれていて、そのため芸術と社会の節合を解明するのに困難に直面してもいるが、しかし『失われた時を求めて』の実質的展開が、モル的次元と分子的次元のあいだの絶えざる往復をくわだて続けていることにかわりはない。プルーストル的分析は、われわれの見るところ、危機の時代においては、領土化された動的編成の変化を〈先導する〉のは、もっとも脱領土化された構成諸要素（ここではヴァントゥイユの小楽節のような、あるいはコンブレーでのレオニー叔母さんのマドレーヌの断片のような）であるということを、その叙述を通してそれとなく特筆しているのである。したがって、もっとも脆いもの、もっとも非物質的なもの、もっとも人工的なものは、必ずしも外部から規定されたり心理的メカニズムに依存するのではない。逆に、そういったものは、もっと重厚で冗長的な形成体——幼年期をつらぬくさまざまな顔、代わる代わる共鳴しあう諸権力、人種差別や性差別などの〈固着化〉といったような——のあいだで、そして生を変化させ、性の道筋を変え、世界の知覚の仕方を変化させる動的編成の創造的変化のなかで、〈通路〉としてあるいは記号的ダイヤグラムとして、ある本質的な役割を演じると考えることができる。

われわれはここから、ヴァトゥイユの小楽節の機能の仕方の理解を拡張するために一連の迂回路の設定にとりかからねばならない。まず最初に、もっとも物質的な表現の素材と、もっとも政治的な選択的素材とのあいだのダイヤグラム的通路の問題に戻ろう。ある楽節、ある情念的運動、ある社会的問題、等々のなかで生起していることはどういう性質を持っているのだろう。それは文体なのか、形式なのか、構造なのか、あるいはわれわれが考えるように、コードの結晶なのか、記号的ジアスターゼなのか、偶発的な抽象機械なのか。しかしわれわれの表現は、たしかに、時間、空間、実質からなる一般的座標系にあまりにもこだわりすぎている。ある種の状況においては、ものと記号は同じ襞、同じ成りゆきを示す。そのとき、ダイヤグラム的な方向を取ることとの拒否は、ブラックホール効果――一種の記号的虚脱――によって、あるいは超‐地層化によって、袋小路に行き着く。一種の自己消滅の眩惑にとらえられた動的編成は、ある全体主義的‐全体化的な様式に則って、支配的冗長性や地層化と合致する可能能的領域だけを選択する。

社会革命、美的革命は、単に見たり聞いたりすることができる思想やものごとを転覆するだけではなく、周知のごとく、身体や、もっとも奥深いところにある有機的代謝、世界の知覚の仕方、間主観性の公式、さらにはある種の未来予感などにも働きかける。スワンの場合、こうした諸領域を横断する抽象機械は、最初、音楽の小楽節のかたちで姿を現わした。しかし別の人にとって、それは数学の公式、人間の顔、あるいは古道具屋の棚にある掘り出し物というかたちで結晶化することもありえるだろう。なぜスワンはこの小楽節を聞いたのだろう。なぜ彼は耳を塞いで聞こえないようにしなかったのだろう。なぜこの種の音楽的革新を不健全なものとみなしていた多くの彼の同時代人に倣った判断をしなかったのだろう――「音楽はこういうふうにするものではない……数学はこういうふうにするものではない」[*222]といったような。

非‐シニフィアン的な出来事としての楽節は、いかなる判別可能な情報もメッセージも担っていない。しかしそれはスワンを〈構成する〉主体化と記号化の動的編成に衝撃を与える。この最初の出会いの混乱が乗り越えられたあと、この楽節は動的編成のさまざまな重要な構成要素に感染する。しかしこうした抽象的変化が場所を得るためには、この場所がなんらかのかたちでその変化に応じるものでなくてはならなかったのではないか。音楽的な具象機械が横断的性格の抽象機械を顕在化させ作動させる。プルースト的な文学的具象機械はこの機械状の革命を引き継ぐ。こうして文体や様式を超えたわれわれの時代におけるなにか本質的に重要なものが、ある動的編成から別の動的編成へと、ある内容の物語的動的編成から表現の動的編成へと、ある言表行為の動的編成から別の動的編成へと伝達されていく。そのとき逆説的にも、そこで伝達される意味しか記憶にとどめないなら、プルーストの作品はむしろ保守的どころか反動的なものとして立ち現れる。しかしプルースト的文学機械は、文学機械そのものとしてとらえると、異論なしに革新的で革命的なものにほかならない。そしてそのことは主としてプルーストの作品の並外れた記号的拡張力によるだろう。この力こそが、欲望のもっとも脱領土化された姿、もっとも混乱を触発するとともに毒性を持った横断的領域を、鋭利に、かつ前例のない〈肌理の細かさ〉でわれわれに示してくれるのである。

したがってこれは、近代天文学を一変させた記号＝技術的装置のなかでパロマー山の反射望遠鏡が演じた決定的役割と同じ意味において革命的なのである。そして、プルーストの作品のような類の作品は、フロイトやマルクス（あるいはあれこれの文学的流派のリーダー）の眼鏡を借りながら繰り返し読んだり、解釈したり、評価したりするよりも、逆に、こうした拡張的な力の発見を利用して、横断性の諸線に照明を当てる方法で読む方が好ましいだろう。そうすることによって、これらの世間周知の革命家たちの著作のなかにも、欲望のミクロ政治学として重要な諸問題について彼らが不明瞭であったり逃げを打ったりしているところがあることを探知することができるもしれない。しかしこのミクロ政治的な重要問題への位置取りこそが、今日、彼らの思想を標榜する者にとって、実際に彼らを歴史的に正当に位置づけることに役立つはずなのである。他方、すでにわれわれはカフカを標的にしカフカが標的にした抽象機械はもっとも近代的な形態の官僚主義——大官僚機構の頂点にいる者であろうと、部下を呼びつけて独断的命令を下す最後から二番目の地位の公務員であろうと——であることを示そうと試みた。プルーストの場合、それは誰もが知っているように、標的は時間である。おそらくは幼年期の時間、ゲルマント公爵になじみの家系のアルカイックで反動的な時間であるが、しかし同時に、なによりも他のあらゆる時間化の様式を蝕み続ける資本主義的時間であろう。ヴァントゥイユの小楽節の密かな力、その機械状の意味をよりよく捉えるためにわれわれが第二の迂回をしなくてはならないのは、この資本主義的時間の方に向かってである。

時間は人間にとって外部からやってくる何かとして経験されるものではない。時間一般、人間一般があるのではない。空間が支配的な社会的儀式や規範として顔貌化されるのと同様に、時間は記号化の具体的な動的編成（集合的あるいは個的なものとして、領土化されたものあるいは脱領土化されたものとして、機械状か地層化されたものとして）によって〈鋳造される〉。夜、暗闇が恐ろしくて歌を口ずさむ子どもは、あまりにも急速に脱領土化し宇宙や想像界で増殖し始める出来事を自分のコントロール下に置こうとするのである。おのおのの個人、おのおのの集団、おのおのの民族は、こういうふうにして悪魔払いのリトルネロの基盤装置を〈備えている〉。たとえば古代ギリシャにおける職業や同業組合は、一種の音の印章、〈ノーメ〉と呼ばれる短いメロディーを自らの固有のものとして所有していた。*223 彼らはそれを外部に対して身分証明をするため、空間的・社会的に自己限定するために使っていたが、それは内的結束手段と考えることもできる。つまり集団の各構成員は自分が同じ音の〝シフター〟に属していることを知っていて、リトルネロが言表行為の非‐シニフィアン的・集合的主体の機能を果たすのである。しかし、もっとも古い社会について知りうるすべてのことからわかるのは、そうした社会が資本主義社会のするように、歌、踊り、発話、儀式、生産等々といったものの構成諸要素を分離してはいなかったということである（たとえば〈抑揚言語〉と言われるアフリカの諸語においては、ひとつの単語はそのなかの音素のいくつかが高く発せられるか低く発せられるかに応じて意味が変わる）。実際、これらの社会は労働の分業や孤立的構成要素の明確な特殊化を拒否していた。これらの社会は儀式を生産に、性を遊びや政治などに結びつけながら、さまざまな動的編成――少なくとも明瞭な集団的重要性を持った動的編成――のあいだのダイヤグラム的通路をつくる働きを異質混交的な動的編成に委ねていた。したがってこのとき、ダイヤグラムは、必ずしも、自立的シニフィアン機械や、それを支配下に置いて労働の社会‐記号的分割によるすべての〈利益〉を占有しようとする序列化された権力構成体に頼る必要はない。さらに次のことも指摘しておこう。すなわちシニフィアン的言語の資本主義的自立化は、とくに書記的構成要素が他のすべての表現的構成要素よりも第一義的に重要であるがゆえに、これらの他の構成要素の単純化の過程さらにはその退化の過程と相関関係的に生じる。そうであるがゆえに、西欧では、パロール、歌、身ぶり、踊り等々といったものの断絶が、韻律的伝統の放棄、音楽的リズムの領土化と二項対立化、線や音色の純化――貧弱化とみなすこともできる――をもたらすことになるのである。

この資本主義的リトルネロの単純化、最終的には単純な二要素か三要素への還元は、その重要性を減らすどころか、逆に、資本主義的リトルネロを記号的従属化の構成諸要素のなかでもっとも重要な位置を占めるように導く。この従属化は、部族、民族、同業組合といったような領土化されたシステムをもとにして編成されるのではなくて、自己、役割、人格、愛、〈何かに属している〉という感情などが構成する脱領土化された領土のなかに内在化され個体化される。こうした条件下では、社会的時間の記号体系への参入は、もはや集合的儀式の領分ではなく、個人を中心にしたコード化の過程に属する。つまりテレビやレコードがますます大きな役割を果たすようになるのである。かくして、昔の子守歌や童歌に取って代わって、テレビのぬいぐるみの態――最近のマーケティングによって照準を定められた――が子どもたちの夢を誘発し、他方、神経弛緩的決まり文句が愛に悩む若者や若い娘たちに大量に処方されるという状況が生まれる。この決まり文句、このリズム、このコールサインが、現代の時間の記号化のあらゆる様式に浸透し、それが〈時代の空気〉を構成し、われわれが〈みんなと同じように〉感じるように、そして〈世界をそうしたものとして……〉受け入れるように仕向けるのである。

ピエール・クラストルが夜と相対するインディオ（南米先住民）の孤独な歌を喚起するとき、彼はそれを「記号の全体的組織網への人間の従属過程からの脱出のくわだて」[*224]として、コミュニケーション手段としての言葉に対する侵略として、描いている。クラストルによれば、話すことはいつも〈他者を巻き込む〉ということではない。こうした社会的冗長性からの漏出、支配的顔貌性やリトルネロからの〈離陸〉は、われわれの社会では、おそらくはるかに困難になり、例外的にさえなっている。われわれは間主観的な混合状態が全般化した体制の下で生きている。この社会は、宇宙的世界と欲望の備給を、きわめて偏狭で営利主義的でとてつもなく錯乱した日常性に交ぜ合わせる。われわれはアマゾンのインディオたちのようなタイプの社会生活を思い描くことができるだろうか。それは、その強度がどうであれ、夜との孤独な対面、人間の条件の有限性との直面を決して排除しない社会である。今日、構造主義的精神分析家が、〈主体〉と〈他者〉を言学語的シニフィアンとの関係だけに則って打ち立てようとしていることには、それなりの意味があるのだ。というのは、〈発展した〉諸社会の進化がわれわれを導こうとしているのは、まさにこの道程にほかならないからである。

資本主義的リトルネロは、顔貌性と同じように、われわれが定義してきた集合的なミクロ装備のなかに分類すべきものである。一方はわれわれのもっとも奥深くにある時間性を加工し囲い込む。他方はわれわれの風景や生きた世界との関係をモデル化する。もちろんこの二つは切り離すことができない。ある顔はつねにあるリトルネロに結びついている。有意的冗長性はつねに顔や声の響きに結びついている……〈君を愛してるよ、君は僕の大地、僕の母、僕の父、僕の種族、僕の諸器官の要、僕の薬、君なしでは何もすることができない……君が本当には何であるかということ——男か女か、快適な理想か、はたまた物体か——などどうでもいいことだ。重要なことは、君がこの社会で私が機能することを可能にしてくれること、君が予め、僕を支配的システムのレールから逸脱させるようなあらゆる誘惑、通路的構成要素を無効化してくれることだ。君なしではなにごともうまくいかないだろう……〉。このような矛盾をどう把握すべきか。いつも同じ歌、同じ密やかな悲惨の繰り返しなのに、われわれにもたらされる音符はいつも新しく、いつも新たな希望に開かれているように見える。西欧音楽はバロック時代から普遍的モデルになろうとして、機に応じて尊大にも〈民俗的（フォークロア）〉主題を取り込もうとした。音楽はもはや領土とかエキゾチックな誘惑に結びついたものではなくなる。以後、音楽なるものが存在するだけのことになる。ヨーロッパの宮廷や首都で演奏される音楽が、その法、あるタイプの音階、リズム、ハーモニーやポリフォニーの概念、楽譜、楽器といったものを押しつける。この純粋音楽――脱領土化された――は、〈外側〉から見ると、他の音楽よりも豊かで、開放的で、創造的なように思われる。しかし、個体化されたあるいは集合的な〈消費的〉動的編成の次元では、いったい何が起きているのだろうか。資本主義的な日常的消費のリトルネロ、毎朝地下鉄に乗るとき頭のなかをへ巡るリトルネロは、逆に、それが孤独な個人のなかに縮こまり、その生産が〈マスメディア化〉するにつれて、貧弱になるのではないだろうか。

人生、時間、思考、芸術などとわれわれの関係を、この関係が機械状の〈備えができている〉――つまりそれは無数の道具的・記号的中継を作動させることができる――という理由だけで、古い太古的社会におけるその関係よりも上位に置くようにわれわれを仕向けるあらゆるものを〈二項対立論的幻想〉と呼ぶことができるだろう。主人公がしょっちゅう耐え難い耳鳴りのかたちでおのれの孤独に直面していると感じる、そして自分自身もささいな物音にもひどく苦痛を感じるカフカは、このわれわれの時間との関係の音響的応答装置の空しさを完璧に描いている。（「……歌は昔われわれのなかに存在していた。われわれの伝説がそう伝えている。われわれにはそうした昔の歌のテキストさえ残されている。ただ誰もそれを歌うことができないだけだ。だからわれわれは歌とは何かという観念を持つことができるのだ。ジョゼフィーヌの芸術はまさにこの観念に対応するものである。それは歌なのか？ むしろ耳鳴りなのではないか？」）[*225]。したがって領土化されたリトルネロの崩壊は、われわれをブラックホールの耳鳴りのなかに陥れる。それはこのうえなく二拍子的な音楽なのだ！

西欧音楽全体をこの空虚な単音符からつくられる一種の巨大な遁走の結果とみなすことができるだろう。しだいに遠ざかり脱領土化されていく幼児期のリトルネロによって、その狂気のブラックホールを塞ぐこと、そして絶えず階調的、多声的、道具的なメロディー創造によって前方へと逃走していくこと、それは最後の崩落に至るまでわれわれの時代の音楽のもっとも決定的な曲り角のひとつを体現することになったロベルト・シューマンの運命でもなかっただろうか。[*226] 今日、音楽学者たちが〈原始的〉と言われる音楽を西欧音楽の記譜に移し変えるとき、彼らはおそらくその移し変える対象の特異性をどれほどまで取り逃がしているかを推し量ることができない。それらの対象のなかには秘密の諸関係が存在しているのであり、悪魔払い的儀式や韻律的システムが〈魔術的〉な楽節に結びついているのである。[*227] たとえば、こうした音楽のいくつかを特徴づける複雑なリズムを採取する専門家は、リズムの切断をシンコペーションあるいは切分法という方法にしたがって表現する。専門家にとって原理となる普遍的基準はアイソリズム（等リズム）である。しかしおそらく未開人は同一のリズム抽象機械をもとにして機能しているのではまったくない。おそらく彼らにとって規範となるのはシンコペーション的拍子なのだ。そしておそらく、彼らの生活は、われわれが画一的にアイソリズム的なわれわれ自身のリトルネロに取り付かれているためにそれを探知する能力をまったく喪失した、大きな振幅を持ったリズムにしたがって動的に編成されているのである。われわれはおそらく、われわれの幼年期の時間、そしてそれを特徴づけわれわれがそれにノスタルジーを抱いている時間の絶えざる切断にわれわれ自身を関係づけることによって、この問題を比較的うまく位置づけることができるだろう……。学校、兵役、ジャヴェル水がしみ出した大きなタイル張りの廊下を経た資本主義的な〈生活への参入〉といったものによって、われわれのリズム、われわれのリトルネロは、浄化され無菌化されたのだ。この現象を注意深く研究してみれば、おそらくわれわれが二項対立論的幻想と呼ぶものの台頭と公衆衛生の進歩とのあいだに存在するある種の共時性を引き出すことができるだろう。

われわれはここで、幼年期、狂気、太古的社会の原始性に回帰することを勧めているわけではない。われわれがスキゾ分析のパースペクティヴのなかで明らかにしようと思っているのは、幼児性への退行でも固着化でもなく、大人の世界における幼年期、リトルネロ、顔貌性といったものの圏域の機能の仕方を資本主義システムがどのように組織しているかということである。実際上、われわれの社会では、おそらく幼年期の現実そのものを除いて、すべてが小児病的である！

拡大した家族、村落共同体、カースト、同業組合等々の〈起源的〉領土が、脱領土化された流れによって追い払われるにつれて、主体化の様式がそれでも残存するものやその記号的代用品に取り付いて離れなくなった（親和力や直接的つながりがどう作動しているかは、宮廷恋愛の婦人、ロマン主義的感情の幼稚さ、アーリア人の血へのナチスの幻想、発展した社会に支配的な豪華な生活への憧れなどのあいだの関係を通じて明らかにされるだろう)。動的編成の資本主義的脱領土化は、時間の記号化の様式に奥深い変容をもたらした。かくして、新たなリトルネロ、新たな音楽が登場することになったが、その表現の素材は極端な政治的対立の強化と呼びうるものの動きにしたがって選択される。というのは、新たな時間化の動的編成は、同時に三つの方向に向かっていくからである。

(1)とくに家庭経済の領域で超-領土化された主体化の方向に向かい、配偶者や子どものごくわずかの動き、身体のリズムのコントロールにかかわる権力的操作にほとんど無制限の道を切り開く。「君はどうしたんだ、いつもと違うね、何か隠してるんじゃないか、君は何が楽しいんだ(なぜ楽しくないんだ)……」といった調子である。

(2)諸個人の時間を通した新たな従属テクノロジーの発達によって、システムにとってつねに〈収益が増していく〉ダイヤグラムの方向に向かう。労働力のリトルネロ化はもはや同業組合のイニシアティブではなく、一連のコード、一連の標準的な職業的生成――いたるところに同じタイプの幹部、同じタイプの職工長、同じタイプの官僚、同じタイプの技術員、同じタイプの一般工員、等々がいるといった状態――の内化に依存し、それが環境、カースト、脱領土化された権力構成体を限定する。*228

(3)伝統的(生物学的かつ太古的)なリズムを脱領土化し、宇宙や欲望との全面的に刷新された関係をめざすことを可能にする諸条件を創造するリゾーム的開放にむかう。

西欧音楽は、その記譜、演奏、聴取の脱領土化によって、そのリズムやリフレインが〈生まれた土地〉から離脱することになった。この観点からすると、シリアスな音楽と流行音楽との違いを維持し続けなくてはならないとは思われない。どちらも、われわれが領土化された音響受容体の欠如と呼ぶようなものを埋め合わせる方向に向かっている。それは主体を極端な個体化にしか差し向けない待ちの音楽、受け身的応答の音楽、間に合わせの音楽であり、主体を規範を脱したあらゆる強度のシステムから切り離し、主体を社会体から切断し、少なくとも主体を浄化された脱領土化した社会体にしか統合しない方向に向かう。この点では、室内音楽、シンフォニー音楽、オペラ音楽などの表現の豊かさについても、幻想を抱いてはならない。消費の動的編成の観点からすると、これらの音楽はあらゆる点でエレベータ・ミュージック〔一般にBGMとして流される音楽〕に似通った主観的代用品として機能する。視聴者の参加を求める大衆音楽でさえも――田舎の泥くさい舞踏会から派手なスーパーショーにいたるまで――、それぞれのやり方で、この自閉へのテクノロジーの色合いを帯びている。バロック的合理主義は、昔ながらの田舎や儀式の領土を論理的領土で取って代えようとした。しかしその絶えざる拡張は、自己否定の方向に向かい、ついには自らの廃棄に至った。この観点からすると、シューマン風の〝リート〟は最後の絶望的抵抗を示していると言えるだろう。シューマン以後、歌と感情のあいだの〈自然な〉関係はもはや絶対に可能ではなくなった。無限の迂回、技巧、さらには象徴主義やネオ古典主義の気取りといったものを〈付け足す〉か通らざるをえなくなったのである。シューマンにおける幼年期のブロック（集合体）はつねに〈ぎりぎりの状態〉にある。すなわちそれは、表現強度の高いメロディーの再領土化をともないながら、高度につくりあげられた階調的・ポリフォニー的構造物の基本単位として自己解体し弾け飛ぶ脅威にさらされているのである。おそらくシューマンはあまりにも才能があり、またあまりにも脱領土化の狂気に自ら引き込まれたため、彼のリトルネロがなんらかの枠組みの受動的な虜になることを受け入れることができなかったのだろう。

それはショパンの場合も同様で、彼も幼年期へのノスタルジーや失われた祖国への愛惜と結びついたメロディーの痕跡から抜け出せなかった。*229

とくにガブリエル・フォーレの音楽とともに誕生したフランスの新たな音楽流派についても、われわれは〝リート〟と室内音楽に関するこの同じ〈留保〉――ただしきわめて精巧な形式においてであるが――を見いだす。この流派にとって、問題は、古典的リトルネロの原理そのものを解体しようとして、この基本単位の論理に従属するのではなく、弾け飛んだメロディー・システム――ワグナー的アリオーソ――をバックにして、生成変化の強度のブロックとして作動する方向に向かうワグナー的挑発に立ち向かわねばならないということであった。

フランス音楽においては、幼年期や過去へのノスタルジーははるかに大きな問題であろうが、ただしそれは〈基本単位〉にそれほどこだわった問題ではなくて、表現の形式というよりもむしろ内容の形式の次元において問題であるという違いがある。*230 ともあれ、脱領土化的騒乱が急速にフランス的現象のねじれを生じさせることになる。ウィーン派は新たな公理系を持ち出して、古典的コードだけでなくあらゆるコードの固定化形式（フランス人のなじみの五音音階のような古くからあるコードへの回帰も含めて）の信頼性を決定的にゆすぶり、ロシア人はリズムと音響を解き放って、それまでまったく知られていなかった動的編成を産出し、*231 やがて世界中のすべての音が、現代の変化が総じて向かっていると思われる音楽の全般的普及を背景として、おのれの市民権を見いだすことになる。

ストラヴィンスキー、ロシア・バレー等々……こうしてわれわれは、プルーストが『囚れの女』のなかで、パリにおけるロシアの芸術家たちの名うての請負人、全能の〈妖精カラボス〉として描くヴェルデゥラン夫人のサロンに戻ってきた（Ⅲ、236）。これからわれわれがより明確にしようとするのは、『スワンの恋』のなかでヴァントゥイユの小楽節の演じる役割と音楽芸術の新たな革命とのあいだに存在するとわれわれが感じている関係の性質である。同じ抽象機械が、個人的情熱、社会問題、芸術の問題等々を貫いているという、当初からのわれわれの仮説は、もしわれわれがそこから形式の単なる転移やコード変換という考えだけを抽出して事足れりとするなら、ほとんど面白味のない話になるだろう。抽象機械は単に分子的なコードや形式の側だけでなく、分子的生産や表現の素材の側にも存在する。そしてこの後者の方にわれわれの分析を向けることによって、おそらくわれわれはこのダイヤグラム的通路の現実性にもっと近づくことができるだろう。スワンの情熱はオデットに向けられる前に、まず小楽節に向かって告白されたということを改めて考えてみよう。この楽節との出会いの最初の瞬間から、スワンはこれがおそらく彼の人生に最大の結果をもたらすだろうという直観を得た。[*232] それはどのようにして起きたのだろうか？　それは論理的思考や過去の喚起に引き続いて起きたのではなく、むしろ彼がそのとき行なった音楽との新たな関係の発見、もっと一般的に言うなら音響的素材の新たな記号化の様式の発見の結果として生じたものである。ヴァントゥイユの小楽節は、初めて聞いたとき、変奏曲や遁走曲を予感させる主題のように、全編構成済みの作品――〝レディーメイド〟――として受けとめられたのではない。スワンはまず楽器によって分泌される音の物質性だけにアプローチした、とプルーストは説明している。そしてプルーストはこう付け加える。「濃密で主導的、そしてか細くても抵抗力のあるヴァイオリンの小さなメロディーラインの下から、突然液状のざわめきのように、ピアノのパートが分割されずに多形的に平たくぶつかりあいながら立ち上がろうとするのを見たとき、大いなる喜びを感じた。それは月明りに魅了されて和らいだ薄紫の波のさざめきのようだった」（I、208）。したがってスワンがもう少し確かな手応えのある何かと〈結びつき〉始めるのは、この記号化の予備的局面の終わり頃になってからでしかない。しかしそのときになっても、彼はまだ自分が記憶にとどめたものがメロディーなのか単に新種のハーモニーなのかを区別することができないでいた。ここでスワンが、ぴちゃぴちゃいう液状の音、薔薇の香り、アラベスク模様といったものが広がりと微細さと気紛れの感覚に結びついた共感覚的複合性という、彼の持った最初の音楽的印象をなかなか取り除くことができないでいることを、プルーストは彼のアマチュア性だけに帰しているわけではないことに注意しよう（I、209）。スワンがかくも混乱した印象、しかし他のいかなる次元の印象にも還元不可能な純粋に音楽的で完全に独創的な思いがけない印象を体験することができたのは、おそらく彼が音楽というものを知らなかったからではなかろうか。この種の印象はある一瞬いわば〝物質性（マチエール）を失った〟ものになる（I、209）。しかしわれわれとしては、これに関連して素材（マチエール）について話したいと思う。ただしそれは表現の形式の素材であり、そうするのは、この領域では素材は楽器や音波の問題にすぎないという単純な考えにとどまらないためである。ヴァントゥイユの楽節の抽象的素材は、スワンが慣れ親しんでいた音楽と同じ一貫性、同じ機械状の特徴を持ってはいない。これこそが彼を途方に暮れさせ動転させたものであり、そしておそらく彼を別の運命に向かって引き摺り込んでいくことになるものだろう。それは強固に結晶化した記号的ブロックを構成してはいない。この抽象的マチエールはいわばそれに耳を傾ける主体のイニシアティブに身をさらしている。あるいは、それはむしろ、主体が構成する動的編成に、それが担っている新たなタイプの機械を接続するのである。そしておそらく、この開かれた記号化の効果——のちに〈開かれた作品〉と呼ばれることになるものを想起しよう——は、心理学者が主体の想像界を罠にかけるために使うたとえばロールシャッハテストのような単なる〈投射技術〉と同一視されてはならない。プルーストが根源的な関心を持っているのは、結果ではなくて、このとき作動する創造的機械の働きにほかならない。たしかにスワンは、最後には、音域、シンメトリックな集合、書記法、表現的音価といったものを把握することによって、楽節の表象を安定させるに至る（I、209）にしてもである。

（1） Gilles Deleuze, Félix Guattari, *Capitalisme et schizophrénie 2.Mille Plateaux*, Paris, Minuit, 1980, p.95.

（2） このテクストは最初「集合的装備と記号的従属」と題されていた。参照されている参考文献から判断して、おそらく一九七九年の終わりか一九八〇年の初め頃に作成されたものと思われる。いずれにしろ、『千のプラトー』の刊行に先立つものであろう。フェリックス・ガタリによって全面的に作成されたこの未発表原稿はＣＥＲＦＩ（制度論的学習・研究・教育センター）の名で「設備省」（ミニステール・デキップマン）に提出された報告書である〔この点についてはフランソワ・ドス著『ドゥルーズとガタリ――交差的評伝』（河出書房新社）に詳しい〕。ＣＥＲＦＩはガタリが一九六七年に創設した自主管理的共同研究体で、雑誌『ルシェルシュ』を編集刊行した。この実験的実践の紹介については、以下の著作を参照。François Fourquet,〈L'accumulation du pouvoir ou le désir d'État. *Synthèse des recherches du CERFI de 1970-1981*〉, *Recherches*, n° 46, 1982.

（3） 制度論的分析あるいは制度論的精神療法は、スペイン戦争の最中に、南フランスのロゼール県の村サンタルバンで生まれた。イニシアティブを取ったのはスペインからの亡命者フランソワ・トスケルで、彼は（神経弛緩薬が存在していなかった時代に）〈狂気〉の生産体としての精神病院の分析と特異性を持った状況や立場を再整備する言葉と実践の循環とを節合する治療法を発案した。ロゼール県の農民たちとともに絶対自由主義的に組織された共同の物質的基盤に基づいて作業し、言葉の共有（看護人同士だけでなく在院者とも）を行なった。また予算を管理する在院者のクラブとの共同生産を行なった。一九五三年ロワール・エ・シェール県のクール－シュヴェルニーに創設されたラボルド精神病院で、ジャン・ウリは次のように言明する。「ドアの押しボタンひとつとっても治療的意味を持たねばならない」。まず第一に制度を治療しなくてはならない。そのために仕事の日常的ローテーションがつくられ（〈役割分担表〉が毎日に張り出される）、すべての指導員（普通はロワール・エ・シェール県の土地の人）、医師、看護師、研修者が、あらゆる部門――医務室、夜間待機、鶏小屋、食器洗い、掃除、台所、庭、在院者とスタッフが共同で行なう文化活動、等々――に関与する。たとえば電話交換、〈送り迎え〉（ブロワへの往復）、喫茶室などもつ在院者が担当する。そして毎日、部門や機能を横断的に結ぶ集会が開かれ、スタッフの困難や在院者の誰某がでくわしている困難について話し合いがもたれる。しかしこうした流動性は社会保障制度の官僚主義化の深化の壁にぶつかる。官僚主義化によって払い戻し金のための手続きが規格化されるようになり、もちろん職業的序列構成の尊重も強制される。いまや医師は皿洗いなどをする暇はなく、払い戻し金の〈証書作成〉のために事務室にいる時間の方が多くなっている。しかしラボルドでは、なおあらゆる細部に目を届かせようとし、まさに欲望に接し続けている。処方箋、グループの構成、日々の生活の組織化などにおける再整備は絶えず行なわれている（以下を参照。*Histoire de la Borde, Recherches*, n°. 21, mars-avril 1976）。大部分の治療の場を把捉している慣例化に抗するためかいは、つねに再創造されなくてはならない。

（4） François Fourquet, ‹La subjectivité mondiale : une intuition de Félix Guattari›, in *Gilles Deleuze et Félix Guattari. Territoires et devenirs*, édité par Liane Mozère, Le Portique, n°. 20, 2007.

（5） 彼には予知能力があり、それは一九七九年のこのテクスト、一九八九年の『三つのエコロジー』、そして一九九二年一〇月の『ルモンド・ディプロマティック』に掲載された最後の論説（‹Pour une refondation des pratiques sociales›）に現れていて、これらのテクストはこの間世界で起きたさまざまな出来事をはるか以前に見抜いており、それが彼の分析の確かさを保証するものともなっている。

（6） Michel Foucault, *Surveiller et punir*, Paris, Gallimard, 1976.

（7） たとえば、社会科学において一般に要求される客観性や中立性も同様で、それらはただちに現働化することができる能動的な欲望の連携を欠いていることは間違いないことを考えてみたらいい。

（8） 従属集団と主体集団の区別は一九六〇年代からガタリが提唱していた。従属集団はおのれの合目的性のなかに自閉する。この集団はほとんど外部に開かれていなくて、おのれの教条的純粋性を保持するために排除を繰り返す。それに対して主体集団は〝アドホック〟な（その場で特定の目的のためにつくられた）集団で、ある特殊な実践的目標に沿って外部に開かれたかたちで一時的に構成される——そして、ひとたび目標が達成されたら、この集団は解体し、再構成されるか別の集団に向かって〈拡張〉していく。したがってこの集団は有限性を求めない。のちに、ドゥルーズとガタリはこの用語を、すでにこのテクストに現れている「言表行為の動的編成」という用語に置き換える。この点については、以下のテクストを参照。Félix Guattari, *Psychanalyse et transversalité*, Introduction de Gilles

Deleuze, Paris, Maspero, 1972.

（9） Gilles Deleuze, L'abécédaire, Paris, Maspero, 1972.

（10） この点については、『千のプラトー』の有名なスズメバチとランの例を参照（このテクストでは三〇四ページに登場する）。

（11） Marie Depussé, *Dieu gît dans les détails. La Borde, un asile*, Paris, POL, 1993.

（12） クロード・ドビュッシーはリヒャルト・ワーグナーの曲のパロディーを作曲した。

（13） Roger Chambon, Le Monde comme perception et réalité, Paris, Vrin, 1974.

（14） われわれの出す例はあまりにも単純化されたもので、現在では分析家はもっとはるかに繊細な仕方をしていると反駁されるかもしれない。しかし、まじかから見てみれば、彼らがつねに同じタイプの普遍主義的手法に訴えていることが見て取れるだろう。要するに彼らは、父、母、糞便、コンプレックスなどについて語る代わりに、象徴的機能、想像界、メビウスの輪などについて語るだけのことである。

（15） Sigmund Freud, *Métapsychologie*, Paris, Gallimard, 1952, p.165-161.

（16） イェルムスレウが〈表現の形成素〉と言っているもの。Cf. *Prolégomène à une théorie du langage*, Paris, Minuit, 1971.

（17） これと同じ次元の例として、隠語（仲間言葉）——外的環境から身を守るための乞食や泥棒の特殊な言葉——は比較的最近の産物であることを挙げることができる。十五世紀以前、つまり近代の資本主義的・都市的権力が大きく発展する前には、隠語への言及は見られない。Cf. Auguste Vitu, *Le Jargon du XVe siècle*, Paris, Charpentier, 1884, et Lazare Sainean, *Les Sources d l'argot ancien*, Paris, Champion, 1912.

（18） Cf. Claude Levi-Strauss, *Les Structures élémentaires de la parenté*, Paris, PUF, 1949, ou les mathèmes de l'inconscient de Jacques Lacan.

（19） Pierre Clastre, *La société contre l'État*, Paris, Minuit, 1974.

（20） Paul Watzlawick, Janet Helmick-Beavin, Don Jackson, *Une logique de la communication*, Paris, Seuil, 1982.

（21） これらの言葉は、われわれが「横断性」（*La Transversalité*, Paris, Maspero, 1972）〔『精神分析と横断性』のこと〕のなかで定義している。

（22） アルチュセールによると、これは〈国家のイデオロギー装置〉に属する。

(23) Georges Duby, *Guerriers et paysans*, Paris, Gallimard, 1975.

(24) *Idem*, p.185.

(25) *Idem*, p.239.

(26) Geroges Duby, *L'Europe des cathédrales*, Genève, Skira, 1966.

(27) Max Weber, *L'Éthique protestante et l'Esprit du capitalisme*, Paris, Plon, 1964.

(28) René Grousset, préface à *Les Villes marchandes aux XIVe et XVe siecles*, Régine Pernoud, Paris, La Table Ronde, 1948.

(29) René Nelli, *L'Érotique de troubadours*, Toulouse, Privat, 1963, et De l'amitié à l'amour ou de affrèrement par le sang à l'épreuve des corps, *Les Cahiers du Sud*, nº 347, 1958.

(30) Cf. Jean Gimpel, *La Révolution industrielle du Moyen Âge*, Paris, Seuil, 1975, et Yves Barel, *Une approche systémique de la ville*, Grenoble, Institut de recherche économique et de la planification, mai1974.

(31) このカースト・システムと上昇階級（貴族階級とブルジョワジー）の相互補完的システムは、今日、資本主義ブルジョワジーが組合官僚や国家官僚に依存しているといった、いわばあべこべのかたちで〈再現〉されている。今日、ブルジョワ権力はひとえに官僚主義カーストによる労働者階級の囲い込みのおかげで成り立っている。他方、ソ連の国家資本主義とアメリカ帝国主義の相互依存は、いまやほぼ完全に制度化されている！

(32) Georges Bataille, *La Part maudite, OEuvres complètes*, Paris, NRF, 1972.

(33) Daniel Dessert et Jean-Louis Journet, *Le Lobby Colbert-Un royaume ou une affaire de famille?*, Paris, Armand Colin, Les Annales, novembre-decémbre 1975.

(34) 都市のさまざまな〈モデル〉は十六世紀に非常に増殖したので、その類型化は異種混交的ファクターを作動させる組み合わせ理論を使ってしかつくることができない。このファクターは——都市の規模や地位の問題は別として——、われわれがここで念頭に置いている広い意味での集合的装備の機能に帰着する。たとえばスペインの都市だけを例にとっても、グラナダとマドリッドは官僚都市、トレド、ブルゴス、セヴィリアは商業都市、と言うことができるが、しかしセヴィリアはまた官僚都市、金利生活者都市、職人都市でもある。コルドバとセゴヴィアは工業的・資本主義的都市であり、クエンカは工業都市であるが職人都市でもあり、サラマンカとヘレスは農業都市、グアダラハラは聖職者都市である。そしてその他に、軍事的都市、〈羊肉卸売商人〉都市、田舎風都市、海洋都市、研究都市、等々、さまざまな種類がある。結局、これらの都市を多数の自立的・対立的都市に分割しないために、ある同一の資本主義的集合体として〈把握〉する唯一の方法は、これらの都市をある同一の集合的装備のリゾームのなかに出現したものと見なすことである。Cf. *La Méditerranée et le monde méditerranéen*, Paris, Armand Colin, 1966.

（35）この場合、新たな生産形態や流通形態を生み出す機械や装備の脱領土化の様相と、この動きを同業組合、ギルドなどのシステムによって抑制しようとする制度的、規制的、想像的な再領土化の様相を区別しておいたがほういいだろう。

（36）Philippe Ariès, *L'Enfant et la vie familiale sous l'Ancien Régime*, Paris, Seuil, 1975.

（37）Anne Querrien, inédit.

（38）Jean-Louis Flandrin, *Familles. Parenté, maison, sexualité dans l'ancienne société*, Paris, Hachette, 1976.

（39）ソブールによると、「ヴェルサイユで王を取り巻いて暮らしていた宮廷貴族は、およそ四〇〇〇家族であった」。Cf. *La Révolution française*, Paris, Éditions sociales, 1951.

（40）Paul Bois, *Paysans de l'Ouest*, Paris, Flammarion, 1971.

（41）Jacques Godechot, *La Grande Nation —— L'expression révolutionnaire de la France dans le monde (1789-1799)*, Paris, Aubier, 1956.

（42）たとえば証券取引の装備は、すでに十六世紀の末から、商品取引所や有価証券市場といった近代的形態の下に存在し始めた。しかしそれが、ときには毎日五〇〇〇〜六〇〇〇人がアムステルダムの株式市場に集まって東インド会社の株価の流れを追うといったような巨大な規模になるのは、十七世紀の初頭になってからである。

（43）Karl Wittfogel, *Le Despotisme oriental*, Paris, Minuit, 1964.

（44）Cf. ‹Grand renfermement› décrit par Michel Foucault dans *Histoire de la folie à l'âge classique*, Paris, NRF, 1972.

（45）この場合、ファシズム運動と反動的制度を区別しなくてはならないだろう。たとえば、アングリカン（英国国教会）の制度から離脱した清教徒の運動は、〝メイフラワー号〟のピルグリム・ファーザーズによってニューイングランドに一種のファシズム共同体を形成する——〝悪魔の民〟つまりアメリカ先住民に対立するかたちで新たな約束の土地がつくられた——きっかけとなった。

（46）Maurice Percheron, *Gengis Khan*, Paris, Seuil, 1962, p.126.

(47) もちろんこの分類は目安でしかない。なぜなら、こうした諸要素の大半はさまざまなカテゴリーと重なり合っているからである。たとえば知覚、姿勢といったものは、前‐シニフィアン的なレジスターに属し、身ぶり(ミミック)は自然的コード化のレジスターに属する、といった具合である。

(48) Gilles Deleuze et Félix Guattari, *Kafka. Pour une littérature mineure*, Paris, Minuit, 1975.

(49) アンヌ・ケリアンによって引用されている。それは以下のようなものである。

○学校は十分な静寂さを保っているか?
○教師は身ぶりで生徒を従わせることができ、不必要な言葉を発さないですんでいるか?
○本を読むときは小声で行なわれているか?
○机や椅子は整頓されて、しかるべき場所に置かれているか?
○照明や換気は十分か?
○生徒は十分なスペースを与えられているか?
○生徒は移動するとき手を背中に回してリズミカルに歩いているか?
○生徒の態度は正しいか?
○生徒は満足しているか?
○生徒の手や顔は清潔に保たれているか?
○罰則の掲示はよくわかるところに置かれ、使われているか?
○教師は拳骨の威嚇に身を任せていないか?
○教師は生徒全体を絶えず監視しているか?
○運動はしっかり同時に行なわれているか?
○指導員は尊敬されているか?
○指導員はしっかり選抜されているか?
○教師は間違った指導員を解任しているか?
○指導員は十分な責任意識(正確な責任がどうであれ)を持っているか?
○生徒はどのように分けられているか?

○教師は生徒のクラス分けをどのようなテンポで行なっているか？
○生徒は自分が何を読んでいるか理解しているか？
○競争心は十分に保たれているか？
○記録簿はよく管理されているか？
○お祈りは正しく実行されているか？
○歌は正しく歌われているか？
○生徒の外出は指導員によって監視されているか？
○欠席した生徒の両親に連絡は行なわれているか？
Anne Querrien, *L'Enseignement, Recherches*, n° 23, 1976.

（50） たとえばカフカにあっては、行政的・手続き的な事柄について非常に長い説明——それはときには〈官僚主義の叙事詩〉のような性格を帯びる——がなされる。たとえば『訴訟』における〈無罪判決〉の多様な様式——現実的無罪、表面的無罪、無期限の猶予……また、モスクワ裁判の報告書の場合、その冷酷無比な機械は、目の眩むような悪魔的微細さでひとつひとつの言表のコントロールを行なっているだけでなく、被告の申し立てに則って被告に不利なように証拠を作り上げる言表行為の論理を受容している。これは結果として、被告にとって〈嘘つきのパラドックス〉の袋小路に至り着く。例を挙げると、カール・ラデックは彼の〈最後の申し立て〉のなかでヴィシンスキーの攻撃に逆らって次のように述べる。「……私はこの真実がもたらすにちがいない一般的効用の名において私の罪を認めなくてはなりません。しかしこの被告席には盗賊とスパイしかいないという言葉を耳にすると、私はそれに対して抗議の意志を表明したいのですが、それは私は正義を裏切ったことを認めているのですから、私自身の擁護のためではありません……もしあなた方が一般犯罪人やスパイだけを相手にしているとおっしゃるのなら、どうしてあなた方はわれわれが言ったことが揺るぎなき真実であるなどと確信できるのでしょうか？」。*Le Procès du Centre antisoviétique trotskyste*, Moscou, 1937, p.565.

（51） René Schérer et Guy Hocquenghem, *Co-ire : album systématique de l'enfance, Recherches*, n° 22, 1976.

（52） たとえば、部分的性的興奮ゾーン——たとえば唇——と外界とのあいだの媒介的対象物として役立ち、また子どもが特別に好むベッドカバーの端。Cf. *Transitional Objects and Transitional Phenomena*, Londres, Tavistock, 1953.

(53) Deleuze et Guattari, *op. cit.*

(54) Fernand Deligny, *Cahiers de l'immeuble*, n° 1 et 2, *Recherches*, n° 8, avril 1975, et n° 20, décembre 1975 ; *Nous et l'Inconscient*, Paris, Maspero, 1975.

(55) 王の宮廷はこうした集合的装備の設置におけるある過渡的段階をしるしづけるものであろう。それはこれみよがしの浪費という古い形態になお刻印されながらも、伝統的社会構成体の脱領土化と新たなタイプの中央権力の〈個人化〉の登場を予示するものであった。この延長線上にバロック的エロスと官僚主義的エロスを置くことができるだろう。

(56) Alain Cotta, *Théorie générale du Capital, de la croissance et des fluctuations*, Paris, Dunot, 1966.

(57) この場合、〝人〟という概念は、最初の語源的意味（エトルリア起源）、つまり劇の仮面という意味と関係づけねばならないが、いまや社会的領野全体を劇が覆っていると言えるだろう。

(58) Michel Foucault, *Surveiller et punir*, Paris, Gallimard, 1975.

(59) クロード・メイヤスーは、もっとも〈原始的な〉社会の経済についてアメリカの人類学者マーシャル・サーリンズが行なった研究を継承しながら、〈家内的生産様式〉という概念をつくった。こうした社会の一貫性を、女性の交換や近親相姦タブーなどといった普遍概念に依拠した家系関係の上に打ち立てようとする構造主義者や機能主義者の固定観念に対して、メイヤスーは、まず集団的生産活動の次元で現れる社会的〈結合〉関係の存在を対置する。「家内的共同体が再生産されるためには、家系関係は生産のなかで打ち立てられた依存関係や先行的関係に合致しなくてはならない。つまり〝再生産諸関係は生産諸関係にならなくてはならない〟のである」。しかしだからといって、この家内的生産様式は人類の発生段階として構想されたものではない。この生産様式は、帝国主義によって、周辺部においては古くからの農業分野の搾取、中心部においてはその再生産システムつまり女性の家内労働の搾取のなかで、根源的役割を演じるのである。Claude Meillassoux, *Femmes, greniers et capitaux*, Paris, Maspero, 1975.

(60) これはわれわれがのちに〈ダイヤグラム的機能〉として説明することになるものである。

(61) Nietzsche, *La Généalogie de la morale, Deuxième dissertation*, Paris, Gallimard, 1966.

(62) フランセス・A・イェーツが示しているように、記憶は長いあいだ、非常に領土化された〈記憶〉機械（たとえば古代の“Ad Herennium”から派生した建築的レトリック機械）や、ルールの機械のような高度に洗練された機械

〈そこでは、諸概念は、ひとつの軸の周りを回るアルファベット文字によって表象され、言語形成素は、この歯車が回るときに、諸概念の結びつきを獲得することを可能にする諸概念に送り返される文字の描かれる同心円によって表象される〉に依存してきた。Frances A. Yates, *L'Art de la mémoire*, Paris, Gallimard, 1975.

(63) コルネリウス・カストリアディスは、情報言語が自らの領域外へ過度な流出を行なっていることを批判しながら、生物学や人類学が必要とする秩序の概念は必然的に物理学の概念に同一化するものなのかどうかということについて自問している（*Science moderne et Interrogation philosophique*, Encyclopaedia Universalis Organum, 1975)。実際、〈人間的〉秩序は、物理－化学的地層の秩序とは異なって、集合的動的編成や権力構成体、つまりいかなる超越論的保証とも無関係に人間的秩序を展示し配置し保証する記号化の様式と不可分に結びついていると思われるからである。

(64) Paul Lafargue, *Le Droit à la paresse*, Paris, Oriol, 1883.

(65) Jean-Claude Polack et Danielle Sabourin, *La Borde ou le droit à la folie*, Paris, Calmann-Lévy, 1976.

(66) Ludwig von Bertalanffy, *General System Theory*, New York, Basic Books, 1965.

(67) Voir *infra*, ‹Les leurres de l'idéologie›.

(68) 非常に多くの領域において、基軸的な制度的対象を構成するのは家族とか夫婦というカテゴリーである。たとえば国民会計は独身者を〈世帯会計〉として組み込み続けている。家族主義の系譜については以下を参照。cf. l'étude de Lion Murard et Patrick Zylberman, *Le Petit Travailleur infatigable*, *Recherches*, n°25, 1976.

(69) Ivan Illich, La *Conviviavilité*, Paris, Seuil, 1973.

(70) Cf. *Histoire de la psychiatrie de secteur*, *Recherches*, n°17, 1975.

(71) プログラムという言葉は、ここでは、たとえば〈左翼共同プログラム（綱領）〉という意味合いにおいてではなくて、サディスト－マゾヒストがプログラムについて語るときの意味、つまり自らの〈予見〉からあらゆるところで食み出す実験――ここからプログラム化された局面の儀式性にもかかわらず、神秘と魅惑、〈未見〉の印象というものが出現する――を導くための指標的手段という意味合いで使っている。現代音楽においても、〈プログラム音楽〉について語られるが、それは大部分が演奏者に任され、テクストは大まかな指示、全体的な方向性を与えるだけの音楽のことである。

(72) Tristan Cabral (Yann Houssin), *Ouvrez le feu*, Paris, Plasma, 1975.

（73）売春はその起源からして、つねになんらかの宗教的基盤を保ち続けてきたように思われる。

（74）この点については、以下のすばらしい研究を参照。Jean-Marie Geng, *Informattion, Mystification*, Paris, EPI, 1973 ; et *Traité des censures*, Paris, EPI, 1976.

（75）そしていずれは老人や学童も。Cf. *Mathusalem, le journal qui n'a pas froid aux vieux*, n° 1, mars 1976 (BP202, 75866Paris Cedex18)。そして幼年期への新たなアプローチについては以下を参照。Christiane Rochefort, *Encore heureux qu'on va vers l'été*, Paris, Grasset, 1975, et Les Enfants d'abord, Paris, Grasset, 1976.

（76）ドイツにおける国家ボリシェヴィズムについては以下を参照。Jean-Pierre Faye, *Langages totalitaires*, Paris, Hermann, 1972 ; et *Théorie du récit*, Paris, Hermann, 1972

（77）Sigmund Freud, ‹Analyse d'une phobie d'un petit garçon de cinq ans› dans *Cinq Psychanalyses*, Paris, PUF, 1955.

（78）Cf. dans *L'inconscient machinique*, Paris, Recherches, 1979, l'esquisse d'une carte du rhizome névrotique du petit Hans.

（79）Bertold Brecht, *Maître Puntila et son valet Matti*.

（80）先住民ヤノマミに数年間捕えられたブラジル人女性エレナ・ヴァレロの素晴らしい〈ルポルタージュ〉を参照。彼女の証言は宣教師によって綿密に見直され修正されているにもかかわらず、先住民の女性が女性に対するいじめの風土のなかで生き続けていることを再現している。Ettoro Biocca, *Yanoama*, Paris, Plon, 1968, Terre humaine.

（81）われわれは第二部で、まさに言語の機能の仕方のある抽象的次元をとらえそこなっているチョムスキーの諸概念について取り上げる。

（82）Gramsi, *OEuvres choisies*, Paris, Éditions sociales, 1959 ; *Lettres de la prison*, Paris, Éditions sociales, 1953.

（83）Louis Althusser, *Positions*, Paris, Éditions sociales, 1976.

（84）*L'insécurité du territoire*, Paris, Stock, 1976. 最近の事例としては次のようなものがある。各県に委員会をつくるという政府の決定は、この委員会を通して学校視察官や有力者を社会的保健衛生を取り仕切る部局の直接的統制下に置き、子どもたちを医学－心理学的な施設のなかに同化させようというものである。精神科医や心理学者はこの委員会の決定を適用することを義務づけられる。十六歳を過ぎて〈遅れている〉と見なされた子どもは、精神病院に直接移送することができるが、そこで行なわれるサービスは多くの場合半分は無意味なものであることが知られている。こうした有力者たちがこの同じ施設や精神病院の監視委員会のなかに名前をつらねていることもあることを指摘しておこう。すべてが馴れ合いなのだ！

（85）　私自身、十五年ほど前に、〈制度論的分析〉や〈分析装置〉といったテーマを取り上げ、マスペロから出版した『精神分析と横断性』という論説集の一九七四年の再版のなかで、次のような説明を行なうに至った。「私が制度論的精神療法を私自身が〝制度論的分析〟と呼んだもののなかのひとつの特殊ケースとして位置づけることを提案したのは、ＧＴＰＳＩ（制度論的精神療法・心理学作業グループ）の集まりのなかにおいてであり、一九六一年以降のことである。この考えは当時ほとんど反響を呼ばなかった。これが改めて取り上げられたのは、精神医学の世界の外部、とくにＦＧＥＲＩ（制度論的学習・研究グループ連合）のなかにおいてである。制度論的精神療法の潮流の推進者たちは、精神医学や教育学の領域では、分析の拡張をほとんど臆病な仕方でしか行なおうとしていなかった。私の考えでは、政治的・社会的領野の総体を標的にしないこういうやり方は、袋小路に行き着くしかなかった。制度論的分析の本質的に政治的な適用の要点のひとつは、とりわけ活動家組織の官僚主義化の現象であると私には思われたが、それは私が〝集団分析装置〟と呼ぶものに属する領域であった。このテーマはやがてひとつの道筋となり、分析装置、制度論的分析、さらには横断性など、およそありとあらゆる道具立てが登場した。そこに見るべきは、そうした道具立てには漠然とではあるが少なくとも生きた問題提起が隠されていたということであろう。当時、こうした諸概念の起源についてなんらかの正統性を持ち出して擁護しようなどという考えは私にはなかった。当時ＧＴＰＳＩの研究活動は集団的に行なわれていた。誰に属するものでもないさまざまな考えがいたるところに飛び交っていた。しかし残念ながら空気が変わり、私は次のことをはっきりさせざるをえなくなった。つまり、現在この思想潮流のその後の変化に関心を持つ人々には、この時期に何が問われていたかという問題意識が欠如している。したがって私は、彼らの記憶の穴あるいは彼らの研究の欠如を埋めるために、そしてなによりも正確を期するために、〝制度論的分析〟と〝分析装置〟については、私が〝横断性〟についての私の報告について与えたさまざまな説明以前には、何ひとつ言われても書かれてもいなかったということを思い出させておきたい」。この〔ガタリの〝横断性〟についての〕報告は以下。Publié en 1964 dans le n° 1 de la *Revue de psychothérapie institutionnelle*.

（86）　別の領域で言うと、新たな数学機械とか新たな技術方式。

（87）　Célestin Freinet, *Pour l'école du peuple*, Paris, Maspero, 1969, et Élise Freinet, *Naissance d'une pédagogie populaire*, Paris, Maspero, 1969.

（88） Fernand Oury et Jacques Pain, *Chronique de l'école caserne*, Paris, Maspero, 1972 ; Fernand Oury et Aïda Vasquez, *De la classe coopérative à la pedagogie institutionnelle*, Paris, Maspero, 1970 ; Fernand Oury et Aïda Vasquez, *Vers une pédagogie institutionnelle*, Paris, Maspero, 1967.

（89） 一九七五年九月に『リベラシオン』に、これと類似した教育ネットワークについての記事が掲載された。タイトルは「学校なしに生きる」（‹vivre sans école›）。また以下も参照。Revue *Parallèle*, n° 1, avril-mai-juin 1976, éditée par le Groupe d'expérimentation sociale (Reid Hall, 4, rue de Chevereuse, 75006 Paris). Liane Mozère, ‹Projet d'hôtel d'enfants›.

（90） Michel Foucault, *op. cit*.

（91） 同様に、ギー・ラルドーとクリスチアン・ジャンベのじつに意想外のラカン＝マオイスト的形而上学も参照。Guy Lardeau et Christian Jambet, *L'Ange*, Paris, Grasset, 1976. 彼らは、ラカン的な言表行為の普遍概念つまり四つの根源的言説——師の言説、大学人の言説、ヒステリー患者の言説、分析家の言説——から〈反逆者の言説〉を取り出そうとしている。Cf. le séminaire de Jacques Lacan, Livre XX, *Encore*, 1972-1973, Paris, Seuil, 1975. 彼らはこう言っている。「かくして師の言葉をそれを難解にしている偽装から純化しなくてはならないが、それは師の言葉に従属するためではなくて、師の言葉からわが身を引き剝がすためである」（!）（七三ページ）。しかし彼らにとっては耳の痛い話かもしれないが（つまり「シニフィアンは、なにはともあれ〝リビドー〟つまり強度にしたがった思考に対立するものであるという意味において〝言語学的〟なものではないということを繰り返し言わねばならないのだろうか？　シニフィアンの法則にエネルギー論を対置することは、ラカン以来不可能になった批判にも値しない無知であるという自明の理を再度強調しなくてはならないのだろうか？」ということだ）、われわれとしては、他のラカン以前的愚か者とともに、〝すべての〟強度のシステム〝すべての〟エネルギー的システムが〈シニファン〉と呼ばれる（言語学的であろうとなかろうと）唯一のレジスターに還元されるということの〝現実的〟——政治的ならびに分析的——な〝結果〟を気にかけ続けることにする。

（92） 物理学者は四つのタイプの相互作用によって物質からエネルギーに〈移行する〉ことが可能になる——〝重力的〟相互作用（〈重力〉タイプ）、〝電磁気的〟相互作用（〈光〉と〈物質〉タイプ）、弱い相互作用と強い相互作用（〈核エネルギー〉タイプ）。もうひとつの思考テーマは、微視的レベルにおける量子力学と、巨視的レベルにおける静態力学との節合様式の問題、さらには、時間の測定と、それを実行する道具の運動空間つまり〈観察者〉あるいは言表行為の動的編成（と言ってもいいもの）とを決して切り離さないところに成り立つ相対性の基本的原理の問題である。しかし欲望の集合的動的編成は、こうした相対主義的〈観察者〉――その固有の動きと基準となる座標は、ある同一の数学的不変性原理を起点として〈同質化〉されている――とは異なって、物理学者が〈ゲージ（計量）線〉と呼ぶものの特異性を決して完全には放棄しない。Cf. Banesh Hoffmann (complété par Michel Paty), *L'Étrange Histoire des quanta*, Paris, Seuil, 1967.

(93) Voir *Langage*, n° 27, septembre1972, p.72, sur la ‹sémantique générative›.

(94) Bar-Hillel は〈紙くず籠〉という言い方もしている。‹Out of the Pragamatic Wastebasket›, *linguistique Inquiry* LL, n° 3, p.71.

(95) 「このような創造的目標への未開発の可能性の利用は詩などにおいても非常に例外的なものにとどまっていることを指摘しておこう。もちろんルイス・キャロルの〝ジャバウォックの詩〔『鏡の国のアリス』〕〟やジェームス・ジョイスの〝フィネンガンズウェイク〟あるいはミショーのいくつかのテクストなどを例に挙げることはできるだろう。しかし少なくとも言えることは、このタイプの創造性は、言語の通常の行使の仕方のなかにある創造性とははるかに遠い関係しか持っていないということである」。Nicolas Ruwet, *Introduction à la grammaire générative*, Paris, Plon, 1967.

(96) René Lindekens, *Hielmsleu. Prolégomènes à une théorie du langage*, Paris, Hatier, 1975, p.85.

(97) イェルムスレウは言語を「他のすべての言語や想像しうるすべての記号的構造など、他のすべての記号がそのなかにおいて翻訳されうるある記号」と定義している。(*idem*, p.138)

(98) ルネ・リンデケンスは次のように書いている。「……表現の次元と内容の次元の関係を特徴づける絶対的な記号的相互依存関係――記号システムの通告力はこれに由来する――、イェルムスレウが連帯的関係と呼んだものは、ひとつの記号次元と別の記号次元が排他的に縮約されたものと見なさなくてはならない」。*op. cit.*

(99) Cf. Christian Metz, *Essai sur la signification au cinéma*, Paris, Klincksieck, 1968, et *Langage et cinéma*, Paris, Larousse, 1971.

(100) Michel Foucault, *Les Mots et les Choses*, Paris, Gallimard, 1966, p.12.

(101) 〈機械状一貫性〉という概念は、ここでは数学における〈公理的一貫性〉という概念に対抗的に提起されている。

(102) したがって、グレマが言語外的世界を絶対的指示対象と見なすことをやめ、それを大なり小なり暗黙の記号システムの集合体とみなすことを提案するとき、彼の言う方向に従うことをよしとすることになる。Algirdas J. Greimas, *Du sens*, Paris, Seuil, 1970, p.52.

(103) ロラン・バルトは、外示が〈もっとも重要な意味〉を打ち立てるという主張を告発してこう述べている。「……外示はもっとも重要な意味ではない。しかしそれはそういうふりを装う。この錯覚の下では、外示は結局、共示の〈最終的な意味〉（読み取りを確立するとともに閉じるといったような）であり、そのおかげでテクストが言葉の自然体、自然としての言葉に回帰するかのように見える上位の神話なのである。つまり、ある文がその言表のあとに引き続いて、いかなる意味を解き放とうとも、その文はなにか単純なこと、文字通りのこと、素朴なこと、〝本当のこと〟をわれわれに言っているように見えないだろうか。これと比べたら、これ以外のもの（これ以後にこれを超えるかたちで到来するもの）は、すべて虚構であるかのような見かけがそこには認められる」。Roland Barthe, *S/Z*, Paris, Seuil, 1970.

(104) たとえばポール・リクールは、ある審級の言説の意味を翻訳することの可能性を、ある記号システムのシニフィエ（意味内容）を翻訳することの不可能性に対置している。「ひとつの文全体の担う意味の論理的機能は、その文によって実効化される記号のなかのいかなる記号のシニフィエとも混同されてはならない。というのは、この記号のシニフィエはある一定の言語のシステムと結びついているからである。そうであるがゆえに、このシニフィエはひとつの言語から別の言語に移し換えることはできない。逆に、シニフィエというよりも〝提起されたこと〟と呼んだ方がいいその文の意味は、その同じ言語の内部で別の仕方で言うとか、あるいは別の言語のなかで翻訳しようとしたらできるあるグローバルな思考内容なのである。シニフィエが翻訳不可能であるのに対して、〝提起されたこと〟はすぐれて翻訳可能なのである」。«Signe et Sens», *Encyclopaedia Universalis*, 1975.

(105) このことをバジル・ベルンシュタインは次のように書いている。「子どもが自分の言語を身につけたり、言語行動を規定する特殊なコードを身につけたりするとき、子どもは同時に自分が組み込まれている社会構造の要請を身につけることになる。一見自然発生的な子どもの言説の行使は学習によって達成されるものであり、この学習によって子どもの経験は変化するのである」。*Langage et classes sociales*, Paris, Minuit, 1975.

(106) John Searle, *Les Actes de langage*, Paris, Hermann, 1972, p.25.

(107) ここでは、シャルル・E・バゼルの用語を使って、むしろ不-文法的言表について語るべきであろう。というのは、この著作家は、非－文法的言表と不－文法的言表を区別することができると考えているからである。前者は、〈*he seems sleeping*〉を例に取ると、たとえばそれは〈*he seems to be asleep*〉といったような〈普通の〉言表に置き換えたり再翻訳したりすることができるというケースである。それに対して、後者は、〈*coloress green ideas furiously*〉といったような密集した隙間のない言表で、これはいかなるシニフィエ的な結晶化にも、またいかなる認識されうる応答にも関係づけることができなくて、当然のごとくいっさいの訂正を免れるというケースである。しかしこの区別はわれわれにはまったく相対的なものに思われる。というのは、教師による文法的訂正と精神医学による狂気的テクストの矯正不可能なものとしての分離とのあいだには多数の抑圧的中間状態が存在するからである。Cf. *Langage*, n° 34, juin 1974.

(108) Cf. Louis Hjelmsev, *La Strafication du langage*, Paris, Minuit, 1971, Essais, p.58.

(109) Cf. Herbert E. Berkle, *Sémantique*, Paris, Armand Colin, 1974, p.54-60.

(110) フロイトの最初のモデルについても同じことが言えるだろう。

(111) セバスチアン・K・シャウミャンはチョムスキーの線形の連結システムに対して適用操作に依拠した抽象的対象システムを対置している（MGA＝扇状生成モデル）。しかし、この形式化は言語モデルを権力的事象から説明することはできないと思われる。Cf. *Langage*, n° 33, mars 1974, p.22 et 54.（ここにイエルムスレウの影響が見られる）。

(112) 〈*sentence*〉の略語。

(113) Pierre Clastre, *La Société contre l'État, op. cit.*

(114) 子どもの最初の言語表現は、過去に対しては過去分詞（たとえば〈parti〉とか〈tombé〉）であり、未来に対しては不定詞である。そしてその後、迂言法（たとえば〈je vais aller〉）が登場し、屈折変化が現れるのは最後になってからである。Cf. Elizabeth Traugott,〈Le changement linguistique et sa relation à l'inquisition de la langue maternelle〉, *Langage*, n° 32, 1973, p.47.

(115) Cf. Robin Lakoff, *Language and Woman's Place*, New York, Harper & Row, 1973.

(116) Cf. l'étude de Joey L. Daillard, *Black English, Negro Non-Standard English and American*, New York, Vintage Book, 1972.

(117) Herbert E. Brekle, *Sémantique*, déjà cité, p.94-104, et W. C. Watt. ワットもまた、知覚や記憶などとの関係で彼が〈精神的文法〉と呼ぶものの機能を説明する〈抽象的遂行的文法〉の方に向かっている。

(118) Thomas Bever, ‹The Cognitive Basis for Linguistic Structures›, in J. R. Hayes (ed), *Cognition and the development of language*, New York, Wiley, 1970, vol.279, p.203.

(119) ある種の理論は、いまでは、遺伝子的コード化や進化を情報の蓄積や統計的選択に還元する——そこではいかに複雑な要素でももっとも基本的な要素への〈樹木状〉の依存を維持する——という単純化をあきらめて、ウイルスによって遺伝子情報の転移が生じてもっとも進化した種からもっとも進化の遅れた種に〈遡ったり〉それを生み出したりすることができるのではないかと考えようとしている。「こうした情報の移行が重要であったということが明らかになれば、進化を表象するのに、林や樹木の図式を網状の図式（分化したあとの分枝間の交渉をともなった）に置き換えるようになるだろう、と述べる遺伝子学者もいる」。「進化におけるウイルスの役割」、*La Recherche*, mars 1075, p.271.

(120) Sigmund Freud, *Trois Essais sur la sexualité*, Paris, Gallimard, 1949, p.75-83.

(121) Pierre Clastre, *Chronique des Indiens Guayaki*, Paris, Plon, 1972, et *La Société contre l'État, op. cit.* Jacques Lizot, *Le Cercle des feux. Faits et dits des Indiens Yanomami*, Paris, Seuil, 1976.

(122) ナタン・リンドキストは、言語学的新現象は〈空輸部隊のように〉まず大きな中心的地域に降下したあと周りの地帯に広がっていく、と言明している。Cité par Bertil Malmberg, *Les Nouvelles Tendances de la linguistique*, Paris, PUF, 1966, p.98.

(123) *Langage*, n° 32, décembre 1973, p.88.

(124) Ferdinand de Saussure, *Cours de linguistique générale*, Paris, Payot, 1971, p,138.

(125) そしてこの規範はそんなに簡単に解体されるとは思われない。たとえば、このフランソワーズ・ロベール自身、彼女が〈共同体文法〉について主張している自らの考えの大胆さを恐れて、こうした考えが神聖不可侵の言語概念を破壊するような能力の表象に行き着くかもしれないことを不安に感じているのである。Malmberg, *op. cit.*, p.96.

(126) *Langage, op. cit.*, p.90.

(127) ジュリア・クリステヴァの行なっている、意味作用の過程における記号論的と言われる次元と象徴的次元との区別は、シニフィアンを永続化し普遍化するだけにとどまらず、同時にダイヤグラム的変形を自らの内部に自閉化させ、それを再び一種の超エクリチュールの深遠な構造にしてしまうという不都合さを持っている。一般概念の生得説はジュリア・クリステヴァの出現とともに象徴的なものを離れて記号論へと移住する。こうした状況下では、語用論は果てしのないテクスト的実践のなかに埋没する恐れがあるが、それは精神分析が象徴的な表現テクストと記号的な遺伝的テクストとのあいだをさ迷うのと同じこと――コミュニケーションの個人論理的極性から身を解き放っても、〈無意識的シニフィアン〉の主体性が存在するという仮説の虜になっていることにかわりはないのだから――である。 Julia Kristeva, *La Révolution du langage poétique*, Paris, Seuil, 1974.

(128) 時間、空間、ソシウス（社会体）にしたがった指呼の三分割については、以下を参照。Cf. *Langage, op. cit.*, p.45.

(129) 抽象機械はまた意味や意味作用を免れる。ブレークルが提起しているように（*Sémantique, op. cit.*, p.44）、意味はシニフィアンに結びついた概念の内包的内容と同じものとみなされ、意味作用はその外延的様相とみなされるからである。そして〈機械状の〉（そしてまた論理的でもない）パースペクティブでは、意味はいっさいの表象的・表意的システムから独立したダイヤグラム的連結の確立を表示するものだからである。

(130) ひとりの孤立した個人は、ひとつの集団、ひとつの制度、あるいはもっと大きなひとつの社会的集合体と同様に、諸個人の単なる総和には決して還元されないで、別の〈非人間的〉な流れ（非人間的な性、経済的流れ、物質的流れ、等々）を発動させるような動的編成を構成することができる。

(131) John L. Austin, *Quand dire c'est faire*, Paris, Seuil, 1970. John Searle, *Les Actes de langage, op. cit.*, Oswald Ducrot, *Dire et ne pas dire*, Paris, Hermann, 1972.

(132) 情報の理論家たちは意味作用を〈翻訳の変換的作用の過程における不変的要素〉と定義している（B. A. Ouspenski, cité par Iouri Lotman, *La Structure du texte artistique*, Paris, Gallimard-NRF, 1973, p.69.

(133) Alain Rey, *Langage*, nº 32, décembre 1973. 他方、ジャン＝クロード・シュヴァリエは、「一般文法と抑圧の言語は、ブルジョワジーにとっては述語的シェーマであり、そのメタ言語が統辞法である（そして統辞法の優位性はまさしくイデオロギー的決定である）が、民衆にとっては、それは単語と技術的語彙であり、そして自由裁量に委ねられた話し言葉である」と書いている（*idem*, p.118）。

(134) Charles S. Peirce, Charle Hartshorne, Paul Weiss (éd), *Collected Papers of Charles Sanders Pierce*, Cambridge, Mass, Belknap Press of Harvard University Press, 1965.

(135) フランソワ・ジャコブは、コード化の様式の直線性はコード化されたシークエンスの連鎖をはるかに厳密にコントロールすることを可能にすると考えている。*Critique*, n° 322, mars 1974, p.202.

(136) ベッティーニとカセッティは、ダイヤグラム的記号の特殊性を明らかにしてはいないが、その輪郭をよく明確にしている。Cf.〈La sémiologie des moyens de communication audio-visuels et le problème de l'analogie〉in Dominique Noguez, *Cinéma, Théorie, lectures*, Paris, Klincksieck, 1973, p.92.

(137) パースは代数学を関係性の類似記号として分類していたことを挙げておこう。

(138) Iouri Lotman, *La Structure du texte artistique*, *op. cit.* ロトマンにとって、内容はこの場合、シニフィエの同義語である。

(139) これはイェルムスレウの用語では、表現の形成素あるいは言語素のこと。

(140) この点、共感覚の記号論の発展は根元的に重要であろう。人はいかにして音を見、色を聞き、言葉を身体化するか……ということである。〈諸感覚間の転置〉についてメルロ＝ポンティは次のように書いている。「音は思考を経ることなしに互いに翻訳される」。*Phénoménologie de la perception*, Paris, NRF, 1945, p.271.

(141) 一連の離散的記号をもとにした記号論は情報を〈ディジット〉と称される連続的二分法で切り分ける。

(142) ローウィーによって指摘され、レヴィ＝ストロースが『ホピの太陽』の序文で特筆した、クロー族とホピ族における嫉妬と復讐の記号化の違いを参照。Don C. Talayesva, *Soleil hopi*, Paris, Plon, 1959, Terre humaine.

(143) この場合、次の三つの次元を区別することができるだろう。（1）人間行為と化す次元。（2）抽象的意味作用と化す次元。（3）機械行為と化す次元。

(144) 物理学で〈コントン効果〉と言われる〈効果〉。

(145) たとえばジャック・プレヴェールのあの「書き方のページ」。そこでは、〈コトドリ〉が空を渡っていく姿が、学校によって抑圧された記号論（歌やダンスなど）だけでなく、他のあらゆるコード化や地層化の様式を取り除く。「そして窓ガラスは砂に戻り／インクは水に戻り／勉強机は木に戻り／チョークは断崖に戻り／ペン軸は鳥に戻る」。Jacques Prévert, *Paroles*, Paris, Gallimard, 1949.

(146) *Langage*, n° 26, juin 1972.

(147) 〈未開のフランス〉に対して〈共和国の言語〉が押しつけられた植民地遠征の持つ性格も考慮しよう。これはフランス革命のジャコバン的方法から始まった。そこには植民帝国を縦横に走るのと同一の指令を見いだすことができる。Michel de Certeau, en collaboration avec Dominique Julia, Jacque Revel, *Une politique de la langue. La Révolution française*

et les patois, Paris, Gallimard, 1975.

（148）顔なし人間の神話があることや、精神病者が自分の顔の認識を失うとき意味作用全体が変化するということも参照に値する。

（149）「……私は海を前にして、前景の海水浴客や、海辺の装いのように真っ白な帆のヨットなど、人間の出現以前にすでに神秘的な生を展開していた太古の海を私がいま眺めているという確信を持つことを妨げるすべてのものを、つねに私の視界から追い払おうと努力していた……」。Marcel Proust, *À la recherche du temps perdu*, Paris, NRF, s. d., t. 1, p.902.

（150）この点、作品の質はきわめて劣悪だが、アンリ・ミショーの麻薬についての映画も参考になる。

（151）ルネ・スピッツによる、乳児における「目や額や鼻の動きの構成するゲシュタルト－記号」の機能の描写も参照。乳児は生まれて二カ月目から、すでに大人の顔の動きを目で追い、乳を吸っているあいだ母親の顔を見続ける。乳児は顔（や仮面）に微笑みかけるが、ただしそれは顔が真正面にあるという条件下においてである。René Spitz, *De la naissance à la parole*, Paris, PUF, 1968. Cf. également Otto Isakower, ‹Contribution à la psychopathologie des phénomènes associés à l'endormissement›, *Nouvelle Revue de psychanalyse*, n° 5, 1972, et Bertram D. Lewin, ‹Le sommeil, la bouche et l'écran du rêve› (*idem*).

（152）「いずれにしろ、つまりわれわれが望もうと望まいと、あるいはわれわれが知ろうと知るまいと、われわれは地球と、地球がそのもっとも〝純粋な〟ものとしての理性ならびにそのもっとも〝固有の〟ものとしての意識の無限の産出の下で支えている諸民族とを結びつけつつある」と、ジェラール・グルネルはフッサールの現象学に関して書いている（article ‹Husserl›, *Encyclopaedia Universalis*, vol.8）。問題はひとえに、主体化の様式の資本主義的統合キャンペーンによる略奪を認めるのか、そして純粋状態における存在と普遍的真理の形而上学の名の下にそのキャンペーンに自らを奉仕させるしかないのかということであり、〈このことを問い、たたかいと決断の場にしよう〉ということである。

（153）Jacques Lacan, ‹Le stade du miroir, comme formateur de la fonction du Je›, *Ecrits*, Paris, Seuil, 1966.

（154）たとえばリトルネロや音響的・リズム的特徴の布置——たとえばヴァントゥイユの〈小楽節〉——のように時間性に住み着き、言葉の世界と歌の世界を切断するといった別のレジスターもまた、こうした記号的な動的編成の新たな方向づけによって問いに付されることになるだろう。

(155) 民族学者は自民族中心主義に向かって説教をたれるだけでなく、〈未開人〉が〈白人〉に対する見方——彼らは非常に一般的に言って、白人を陰鬱で非人間的、死臭がするというようにみなしている——を発展させることができる手段を提供する〈反−民族学〉の存在を可能にすることに力を注がねばならないだろう。

(156) 〈レトロ〉現象は一時的流行にすぎないものではない。この現象は少なくとも歴史の加速化過程つまり脱領土化の過程の加速化に入った社会のなかでつねに存在してきた（たとえばローマ人はギリシャやエジプトの過去の時代の名残りに魅了されていた）。

(157) たとえば、現行犯の法廷の裁判官が、いかに被告人に〈依頼人の言うまま〉の判決を下すかを見よ。Christian Hennion, *Chronique de flagrants délits*, Paris, Stock, 1976.

(158) Frances A. Yates, *L'art de la mémoire*, Paris, Gallimard, 1975.

(159) Cf. l'article de Maurice Arvong dans *le Monde*, 1er septembre 1976.

(160) *La Recherche*, n° 66, avril 1976.

(161) *Umbelt und Innerwelt der Tiere*, Berlin, Springer, 1909, 1921.

(162) Jean-Paul Sartre, *L'Être et le Néant*, Paris, NRF, 1947, p.316.

(163) Jean-Luc Parant, *Les Yeux* MMDVI, Paris, Christian Bourgois éditeur, 1976.「……目というそれなくしては飛ぶことも見ることもできないだろう空っぽの穴の偉大なる建造者……目はあらゆる壁に穴を掘り、夜中に穴を掘りながら生の道を切り開く虚空の空間のパイオニアのように視界からすべてを取り除いた／そしてわれわれはあたかも皮膚で締め付けられたまま虚空が現れ出るのを見つける／この目がなければわれわれは飛ぶことも動くことも見ることもできないだろう／目は空間のなかにどっぷりと浸かり、瞼という堅く皺の寄った膜で覆われた表面に絶対に上ってこない」。

(164) Marcel Proust, *À la recherche du temps perdu*, *op. cit.*, p.208, 349, 529.

(165) 〈トンネル効果〉は、量子力学において、ある物理システムがある〈許容状態〉から別の〈許容状態〉へと移行する——一連の〈禁じられた〉中間状態を通過して——ことを描くことを可能にする。

(166) Cf. Irenäus Eibl-Eibesfeld, *Éthologie, biologie du comportement*, Paris, Éditions scientifiques, 1972, Naturalia et Biologia.

（167）Nikolas Tinbergen, *The Study of Instinct*, Londres, Oxford University Press, 1951.

（168）René Thom, *Stabilité structurelle et Morphogenèse*, Paris, Interéditions, 1972, 1976.

（169）この観点からわれわれはミシェル・フーコーに与することはできない。フーコーは『知への意志』のなかで、欲望の特殊な抑圧は資本主義の変化と相関しないと考えているのである。たしかに彼は欲望についてではなく性について語っているのだが、標的が初期の時代に限定されているため、どの時期でもほとんどつねに〈同じ程度の性行動〉が存在することはたしかであろう。しかし、それに次ぐ時代においては、欲望としての性は言説と言説に関係する権力構成体に拡張され、そうしてますますミニチュア化しますます内部化される回収的抑圧が資本主義的従属方法の特殊性ではないとは言えなくなるのである。

（170）Eib-Eibesfeldt, *op. cit.*, p.151.

（171）Rémy Chauvin, *Entretiens sur la sexualité*, ouvrage collectif, Paris, Plon, 1965. Cf. les références réunis par Eib-Eibesfeldt, *op. cit.*, p.158-159.

（172）Eib-Eibesfeldt, *op. cit.*, p.323 et 450.

（173）「動物行動の全研究は（人間行動についても同じことが言えるであろうが）、まず第一に、考察対象の種がその自然環境のなかにおいて生きる規範、あるいは可能なかぎり忠実にその規範を再生産する条件を決定しなくてはならない……禁猟区のウサギが社会をなして生息し複雑な性的風習を示すのに対して、ウサギ小屋のウサギは植物的な行動しか行なわない。自由に動き回る野性のネズミの行動と狭い檻のなかに閉じ込められて生きる白ネズミの行動はとてもなぞらえることはできない。人間はもっともおとなしくもっとも〝かじらない〟個体を選び、その精神レベルを野性のネズミになぞらえる一生物をつくりだしたが、それはダウン症患者を普通の人間になぞらえるようなものである。アメリカの動物心理学者が迷路をはじめとするテストを借りて行なった膨大な研究は、ウインストン種とかその他の愚かな白ネズミなどの反応〝だけに〟依拠している。これには困惑するばかりだ……」。Pierre-Paul Grassé, ‹Zoologie›, *Encyclopédie de la Pléiade*, Paris, Gallimard, 1963, t. I, p.251.

（174）霊長類学者の最初の〈計量主義的〉研究（ウォッシュバーン、ド・ヴォール）は、猿における序列支配の厳格さとサヴァンナ生活への適応度との直接的関係の仮説から出発していたが、これは方向を改めなくてはなるまい。第一に重要なのは、もはや単に社会関係の量（猿のシラミ取り、等々）ではなくて、その多様な動的編成の質とその出現順序である。例として二頭のヒヒ（支配する方と支配される方）のあいだの四つの動的編成の連鎖図表を挙げることができる。（1）戦闘　（2）尻の提示　（3）性的性格のマウンティング　（4）社会的シラミ取り。Hans Kummer, ‹Le comportement social des singe›, *La Recherche*, n° 75, décembre 1976, p.10-12.

（175）この点に関して、われわれはあとで、たとえば鳥類における種の性的な〈囲い込み〉のための特殊なリトルネロの利用（Eib-Eibesfekdt, *op. cit.*, p.24, p.104）、ならびにリズムの記号化と領土の記号化のあいだの根源的関係について再論する。

（176）*La Recherche*, n° 73, décembre 1976, article déjà cité.

（177）Jürgen Nicolai, *Vogelhaltung und Vogelpflege, Das Vivarium*, Stuttgart, Franckh-Kosmos Verlag, 1965. Cite par Eibl-Eibesfeldt.

（178）一秒間に四八コマものイメージを撮影し、一コマ一コマの画像に分解して得られたこの表情は、オレノク・アマゾンのインディオだけでなく、ソロモン諸島、パプアニューギニア、フランス、日本、アフリカなどにおいても同様に見られる。Cf. Eibl-Eibesfeldt, p.436-442.

（179）これは象徴的解釈に対立するものとして理解されたい。

（180）われわれはここで、機械的に〈進歩主義的〉な系統発生論に対する批判に関しては、フランソワ・ダゴニエが書いていることを借用し、それを植物分類学から動物学に置き換えるだけにとどめる。「……単純性は原始性や先祖性の兆候ではない。というのは、花はまずもって多心皮であり多花弁であった（蘇鉄目説）かもしれないからである。それは白亜期後半（ベネット期）の資料が示唆するところである。同様に、単子葉植物もまた双子葉類から派生したものと思われ、進化論の追加理論が望んだような単から双へと規則的に移行するその逆ではないだろう。古植物学者のなかには、密生的に枝分かれした線を特異な複合体から発生したものとみなすにとどめている者もいるが、これもまた直線的あるいは進歩主義的な展開の概念に反駁するひとつのやり方である。そして〝こうした考察は、螺旋状で豊かな形態が（……）先立つ状況を表わしうるにもかかわらず、系統発生を単純から複雑への移行としてばかり理解することの罠を示している〟のである」。*Encyclopedia Universalis*, vol.15, p.764.

（181）Paul Géroudet, *Les Palmièdes*, Neuchatel, Delachaux et Niestlé, 1959, p.20-40.

（182）Paul Géroudet, *Les Échassiers*, Neuchatel, Delachaux, et Niestlé, 1967, p.31-40.

（183）Paul Géroudet, *Les Passereaux*, Neuchatel, Delachaux et Niestlé, t. II, p.88-94.

(184) Eibl-Ebesfeldt, *op. cit.*

(185) 魚においても、似たようなかたちで〈巣づくり〉にかかわる求愛の儀式を見ることができる。たとえば〝ティラピー〟の雄は雌を引き寄せようとして小枝で星の形をつくるように産卵場を飾る。Cité par Eibl-Ebesfeldt, *op. cit.*, p.126.

(186) アイブル＝アイベスフェルト〔イレネウス・アイブル＝アイベスフェルト〕は、テンニンチョウとそれが寄生する鳥（ベニスズメ、カエデチョウなどさまざまな種）との共同的進化についての、テンニンチョウが〝宿主〟の鳴き声を真似るという事実をもとにしたI・ニコライの研究を喚起しながら、次のように述べている。「……テンニンチョウとその宿主＝種との伝統的関係が、この宿主の鳴き声の模倣によって支えられ、このグループのさまざまな種族の進化をもたらしたことは大いにありうることである」。Eibl-Eibesfeldt, p.162 et 194.

(187) Eibl-Eibesfeldt, *op.cit.*, p.130 et 136.

(188) この儀礼は次のような動的編成で構成されている。（1）ダンス――パートナーたちは首を後ろにひいて、頭を脇にやり、嘴が上に突き出た肩に触れるように交互に嘴を回す。（2）ヒナ鳥の餌さがしを〈模倣した〉嘴によるフェンシング（3）嘴によるつばぜりあい。これは威嚇を表わす（4）空に向かっての叫び。これはむしろ和解を表わす（5）パートナーの肩の羽根を整える（これはつねに嘴で音を立てながら行なわれる）。そして二匹の鳥は、おのおののシークエンスの終わりに、それほど厳密ではない順序にしたがって、互いに地面に向かってお辞儀をし、一種の〈巣づくり〉の契約を確たるものにするために〈二音節の音〉を発する。

(189) Paul Géroudet, *Les Passereaux*, *op.cit.*, t.II, p.10.

(190) *Idem*, t. III, p.10.

(191) 動物の遊戯的動きも総ざらいしなくてはならないだろう。アイブル＝アイベスフェルトは、たとえばガラパゴスの二匹のアトリのあいだにおける途方もないクリケットの試合を記述している。彼らは枝の割れ目に予め入れておいた虫の幼虫を互いに投げ合うのである。Eibl-Eibesfeldt. p.151.

(192) K・インメルマンは、極彩色の羽毛を持ったぶちのカエデチョウは互いに一定の距離を取って離れているが、同種の白っぽい鳥は互いに近寄ってうずくまっていると指摘している。Cité par Eibl-Eibesfeldt, p.151.

(193) 刷り込みが構成するこの生物学的呪縛の次元においても、ある程度の自由や選択的素材は存在し続ける。すなわら、スズメの雌たちによって育てられたカエデチョウは、大人になって〝選択が許される場合〟しかスズメの雌を口説くことはない。反対に彼らに同種の雌と同居させると、彼らは一見〈正常〉に戻って雌に言い寄り、刷り込みがなかったかのようにこの雌と交尾をする。要するに、雌はとりわけ欲望の次元において効果を発揮したのではないかと思われる。

(194) K・インメルマンの研究(Cité par Eib-Eibesfeldt, p.241).

(195) Cité par Eibl-Eibesfeldt, p.53-54.

(196) データの数学的分析技術は、数年前から、まさに顔貌性の基本的特徴に助けを借りる転写方法を用いてきたことは注目すべきことである。したがって、シェルノフの方法においては、パラメータは口、鼻などによって表わされ、研究する諸対象を比較するのに顔つきを比較する。Cf. Edwin Diday et Ludovic Lebart, ‹L'analyse des donneés›, *La Recherche*, n°74, janvier 1977.

(197) 動物学者によると、否認、同意、歓迎、いちゃつき、尊大、威嚇、勝ち誇り、服従、激怒、等々の行為の一部あるいは全体は、遺伝的に伝わったコード化作用の管轄に属する。Cf. Eibl-Eibesfeldt, p.440 et suiv.

(198) 神経外科医たちが局地化するのは〈中枢〉ではなくて、結果的に当該の構成諸要素を解体してしまう切除点だけであることを強調しておこう。というのは、あらゆる点から見て、おのおのの記憶化の現実的行為——とりわけ長期持続する記憶に関して——は、決して〈局地化可能〉なニューロンではなく、脳全体のなかから〈選択された〉ニューロンの〈集合体〉の電位的潜在力を作動させるのだと考えるしかないからである。Wilder Penfield, Brenda Milner, ‹Memory Deficit Produced by Bilateral Lesions in the Hippocampal Zone›, *Archiv. of Neurogy and Psychiatry*, 1958 ; E. Roy John, *Mechanisms of Memory*, New York, Academic Press, 1967.

(199) 「リズムは、渡り鳥の羽ばたき、野生の馬の速足(トロット)、魚の波形状泳形などにおいても見られるが、これらの動物にとって、拍子をとりながら速足したり、空を飛んだり、泳いだりすることは、人間がメトロノームの拍子に合わせて呼吸するのが不可能であるのと同じくらい不可能である」。Ludwig Klages, *Expression du caractère dans l'écriture*, Neuchatel, Delachaux-Niestle, 1947, p.41.

(200) これは二十四時間周期のリズムのことであり、細胞生物学、薬理学、組織生理学、器官生理学、機能生理学、動物行動学などの次元においても、研究が進むにつれて、ますます重要な役割を果たしていることが明らかになっている。上位周期のリズム――集団移動のような――の大部分は、概日性のリズムしたがって最終的には分子的リズムを起点としたある構成から生じるのだろう。

(201) Alain Reinberg, ‹La chronologie. Une nouvelle étape de l'étude des rythmes biologiques›, *Sciences*, vol.1, 1970 ; ‹Rythmes biologiques›, *Encyclopaedia Universalis*, vol.14, p.568 ; Julian de Ajiriaguerra, *Cycles biologiques et psychiatrie*, Genève, éditions Georg et Cie, 1968.

(202) William H. Thorp, *Learning and Instinct in Animals*, Londres, Methuen, 1969, p.421-426.

(203) 「物体とは、なんらかの形象によって終わり、どこかの場所に含まれ、他のすべての物体がそこから排除されるような仕方で、ある空間を〝満たす〟ことができるすべてのもの、と私は理解する」(Descartes, *Deuxième méditation*).

(204) たとえばヴァイツゼッカーはこう書いている。「物理学では法則は力の作用のなかにあり、有機的運動の場合には力は形態に由来する」。*Le Cycle de la structure*, traduction Michel Foucault et Daniel Rocher, Desclée de Brouwer, 1958.

(205) また精神分析の〈合言葉〉に依存させることも間接的に同様である。

(206) 非シニフィアン的・非個体化的な〈反射性〉のシステムは非常に複雑な働きを行なう。たとえばＤＮＡの二重螺旋システムの重複は分子的レベルにおいて染色体重複に対応する。

(207) Cf. ‹L'oeil écoute. BABA + GAGA – DADA›. Compte rendu dans *le Monde*, 26 janvier 1977, des travaux de Harry McGurk et John Macdonald, ‹Hearing Lips and Voices›, *Nature*, n° 26, décembre 1976.

(208) たとえば、なぜ生命はシリコンの連鎖ではなく炭素の連鎖から〈組み立てられた〉のだろうか？

(209) ホルストはたとえば魚の胸びれのリズムは背びれや尾ひれのリズムよりもつねに優位にあることを証明している。Cité par Eibl-Eibesfeldt, p.41.

(210) 〈ブラックホールの政治〉を動物が払いのけるユーモラスな一例を挙げよう。そこでは高度に洗練された記号的相互作用が働く。昆虫は交尾中に雌に食べられる恐れがあるとき、それを遅らせるために――少なくとも交尾の時間を引き延ばすために――ちょっとした食べ物の贈り物を雌に提供するのである。〝ヒラリア〟種にあっては、冗談めかしてなにか食べられないものを、解体するのがきわめて困難な繭に包んで持ち出すこともある。Cité par Eibl-Eibesfeldt, p.127.

(211) たとえばケネス・W・ブレーリーは、複合的形態に対する〈自然的〉で直接的な知覚は、無意識的な知覚的記憶から生じる学習によって多大な影響を受けることを証明した。Kenneth W. Braly,〈The influence of Past Experience in Visual Perception〉. Cité par Robert Francès, *La Perception de la musique*, Paris, Vrin, 1972, p.52.

(212) たとえば顔貌性は、若者の身づくろい行動、〈赤ちゃん〉図式への反発(ローレンツ、スピンドラー)、あるいは位階的権威によって段階をつけられ、見せかけられ、秩序立てられる拷問の経験を使ってミルグラムが強調したような暗示効果といったものを発動する。Cf. Eibl-Eibesfeldt, p.453 et 468.

(213) William H. Thorp, *Learning and Instinct in Animals*, *op. cit.*, p.469.

(214)「あの一杯の紅茶のように、ヴァントゥイユが彼が作曲する世界から私たちに送ってくれた溢れるばかりの光の感覚、明るいざわめき、騒々しい色彩が、どこかゼラニウムの香りのする絹織物にでも喩えることができるような何かを、執拗に、しかし理解するにはあまりに速い速度で、私の想像世界のなかで動き回らせていた。ただ、この漠然たるものは、ある種の風味が光の感覚を呼び起こすのはなぜかということを説明する状況探知のおかげで、深められないまでも少なくとも明確にすることはできるのに対して、ヴァントゥイユのもたらす漠然とした感覚は記憶からではなく印象からきているもの(マルタンヴィルの鐘楼と同じように)なので、彼の音楽の持つゼラニウムの放香には、物質的な説明ではなくて、深いところでこれに見合った説明、色鮮やかな知られざる祝祭画(それをばらばらにしたとき彼の作品が深紅の裂け目を持つ断片であるような)、彼が世界を〝聞く〟そして自分の外に世界を投射する様式を見つけなくてはならなかった」。Marcel Proust, *À larecherchee du temps perdu*, *op. cit.*, t. III, p.375. これ以降、この作品からのすべての引用は巻をローマ数字、ページをアラビア数字で示すにとどめる。

(215) プルースト自身が熱烈なギャンブラーで、生涯幾度にもわたってバカラで大金を失った。

(216) 音楽によって開かれる領野は七つの鍵盤に還元されるものではなく、まだほとんど未知の無限の鍵盤に通じている……偉大な芸術家たちは新たな世界を発見し、「われわれが虚空や虚無とみなしている、絶望を誘うような浸透しがたいあのわれわれの魂の大きな闇が、われわれの知らないうちに、いかなる豊かさ、いかなる多様性を秘匿しているか」を、われわれに示すのである。

(217) プルーストは社交界のサロンにおける言表行為の集合的動的編成の性格を、とくに『ソドムとゴモラ』のなかで見事に描き出している。「……サロンはこれまで人々の性格の研究に見合ってきた静態的不動性のなかで描き出すことはできない。そうした人々の性格もまた、ある歴史的と言っていい動きのなかに引き込まれているにちがいないのである」(II, 742)。

(218)「……彼がしばらく前から抱いていた豊かさの印象——それは音楽への愛とともにもっと早くから彼に到来していたのだが——は、彼の絵画への嗜好をも豊かにした……」(I, 223)。しかしこの絵画への嗜好の回復は長続きしない。これもまた、彼のオデットへの情熱を特徴づける記号的崩壊のブラックホールへの過程のなかで崩れ落ちるのである。

(219)オデットの訪問のひとつひとつが、「彼にとって、この顔を前にしたときに感じる落胆をそのつど一新するものだった。彼は彼女と会わずにいるあいだにこの顔の特性を忘れかけ、その豊かな表情や若さに似合わぬ老けた顔つきをそれほど明確に思い起こせなかった。彼は、彼女が彼と話しているとき、彼女が持っている大いなる美しさが、彼が自然に好んだ類の美しさではないことを感じて残念に思っていた」(I, 197)。

(220) Sigmund Freud, *Délire et rêve dans la Gradiva de Jensen*, traduction arie Bonaparte, Paris, Gallimard, 1931.

(221)微分的分析は、プルーストにおける写真はカフカにおけるのと同じ機能を持ってはいないことを証明することになるだろう(プルーストの場合、写真が絵と結びつくが、カフカにおいては絵が写真と結びつく)。

(222)これは同時期、アンリ＝レオン・ルベーグのような数学者の支持者に対してなされた非難である。

(223) Cf. ‹Histoire de la musique›, *Encyclopédie de la Pléiade*, t. I, p.1168.

(224) Pierre Clastre, *La Société contre l'État, op. cit.*, p.107 et suiv.

(225) Franz Kafka, *Joséphine la cantatrice ou le peuple des souris* OEuvres complètes, Paris, Cercle du livre précieux, 1963-1965. t. IV, p.235. これと同じパースペクティブに則って、たとえばジョン・ケージにとって、音の政治は沈黙を妨げるものではなく、沈黙は音に対する障壁になるものではないことを指摘しておこう。ケージは、ダニエル・シャルルとの対談に示されているように、一種の虚無の〈回収〉を行なおうとしているのである。Daniel Charles : John Cage, *Pour les oiseaux*, Paris, Belfond, 1976.

J・C——この虚無も言葉でしかないのです。

D・C——沈黙と同じで自らを抹消すると……

J・C——そこからあるがままのところ、つまり音に戻る分けです。

D・C——でもそのとき何かを失うことになりませんか？

J・C—何かって？
D・C—沈黙とか虚無とか……
J・C—私が〝何も失わない〟ってことはおわかりでしょ。これは〝失う〟とか〝得る〟とかの問題ではないんですよ！
D・C—つまり音に戻るってことは、〝いっさいの構造の手前〟で、虚無を〝伴った〟音に戻ることだと……(p. 32)。

　またジョン・ケージが音楽と呼ばれるものの乗り越えと政治と呼ばれるものの乗り越えの比較を行なっていることも指摘しておこう。「政治も同じことです。私のことを〈非－音楽〉だと言う人がいますが、それと同じように、〝非－政治〟について語ることができるのです」(p. 32)。

(226) Cf. 音楽家ジャック・ベスのシューマンへの素晴らしいオマージュも参照。Jacques Besse : ‹Robert Schumann est interné›, *La Grande Pâque*, Paris, Belfond, 1969.

(227) たとえばアフリカ音楽のなかには、言葉として発することなしに文を太鼓で叩いて表現するものがある。

(228) 実際、労働力と権力構成体とのあいだのこの脱領土化された関係は、先端的経済の諸セクターにだけかかわるものではなく、それはまた、旧来の諸セクター、公共的機能などにも影響し、組合、政治、大学、司法といった諸世界を貫通するものでもある。

(229) ベルリオーズのようなその他の創造者もまた、ある脱領土化の敷居を越えないように自らの弱点を利用する。

(230) とりあえずドビュッシーの *"Children's Corner"*〔子どもの領分〕、*"La Boîte à joujoux"*〔おもちゃ箱〕、そして *"Pelléas et Mélisande"*〔ペレアスとメリザンド〕における幼年期の役割、あるいはラヴェルの *"L'Enfant et les Sortilège"*〔子どもと魔法〕などを思い浮かべること。しかしわれわれの考えでは、これらの作品における幼年期の位置の特殊性は、それがもはや基本的なリトルネロとして、発動的ブロックとして、生成的変化のブロックとして機能していないことである。それは別種の生成的過程の最後に、冗長的テーマとしてしか出現しない。さらに、ドビュッシーはしばしば、内容とは別に、このテーマを〝後付けで〟作品のタイトルとして使って特徴づけていた（例：交響詩『海』）。

(231) ピエール・ブーレーズによる『春の祭典』のリズム単位の分析を参照。*Sacre du printemps : Relevés d'apprenti*, Paris, Seuil, 1966.

(232)「……家に戻ると、彼はこれ〔小楽節〕を必要とした。彼はあたかも自分があるときちらっと見かけた通行人の女性が、自らの感性に大きな価値を付与する新たな美のイメージをおのれの人生に呼び込んだかのように感じていた。ただ、彼は彼がすでに愛している名前も知らないこの女性と果たして再び会うことができるかどうかわからないままでいた。しかしこの楽節への愛は、スワンの心のなかに一瞬、一種の若返りの可能性を切り開いたように思われる……」(I, 210)。

訳者あとがき

本書は以下の書物の全訳である。Félix Guattari, Lignes de fuite, Pour un autre monde de possibles. Éditions de l'aube. 2011.

原題は直訳すれば、「漏出線——もうひとつの可能な世界に向かって」とでもなろうが、新自由主義グローバリゼーションの支配が席巻する現在の世界や日本の状況に即して、さらに具体的なイメージを喚起するために、このような表題に変更したことをお断りしておきたい。「さらに」と言ったのは、原題の「漏出線」（日本ではむしろ「逃走線」という訳語の方が一般的に用いられているが、密閉されたシステムからの脱出と、「脱領土化」のポジティブな働きの側面を示唆するニュアンスをこめて、私はこの「漏出」という訳語を使ってきた）というメインタイトルは、もちろんガタリ自身の用語を活用したものだが、「もうひとつの可能な世界に向かって」というサブタイトルは、この本の出版社が現在の世界的状況に合わせて捻りだしたまったく後付けの表題にほかならないからである。ことほどさように、生前のガタリと親交のあった女性社会学者リアンヌ・モゼールが「序」で述べているように、この本は一九七〇年代後半にドゥルーズとの共同著作『千のプラトー』の執筆と重なる時期にガタリが単独に書き残したテクストを出版社が三〇年以上たってから集成したものである。当時ガタリは単独の主著『分子革命』(一九七七年)を刊行したばかりでもあり、その刻印はこの本のなかに明確な残響として鳴り響いてもいる。つまり、この本はフェリックス・ガタリの思想的活動が佳境に入りつつあった時期の産物と言ってもいいだろう。

原著のタイトルにこだわって、もうひとつつけくわえるなら、出版社が「もうひとつの可能な世界に向かって」というサブタイトルをつけたのは、それなりの根拠があってのことだと理解すべきであろう。周知のように、「もうひとつの世界は可能だ」という表現は、この十数年世界的に高揚してきた「反グローバリゼーション」あるいは「オルター・グローバリゼーション」の運動の統一的標語である。なぜグローバリゼーションに反対する運動が登場し高揚する前に死去した(一九九二年)ガタリの本に、出版社がこうしたアクチュアルなサブタイトルを付したのかを訝る向きもあるかもしれないが、実はフェリックス・ガタリは、すでに一九七〇年代から始まった新自由主義グローバリゼーションに対する批判的運動の先駆的理論家にほかならないのである。その意味で、このサブタイトルはガタリの思想と決して齟齬をきたすものではないことを強調するとともに、出版社がそのことをよく認識してこのサブタイトルを採用した志を積極的に評価したい。

しかし、とはいっても、ガタリが本書で素描している「もうひとつの別の世界」というのは、新自由主義グローバリゼーションに反対する運動のなかで一般に論議されている内容とは、いささかニュアンスが異なっていることも指摘しておかねばならない。ガタリの「もうひとつの別の世界」は反グローバリゼーションの運動と必ずしも矛盾するものではないが、およそ言説の次元が異なったものである。このテクストにおけるガタリの言説はこれまでの反グローバリゼーション運動の思想的展開に決定的に欠如していたものではあるが、しかし今後、新自由主義グローバリゼーションに反対する運動が真に有効な運動を展開するためには、決して避けて通れない問題を包含したものでもある。そしてこの点にこそ、ガタリのこの本の核心があるのだが、それは同時にガタリの記述の分析的位相の特異性によって、この本を読み解こうとするときに行き当たる困難な壁にもなっていると言わねばならない。

リアンヌ・モゼールの「序」の「注」によると、このテクストは設備省という行政官庁に提出するために「集合的装備と記号的従属」という題名で作成された文書であるということだが（ガタリの親友で当時CERFIの中心的人物のひとりであったアンヌ・ケリアンによると、これは当時CERFIが委託されていた設備省への報告書を作成するために、ガタリがCERFIのメンバーに対して行なった問題提起であるとのこと）、いずれにしろ、当時CERFIがいくら変わり者の革新的高級官僚とつながりがあったとはいえ、かくも「革命的」かつ「先進的」なテクストが行政官庁に提出されようとしていたことに驚きを禁じえない（この間の事情はフランソワ・ドスの「評伝」に詳しい）。しかし当時、学校、病院、役所などの「集合的装備」を中核にした近代国家のありかたが、ポスト近代への転換の過渡期と重なって先駆的に見直しの時期にさしかかっていたフランスでは、この「集合的装備と記号的従属」というテーマは、国家官僚にとっても無関心ではいられないアクチュアルな主題だったことは想像に難くない。少なくともさまざまな参考意見を広く収集したいという気持ちはあっただろう。もちろん国家官僚が、まさに「集合的装備」を利用した権力の機能的維持を持続させようと考えていたのに対し、ガタリは逆に、当然のことながら、権力の機能をいかにして解体できるかという真逆の立場からのアプローチを行なったということである。それゆえ、ガタリの「集合的装備」という概念のなかには、通常考えられる政治的・社会的諸制度にとどまらず、人々の主観的主体性を権力に従属させる装置としての言語規則（一般文法）や社会的な記号的コード化のシステムなど、一見非政治的な有形・無形の物理的装置も包含されるのである。近年、遅れてきたガタリ・シンパのひとりとして、新自由主義グローバリゼーションの記号的基軸を担う「金融システムの世界的一元化」を批判している社会学者マウリツィオ・ラッツァラートなども、こうしたガタリの先進的「記号論」を活用している。それに、言わずもがなのことであろうが、「集合的装備」と人々の「記号的従属」の双方に深くかかわるマスメディア、さらには、昨今、新自由主義グローバリゼーションの隆盛にともなって著しいスポーツ・イベントや音楽イベントを利用した権力の支配的装置も、当然この「集合的装備」という概念に含まれるだろう。そして、この「集合的装備」と「記号的従属」との関係こそ、本書でガタリが解明を試みた主要テーマのひとつであることは言うをまたないであろう。のちに「ポスト・メディア」の時代への展望を語ることになるガタリの問題意識の萌芽もここに見てとることができる。

ともあれ、この本の「第二部」でとくに「言語と記号」の理論的問題が取り上げられ、「第三部」で「意味作用の社会的生産」を行なう「顔貌性」の具体的事例が取り上げられているのは、そうした文脈においてにほかなるまい。ところで、この「第二部」と「第三部」は、このテクストが書かれたのとほぼ同時期に刊行されたガタリの単著『機械状無意識』（一九七九年）とかなりの記述が重なり合っていて、一種の『機械状無意識』の圧縮版のような趣きを呈している。おそらくガタリは、この本に包含されているテクストをメモ書き風に執筆しながら、これをより濃密に展開したいという欲望に駆られ、いわばこの「第二部」と「第三部」を自立的に拡張して『機械状無意識』を仕立て上げたのだろう。その意味で、ややもすると一見非政治的な社会的無意識の言語論的・記号論的分析として受け取られがちな『機械状無意識』に比べて、この本の「第二部」と「第三部」は、これを「第一部」との密接なつながりのなかに置くことによって（これは「緒言」のなかでガタリ自身が明確に述べていることでもある）、ガタリが社会変革を論じるのになぜ言語論や記号論さらには人類学や動物行動学などにこだわったのか、それは決して流行に棹をさそうとした純然たる「記号論」のための「記号論」ではなかった（ガタリの記号への関心は一九六〇年代の〝政治的動乱期〟に始まる）ということ、そしての政治的意図をより鮮明に読み取るよすがとなるだろう。

この本は、「序」でリアンヌ・モゼールも指摘しているように、あくまでも、ガタリの年来の関心事であった「統合された世界資本主義」のなかで、「いま可能なことを到来させるために、どのように行動すべきか？」という自問自答の産物であったと言わねばならない。この問いはさらに分節化して言うなら、「われわれは現実分析のために何を選択的素材として採用すべきか？」、「特異性を帯びた独自の集団的なパロールをいかにして実現することができるのか？」、「欲望を疎外する装備にいかにしたら身を委ねないですむのか？」、「集合的装備の増殖はありうべき欲望の経済を不可逆的に疎外し、われわれはそれに従属するしかないのか？」等々といったミクロな問いに転移することができるだろう。この本はこうしたＣＥＲＦＩに集う人々の先端的な問題意識に対して、この研究集団の主宰者たるガタリが自ら用意した理論的・実践的な応答であり、資本主義の有形・無形の支配体制の深化という現実を直視しながら、なお資本主義の抑圧的システムから漏出していこうとするガタリの理論的試行錯誤の足跡が刻み込まれている。

次に、本書を読み進む上でのガイドラインの一助として、本書で私が採用したガタリの多用する独創的諸概念の「訳語」について若干付記しておきたい。

冒頭でも述べたように、このテクストの作成は、大まかに言って、『分子革命』、『千のプラトー』、『機械状無意識』などと執筆時期が重なっているため、これらの著作と同じ諸概念が頻出するが、とくに一九五五年から一九七〇年までに書かれたテクストを集めた最初の単著『精神分析と横断性』(一九七二年)以来の諸概念が随所で活用されている。ガタリは一九八〇年代前半のテクストを集成した『闘走機械』(松籟社から拙訳で刊行され、原題は『冬の時代』)の巻末に、『分子革命』の英語版のために自ら作成した「用語解説」を付しているので、この邦訳をぜひ参照していただきたい。これはドゥルーズ/ガタリの主だった共有概念の解説ともなっているが、あくまでもガタリ独自の説明である。たとえば、のちにドゥルーズ/ガタリの主要概念として特筆されるようになった、ドゥルーズ/ガタリ学者のあいだで一般に「存立平面」あるいは「共立平面」(ドゥルーズ的には「内在平面」という表現に重きが置かれているが、ガタリ自身もこの「用語解説」のなかで「内在性」という言葉を使ってもいる)と訳されている概念は、ガタリがすでに『精神分析と横断性』以来使用している概念で、エディシオン・ルシェルシュ版の『分子革命』(邦訳の『分子革命』は別の版に依拠している)には、この概念についてかなり詳しい説明メモが一項目をさいて収録されている(これは『精神と記号』というエディシオン・ルシェルシュ版を参照した別の本に邦訳されているので、これもぜひ参照されたい)。

ところで、私は『分子革命』（ならびに『精神と記号』）を翻訳したとき、この概念に「一貫性の次元」という平俗な訳語をあて、その後もガタリの本を訳すとき一貫してこの訳語を使用してきたので、本書でもこの訳語を踏襲した（ほかには、〈フィロム〉という概念を当初の「門」という訳語から「系統流」という訳語に変更したりしているが、ここではあえて取り上げない）。この訳語は概念の正確な定義というよりも、あくまでも文脈に即しながらなじみのある日本語でガタリの趣旨を読者の方々に理解してもらおうという意図から選択したいささか大味な訳語であるが、ガタリのテクストの読解には十分に機能するものと考えている。そもそもガタリ自身が、先ほど触れた『精神と記号』に収録されている「覚書」の冒頭で、この概念について、「この表現はいささか不明確なものである」と述べながら、原著で十五ページにもわたって説明しているしろものであるが、私見によれば「一貫性の次元」とは、いわば「カオスと無限を包含した異質混交的な平面」（平面とは〝せんべい〟のように薄い板を想定したらいいだろう）であり、この平面の上で多様な機械状の流れや線の生成変化が作動するという、一種の運動イメージを支える原板」とでも理解したらいいのではないだろうか。文学的に喩えて言えば、ロートレアモンの有名な一句＝「手術台の上のミシンとこうもり傘の偶然の出会い（のように美しい）」をイメージしたとき、この「手術台」に相当すると言ってもいいだろう。ともあれ、この本を読むとき、この概念（この概念だけでなくすべての概念も同じであるが）をそれが使われている文脈から切り離さないで読み解くことが肝要であろう。

その他、一般に「アレンジメント」と訳されている「アジャンスマン」という概念は、ガタリを訳し始めた当初は「配備」という訳語を使っていたのだが、ずいぶん前から常用している「動的編成」

という訳語をここでも使用した。この訳語の文字通り「動的」なイメージが、諸領域の境界線を横断的に越えるノマディスムと速度の実践的哲学者としてのガタリの思想によりよくフィットすると考えたからである。この本を読み進むうえで、「機械」、「リゾーム」、「ミクロ政治学」などの比較的わかりやすい概念以外に、つまづきの石ともなりかねない頻出する主要概念は、おそらく「横断性」、「一貫性の次元」（「共立平面」）、「ダイヤグラム」、「動的編成」、「抽象機械」、「言表行為の集合的動的編成」、「リトルネロ」などであろうが、これらの概念を孤立的な固有概念としてとらえるのではなくて、逆に相互に密接に関連したものであることを念頭に置きながら文脈に組み入れて〝主体的〟に読み解いていただければと思う。なぜなら、この〝主体的〟な読解こそ、ガタリが読者に要請しているものでもあるからである。付言するなら、ガタリやドゥルーズ／ガタリの主要概念は、そのほとんどが扱い方しだいで、権力に資するか、権力に反するかの、両義性をつねに含んだものであることにも注意しなくてはならない。それはなぜかというと、ガタリは、資本主義を成り立たせているメカニズムそのものを、そのまま資本主義を解体するためのメカニズムに変換するためにこそ新しい諸概念を創造し、それらの概念に立脚しながら「言表行為」の新しい「集合的動的編成」をつねに考え続けていたからである。「ミクロ政治学」しかり、「領土化」や「脱領土化」しかり、「抽象機械」しかりである。とりわけ、ますます抑圧性を深めながら資本主義権力の機能的用具と化しているかに見える「抽象機械」を軸にした自己創造的社会分析（自分のつくった概念を現実分析に適用すると同時に、この概念そのものを実践的に分析していくこと）を深化させながら、この概念を反転して権力解体の軌道に乗せようという強い意志が本書の随所に感じられる。こうした概念の両義性がせめぎあう場こそが、ガタリにとって新たな「階級闘争」の主戦場として意識されていたのだろう。新自由主義体制下で、その不可視の抑圧的機能の強度をますます高めている「抽象機械」の力を、刷新的な主観的主体性の関与をテコにして、自由と解放に向かって反転させること、これこそがガタリがめざした未来の道であり、晩年の「エコゾフィー」や「カオスモーズ」という新概念の源泉でもあることを本書から読み取ることができる。ところで、このような「抽象機械」の両義性はまた、当然にもわれわれ自身の内在的地平に資本主義権力が深く巣くっていることにも由来する。そうであるがゆえに、このもつれた両義性の読解に読者の〝主体的〟参加が不可欠なのである。「抽象機械」という概念は逆説的にも諸個人の具体的な実践を誘発する概念であると言うべきであろう。

ささいなエピソードかもしれないが、かつて私のガタリの翻訳を担当していた法政大学出版局の編集者が私にもらした話によると、『機械状無意識』を「プルースト論」と考えて、某プルースト学者に持っていったところ、「なんですか、このちんぷんかんぷんな本は?」という応答をされたということである。ことほどさように、いかなる本も読み手の〝主体性〟において読解されるべきものであり、それをガタリ自身が身をもって実践しているのである。書物が一種のリゾームであるということはそういうことだ。本書も、プルースト学者にはわからなくても、ドゥルーズ/ガタリ学者にはわかるだろうということ、そしてそれが副次的にプルーストの新たな読解をももたらすであろうことを期待したい。そしてなによりも、このガタリの本を生かすも殺すも、ひとりひとりの読者しだいであることを改めて強調しておきたい。

重要なことは〝主体〟の発動的契機であり、〝主体〟は得体の知れない何か(思考的なものであれ情動的なものであれ）に出くわしたとき、その潜在的力能を発揮し始めるということである。そう考えれば、この本の「第三部」（つまりこの本全体）の一見唐突な終わり方にも、「自由への漏出」を一貫して追い求めるガタリの実践的挑発者としての真骨頂が示されているとみなすことができるだろう。「ヴァントゥイユの楽節の抽象的素材は、スワンが慣れ親しんでいた音楽と同じ一貫性、同じ機械状の特徴を持ってはいない。これこそが彼を途方に暮れさせ動転させたものであり、そしておそらく彼を別の運命に向かって引き摺りこんでいくことになるものだろう。それは強固に結晶化した記号的ブロックを構成してはいない。この抽象的マチエールはいわばそれに耳を傾ける主体のイニシアティブに身をさらしている。あるいは、それはむしろ、主体が構成する動的編成に、それが担っている新たなタイプの機械を接続するのである」。ここには、資本主義体制下で抑圧感を感じているひとりひとりの個人に向けた、ガタリからの密やかな実践への誘いを読み取ることができる。音楽を聞きながら、あるいは書物を読みながら、自らを動的に編成し直すところに、新たな個人的かつ集団的な革新的実践の契機が生まれるのである。

最新情報をひとつお知らせしておこう。ステファヌ・ナドーが以前から予告していたことだが（『現代思想』二〇一三年一月号を参照）、主としてガタリの一九八〇年代後半から死去するまで（一九八五〜一九九二）の未発表草稿を含む膨大なテクスト類（講演原稿、メモ、断章などを含む）が選択的に「動的編成」を施されて（ナドーの弁）、『エコゾフィーとは何か』というタイトルで集成されようやく刊行された（エディシオン・リーニュ）。エコロジー概念の思想的強度を最高度に高めようとしたガタリの一九八〇年代以降（いわば〝ドゥルーズ離れ〟してから）の思想的営為が、ドゥルーズ／ガタリとしての二人三脚の思想に優るとも劣らない重要性を帯びていることを、フランス社会も徐々に認識し始めた証しであると思いたい。

くわえて言うなら、『哲学とは何か』（一九九〇）は、あくまでもドゥルーズ／ガタリの思想的残響であり、本訳書でもすでに明らかになっていることであるが、ガタリはドゥルーズ／ガタリの一部だったのではなくて、ドゥルーズ／ガタリがガタリの一部だったということが、このナドーの編集した新刊書によってますます明瞭になるだろう。このことは同時に、ガタリは〝野生のアノマリーである〟（ガタリを〝現代のスピノザ〟と呼ぶアントニオ・ネグリのガタリの思想に対する評言）がゆえに、彼の思想は集合的装備の一翼を担う制度としてのアカデミズムには回収しきれないということを意味するにちがいない。他方、ドゥルーズ／ガタリは、なにはともあれドゥルーズの〝哲学学者〟としての名声と権威によってアカデミズムに回収可能かもしれないが、ドゥルーズ／ガタリの思想におけるガタリの寄与の評価いかんで、ドゥルーズ／ガタリの位置は大きく変わってくる（つまり既成のアカデミズムから食み出すことにもなる）だろう。

しかしそういったガタリやドゥルーズ／ガタリをめぐるさまざまな解釈事情がどうであれ、われわれにとってもっとも重要なことは、ひとりひとりの読者がガタリやドゥルーズ／ガタリに触発されて、いかなる〝実践的主体〟を創造していけるかということにつきるだろう。フェリックス・ガタリがわが身を削りながら現代世界に投げ込んだ批判の矢は、ブーメランのようにわれわれ自身に向かってはねかえってきているのであり、そうであるがゆえにガタリの言説はアクチュアリティを保ち続けているのだと言わねばなるまい。

最後に、この難儀な本の編集作業に積極的に取り組んでくれた青土社の菱沼達也氏に感謝の意を表してしめくくりとしたい。

二〇一四年二月一日

杉村昌昭

人はなぜ記号に従属するのか

新たな世界の可能性を求めて

2014年3月25日　第1刷印刷
2014年3月31日　第1刷発行

著者――フェリックス・ガタリ
訳者――杉村昌昭

発行人――清水一人
発行所――青土社
〒101-0051　東京都千代田区神田神保町1-29　市瀬ビル
［電話］03-3291-9831（編集）　03-3294-7829（営業）
［振替］00190-7-192955

印刷所――双文社印刷（本文）
　　　　方英社（カバー・扉・表紙）
製本所――小泉製本

装幀――間村俊一

Printed in Japan
ISBN978-4-7917-6768-7 C0010